JUST MERCY

不完美的正義

司法審判中的苦難與救贖

A Story of Justice and Redemption

布萊恩．史蒂文森 Bryan Stevenson——著　王秋月——譯

紀念我的母親，

愛麗絲・葛登・史蒂文森（Alice Golden Stevenson）女士

Just Mercy

推薦序　破損的正義

張娟芬（作家）

「這是我第一次明白到我的生活裡充滿了破損。我在一個破損的正義系統中工作；我的委託人因為精神疾病、貧窮及種族主義的襲擊而破損，他們因疾病、毒品和酒精，傲慢、恐懼與憤怒而四分五裂。」

布萊恩．史蒂文森的書裡充滿了故事。在他的諸多當事人中，華特是本書最重要的主角。在華特案的處理過程裡，穿插著他的其他當事人，那是一個又一個殘破不忍卒睹的故事。好的公益律師身上都有磁鐵，那些請不起律師的、窮的、病的、弱勢的，從四面八方湧上來。

和許多律師的寫作一樣，布萊恩．史蒂文森筆下這些涉入重大刑案的人，令人嘆息、揪心，但很難令人痛恨。因為他的近距離接觸，使得他筆下的罪犯，首先是一個「壞掉了的人」，然後才做出某些傷人的事。這和台灣主流媒體所呈現出來的重大刑案，看起來完全不一樣。台灣主流媒體在政治立場上還有若干差異，但在報導重大犯罪的時候，已經完全看不出差別了：案件剛發生的時候，只要有嫌疑犯，媒體便徹底漠視無罪推定原則，檢警放出什麼訊息，他們就照單全收，沒有一家媒體會質疑與查證。等到判決出爐，如果判死刑就一片叫好，只要不是判死刑，一律下標題：「免死」、「輕判」。

關鍵在於，台灣主流媒體所寫的犯罪是沒有前因後果的，犯罪故事的起點，就是這個殺人魔殺了人。布萊恩·史蒂文森所說的故事，卻有許多是破碎的社會裡破碎的家庭裡破碎的人，層層疊疊，最後，殺了人。兩者的差別是：在台灣主流媒體，犯罪殺人是原因；但布萊恩·史蒂文森看到，犯罪殺人是結果，在這個結果出現之前，有別的原因。

人人痛恨犯罪，人人害怕成為犯罪被害人，但是不斷複製恐懼的台灣主流媒體，不曾思考如何減少犯罪。判死刑是方便的解答，執行死刑是痛快的發洩，可是引起社會恐慌的隨機殺人案件為何發生，他們並沒有興趣知道。本書藉著一個一個故事所呈現的視野，卻是一個重要提醒：唯有探求犯罪的原因，才能減少犯罪。

閱讀此書的時候，對於華特案難免提心吊膽，不知道最後是否有個快樂結局。終卷之時，平行時空裡，台灣發生的大新聞卻是鄭捷被槍決了。我不禁想到卡謬，「總有一天，這個死得太早的犯人就不再顯得這麼壞了。但如今為時已晚，我們對這件事只能選擇懊悔或是遺忘。」極惡之人的名單，每隔幾年就添上新的名字，在鄭捷受到痛恨的此刻，陳進興已經被遺忘了；當陳進興被痛恨的時候，徐東志已經被淡忘了。好奇的讀者讀到此處，可能要去拜谷歌大神，才知道誰是徐東志。其實匆匆槍決鄭捷，正是為了遺忘。把鄭捷與他做的事情一起掃進歷史的灰燼裡，我們不做任何改變，直到下一次又發生殺人案件，然後整個循環再來一次。

讀布萊恩．史蒂文森的書，在一個故事與一個故事之間，你會感覺到無論那個人有沒有殺人、在什麼狀況下殺人，其實都並不重要了。雖然他寫的是美國，但是台灣的司法，同樣也是「破損的正義系統」。書裡許多段落讀起來如此熟悉，就是法律雖然規定了「應然」，可是「實然」卻是另外一回事：

「我仍懷抱希望，認為法院會因現有罪證明顯不足以支持原判決，翻轉定罪與審判結果。州法律規定，在謀殺案件中，除了共犯提供的證詞之外，還需要可信的佐證。顯然華特的案件沒有任何佐證。我相信法院在證據如此缺乏的情況下，讓一項罪行成立會非常掙扎。我錯了。」

司法是社會正義的最後一道防線、毋枉毋縱，是應然。實然是：冤案是死刑制度裡無法分割的一部分，在世界上任何一個有死刑的國度皆然，只要你凝視那些被判死刑的人，裡面就是有無辜者的身影。問題在於，我們經常無法分辨此人是無辜的這一類，還是有罪的那一類；在新聞的鋒頭上，此人看起來史無前例罪大惡極，但是當時間拉出距離，此人卻可能「不再顯得這麼壞」，因此不必要殺他了。令人嘆息的或許是，殺戮的慾望往往壓過理智，因此上述的問題，對於社會裡許多人來說，竟然不是問題。

推薦序

天地不仁，人間有愛

羅秉成（台灣冤獄平反協會理事長）

在美國，大多數的州直到二〇〇八年才立法允許服刑中的孕婦，可以在生產時卸下手銬腳鐐；有超過三千名兒少，因非殺人罪的犯行而遭判處終身監禁不得假釋，二〇一〇年五月十七日聯邦最高法院方宣告違憲；每十五個人中就有一人坐牢，政府花在監獄的支出每年高達八百億美元，然時至今日有將近一半的州別（二十三個）尚未有賠償冤獄受刑人的制度。本書作者布萊恩·史蒂文森律師筆下的司法一點也不美，在日趨嚴烈的重刑文化影響下，竟造成美國社會上帶罪的新種姓制度，而這種現代賤民大多數又窮又黑，史蒂文森嘆道：「貧窮的對立面並不是富有，貧窮的反義詞是正義」。

一九四四年六月十六日，一名才十四歲、家境窮苦的黑人男孩喬治·史汀尼（George Stinney）被送上「黃色媽媽」（執行死刑用的電椅）時，手上拿著一本《聖經》，身高不到一百六十公分、體重約莫才四十公斤的小喬治不得不坐在書上，否則他瘦小的身軀無法對應到電極……多年後，一名家世顯赫的白人男性在臨終前承認自己才是那起殺害兩名小女孩的凶手。近來，開始有人為小喬治案的平反而奔走……

「這般黑暗處也有光亮。」

作者史蒂文森在過去三十年間在暗處覓光，哈佛法學院畢業後，他便回到美國南方去當那些窮人、被監禁的人和死刑犯的律師代表。這本書以講述救援一名無辜死刑犯華特・麥可米利安的平反過程為主線，再跳章穿插他投身幫助弱勢婦女、兒少的多個真實故事。從某個角度來看，他正是那在暗處兀自閃發的光。史蒂文森的外婆是黑奴之女，老喜歡緊緊地擁抱他到幾乎無法呼吸的地步，然後問：「布萊恩，你有感覺到我在抱你嗎？」這種不斷想「保持親密」的態度深深影響著史蒂文森（他在TED上的著名演說有非常鮮活的描述）。他是光，但不是神，並非每件救援都能成功。在本書第四章〈古舊十架〉中，死刑犯赫柏・理查森最終還是被送上電椅，他說，在行刑前「我給了赫柏最後一次擁抱，我抱得很久，一邊想著他說過的話」，當然史蒂文森早已知悉他的當事人執行死刑的時間，在行刑的前一週，赫柏提出一個奇特的請求，希望史蒂文森替他爭取走上電椅時能播放〈古舊十架〉這首讚美詩，史蒂文森為他完成遺願，也在場「見證死刑」。我猜想，史蒂文森在〈古舊十架〉樂音揚起的那一刻，應該隱約看到小喬治孤獨的坐在電椅上，沒有家人，沒有律師，沒有半個認識的人；或許也同時聽見老祖母的伴吟：「布萊恩，如果你保持著距離，就無法理解到最重要的東西，你要靠近一點」。正因史蒂文森能「靠近」死刑多一點，才得以體會到「死刑的抽象概念是一回事，但按部就班地執行每項細節，以殺掉一個已不具任何威脅性的人，完全是另外一回事」。

華特在史蒂文森和他的義務律師團隊的奔走下最後終能平反成功，華特離開監獄大門走向車子時，張開手臂緩緩地上下拍動，像是準備好起飛一般，在失去六年自由之後的此刻，他看著史蒂文森說：「我覺得我是一隻鳥，我覺得我好像一隻鳥」（自由的感覺真好）。史蒂文森在反覆的救援挫敗間，日漸培養出成熟的體認，「理解到在成就正義的過程中，保有希望是多麼重要的事」。但如何能夠？又如何堅持？卷首引述「愛是動機，而正義是工具」這句話似乎暗示了什麼。又或許真切的回答是在外婆緊緊的擁抱裡。

如果無辜的人被判有罪，沒有人是自由人。

史蒂文森的愛與不忍有關，「眼睜睜地看著其他人遭受不公平的對待時，每一個人都脫不了責任」，這恰恰應照了馬丁．路德．金恩所說的「任何地方的不公正，都會威脅到其他地方的公正」。史蒂文森歷經三十年與不義案件的近身搏鬥，才漸漸相信我們用來衡量正義的真正標準，以及真正能夠衡量社會品格的方式，「在於我們如何對待那些貧窮、不受喜愛、遭到起訴、被定罪和被判處死刑的人」，而檢測一個社會品格的尺標正是同理心。「同理心的喪失，足以摧毀一個社會、一個國家、一個民族的尊嚴；恐懼、憤怒讓我們變得好鬥、殘暴、不公和不義。」我們拿什麼對抗社會品格的日趨淪喪？眼見「推定有罪、貧窮、種族偏見，和其他數不清的社會性、結構性、政治性的因素交互作用後，創造了一個錯誤百出的系統，迫使數千名無辜的人至今承受著牢獄之災」，還能坐漠不視，袖手旁觀嗎？史蒂文森無力催動，只能低眉勸謂：「若失去仁慈之心，我們終將因此備受折磨」。

在本書的後記，史蒂文森提到：「在一個溫暖的耶穌受難日早晨，我與一名因冤獄在阿拉巴馬州死牢裡關了近三十年的男子一同走出位於伯明罕的監所。安東尼・雷・辛頓三十年來，都被單獨監禁在五乘七呎的囚籠裡」，這名無辜者是美國第一百五十名因錯誤定罪遭判死刑，最後證明清白而獲釋的人。約莫在讀完本書後記之際，鄭性澤再審成功獲釋，二〇一六年五月三日這一天的下午，我站在台中看守所鐵門外，要求所方人員讓我進去陪我的當事人鄭性澤一起走出監所，被委婉拒絕。七天後的五月十日，鄭捷被法務部長羅瑩雪火速執行槍決，當然循例不通知他的家人，他的律師也不可以知道。

作家張娟芬在鄭性澤獲釋時有感而發：「司法人員必須深深把這件事刻進靈魂裡：人民，在你面前，會變得多麼卑微。秋霜化去是連一點聲響也無的，人民在司法面前就是這樣」，原來我們不只無光無影，還無聲無息。

在雙「鄭」之間，我們遺失的何止是「仁慈」。

愛是動機，而正義是工具。

——萊因霍爾德·尼布爾（Reinhold Niebuhr）——

本書註號為阿拉伯數字者（1、2、3）為譯者註或編註，附於頁旁。
註號為加方框阿拉伯數字者（[1]、[2]、[3]）為原作者註，附於章尾。

Just Mercy

序章　往高處行

INTRODUCTION

我還沒做好準備去見一個被宣判死刑的人。一九八三年，我年僅二十三歲，還是個在喬治亞州實習的哈佛法學院學生，面對這些在我理解能力範圍之外的事，我既熱切地想知道更多，同時也對於經驗的缺乏感到焦慮。我從未親眼目睹最高戒備的監獄內部，當然也未去過死牢。一得知在沒有律師陪同下，我必須獨自探訪這名受刑人時，我只能盡力不讓自己的驚恐情緒表露出來。

傑克森鎮是喬治亞州境內相對荒涼的小鎮，而死牢正位於傑克森鎮郊區的一座監獄裡。我獨自從亞特蘭大沿著I-75公路一路駛向南方，隨著目的地愈來愈近，我的心也跳動得愈發劇烈。當時的我尚未真正理解死刑，甚至從未選修刑事訴訟的課程，更遑論日後記得滾瓜爛熟的死刑訴訟複雜的上訴程序，當然連最基本的概念都沒有。簽下這份實習合約時，我並沒有顧慮太多，也沒想過自己真的有跟死刑犯會面的機會。老實說，我甚至連自己是否真心想成為一名律師都還不清楚。隨著鄉野公路標誌牌上的數字不斷下降，我愈來愈覺得，對方見到我時，想必會非常失望。

——

大學時我主修哲學，直到大四那年我才意識到，畢業後不會有人願意付錢請我去暢談哲學之理。我焦急地找尋「畢業後的計畫」，而將我帶向法學院的主要原因，是其他學科的研究計畫大多要求具有先備知識方能入學，只有法學院看似不需要。在哈佛，我可以一邊研讀法律，一邊攻讀甘迺迪政府學院（Kennedy School of Government）的公共政策碩士學位，這對我來說很有吸引力。當時的我還不確定自己的人生想要追求什麼，但我很清楚，自己必須為生活困苦的人、美國歷來種族不平等的現況盡一份心力，並且致力於追求人與人之間的公正、平等。未來想做的事，是那時的我已從生活中看見並感到好奇，只是當時仍無法將這些元素拼湊出一條清晰的職涯道路。

回想大學入學不久，我便擔憂起自己是否做了錯誤的決定。對一個來自賓州小鎮的人來說，能獲得哈佛大學的入學許可是非常幸運的事，然而到了第一學年即將結束之際，我逐漸感到幻滅。當時的哈佛法學院令人神經緊繃，特別是對於一名二十一歲的年輕人而言。許多教授採蘇格拉底教學法（Socratic method）授課——直接、重複並對立的問答辯論——這種方式所附帶的效果是羞辱那些未預習的學生。課程內容艱澀，與最初讓我萌生選讀法律的念頭和動機——種族及貧窮議題——看似毫無關聯。

大部分同學在當時都已取得碩博士學位，或者曾在頗具聲望的法律事務所擔任律師助理[1]，我的相關經歷則是一片空白，因此我比同學們更強烈感受到自己所欠缺的相關歷練及實務經驗。學期開始一個月後，法律事務所陸續來校面試，只見我的同學們穿上昂貴的西裝，並登記領取飛往紐約、洛杉磯、舊金山或華盛頓特區的機票。我們忙亂地打理衣著，究竟是為了什麼？我困惑不已。在踏進法學院之前，我連一名真正的律師都沒見過。

在法學院第一學年結束後的那個夏天，我為費城的一項青少年正義計畫工作，並在夜間選修進階微積分相關課程，以為下一年度的甘迺迪學院做準備。九月，公共政策的學程開始後，我仍感到抽離。這些修課內容非常強調量化，著重在如何將利益最大化的同時讓成本最小化，卻不太在乎獲得的利益以及流失的成本。儘管吸收各種學問都能使我的智識不斷增長，然而決策理論、計量經濟學這一類的課程，再再讓我感到失去方向。卻也在突然之間，一切清晰了起來。

1 譯註：律師助理（paralegal），即受過法律專業訓練但仍未有律師執照的人，主要協助律師處理法律事務。

我發現法學院難得地提供了一門關於種族與貧窮訴訟的一個月密集課程，並由全國有色人種協進會法律保護基金會（NAACP Legal Defense Fund）的代表律師貝茲·巴瑟蕾（Betsy Bartholet）授課。不同於大多數課程，這門課帶領學生走出校園，要求學生以一個月時間在組織裡實踐一些社會正義的工作。我積極地爭取選修這門課，並於一九八三年十二月，我人在前往喬治亞州亞特蘭大市的飛機上，預計在南方受刑人辯護委員會（Southern Prisoners Defense Committee, SPDC）待上幾個星期。

由於直飛亞特蘭大市的機票太貴，所以我選擇在北卡羅來納州的夏洛特轉機，同時在此與SPDC的主席史蒂夫·布萊特（Steve Bright）見面，當時他剛結束假期，準備飛回亞特蘭大市。三十幾歲的史蒂夫有熱情、充滿信念，與我對未來的感受全然相反。他成長於肯塔基州的農村，完成法學院課程後就定居在華盛頓特區。他在哥倫比亞區的公設辯護服務（Public Defender Service, PDS）機構工作，是相當傑出的辯護律師，才剛獲聘接掌SPDC，協助喬治亞州等待執刑的死刑犯。他的信念與努力的方向一致，一如我所見過的法學教授們。見面時，他給了我一個溫暖的擁抱，兩人便聊了起來，直到抵達亞特蘭大才結束對話。

「布萊恩，死刑（capital punishment）的意思是，『那些沒有資本（capital）的人所受到的處罰（punishment）』，如果沒有你這樣的人願意協助，我們就無法幫助那些等待行刑的死刑犯。」在短程的飛行途中，他這麼對我說。

對於他在這麼短的時間內便相信我有足以效力之處，我感到些許驚訝。他拆解死刑議題的論述方式簡單明瞭卻充滿說服力，我仔細聆聽每字每句，完完全全沉浸在他的專注和風範之中。

「我只是希望你不會對於自己在這裡所做的事，抱持太多不切實際的想像。」他說。

「噢，請別這麼說，我非常珍惜這個能與你一起工作的機會。」我請他放心。

「好，不過通常大家想到要與我們一起工作，不會想到『機會』這類字詞。我們的生活可說是簡單，卻分秒必爭。」

「這我知道，沒有問題。」

「事實上，我們的生活甚至不只是簡單而已，可能更接近有點困苦——甚至有點抓襟見肘、入不敷出，依賴陌生人接濟，過一天算一天，對未來充滿不確定……」

我不慎面露憂愁，他就笑了。

「我開玩笑的啦，哈哈哈，應該吧。」

接著，他轉到其他話題，顯然他全副身心都傾力於協助死刑犯和面對不公判決的受刑人。能夠遇見透過工作為自己的生命注入巨大能量的人，使我深受鼓舞。

抵達SPDC的那年冬天，在此工作的律師人數相當少。他們過去多曾在華盛頓從事犯罪辯護律師，由於一個不斷惡化的現象而來到喬治亞：死刑犯無法獲得律師協助。這些三十來歲的人，有男有女，有白人也有黑人，他們相處融洽，並一起面對共同的目標、希望以及挑戰所帶來的壓力。

經過數年的禁止與暫緩執行之後，美國南方（Deep South）即將再次執行死刑，而多數擠在死牢裡的人，既沒有律師協助，也沒有獲得諮詢的權利。恐懼在他們心中滋長，他們唯恐自己的案件在尚未獲得經驗豐富的律師重新審視前，就得站上斷頭台。我們每一天都會接到多通語氣驚恐的電話，來自沒有得到法律協助、執行日期卻已然排定且即將到來的受刑人。在此之前，我從未聽過如此絕望的聲音。

實習期間的每一位伙伴都對我極其友善，我很快地便融入這個大家庭裡。SPDC位於亞特蘭大市中心樓高十六層的海利大樓，是興建於二十世紀早期的哥德復興式（Gothic Revival）建築，建物本體極其老舊，也漸漸流失房客。我和兩名律師共用一張狹窄的圓形辦公桌處理行政工作，諸如接聽電話，以及協助同事查詢法律相關問題。在我才逐漸熟悉這些例行事務之際，史蒂夫便指派我去見這名被關在死牢裡的死刑犯，因為其他人撥不出時間探視他。史蒂夫向我解釋，對方被關在死牢裡超過兩年了，而他們仍未找到律師負責他的案件，我的任務只是傳達一則簡潔明瞭的訊息：**未來一年內，你還不會遭到處決。**

驅車經過喬治亞州郊區的大片農田跟森林，我一路排練著見到這名男子時的台詞，一次又一次地練習自我介紹。

「嗨，我叫布萊恩，我是個學生，正就讀……」噢，不，這樣不太好。「我是法學院學生……」還是不對。「我的名字是布萊恩．史蒂文森，目前在SPDC法務實習，他們派我來通告你，你近期內不會被處決。」「近期內不能對你執行死刑。」「你近期內不會面臨死刑。」噢，老天！

沿途我繼續練習著介紹詞，直到一道駭人的帶刺鐵絲圍欄和喬治亞州立診斷與分類中心（Georgia Diagnostic and Classification Center）的白色警戒塔矗立眼前，我才停下車。在辦公室裡，我們通常暱稱它為「傑克森」，以致乍見這個機構的正式名稱出現眼前時，我感到些許不適應，因為它聽起來很冰冷，甚至像要「治療」什麼一樣。停好車，找到監獄入口後，我走進這棟大樓。大樓裡，每處空間的進入區域無不設置了金屬條狀的障礙物，我走過陰暗的長廊和淨是柵欄的通道，其內部設計無疑說明了這是個很難久待的場所。

我走下一段隧道般的階梯前往法律探訪區，每一個踏在潔淨無瑕的磁磚地板上的腳步所發出的回聲都暗示著不祥。我向探訪區的獄警自我介紹，說明我是被派來會見一名死刑犯的律師助理，只見他滿臉狐疑地看著我。我身穿僅有的一套西裝，任誰都看得出來這套西裝已歷盡風霜。這名獄警彷彿核對駕照般地仔細端詳我，然後偏頭對我說，「你不是本地人」。

他的口氣像是陳述一件事實，而非詢問。

「不是，警官。不過我在亞特蘭大市工作。」和典獄長辦公室通過電話，確認探訪已預約，他這才准許我進入，粗魯的指引我前往狹小的探訪室。「別在這裡迷路啊，我們可不保證會來找你。」他對我提出警告。

探訪室二十平方呎大，裡頭有幾張椅凳用螺絲拴在地板上，眼前所見淨是金屬製的，且被牢牢固定住。椅凳前，橫亙著一道約十二呎高，延伸至天花板的鐵絲網。從外頭看，探訪室無疑是一間空牢籠。如果是親人探訪，受刑人和訪客必須分別待在這道鐵絲網的兩側，隔著鐵絲網和彼此說話；法律探訪則反，為「可接觸探訪」，我們會被安排在同一側，允許有更多隱私。這裡非常狹小，雖然我知道這不過是幻想，但我真覺得這處空間每過一秒便縮小一些。我不覺擔心了起來，唯恐自己準備不足。我先前預約一個小時的會面時間，但眼下我甚至不確定，該如何用我所要傳達的訊息來填滿這十五分鐘。坐在其中一張椅凳上等待的我漸感焦慮，約莫十五分鐘後，終於聽到鐵鍊的鏗鏘聲響自門的另一側傳來。

走進來的這名男士看起來比我更緊張，他瞥了我一眼，擔憂地皺起眉，卻在我回眼注視他時，迅速迴避我的眼神。他在離門口不遠處便停住，一副不想踏進探訪室的樣子。他是個年輕、儀容端正的非裔美國人，短髮整理得甚為齊整，身著乾淨、明亮的白色囚服。

我覺得他很沒有距離感，一如我成長過程中遇見的那些人、學校的朋友、球場上或一起玩音樂的伙伴，是那種我會在街上一起談論天氣的平凡人。獄警慢慢地卸下他身上的鐵鍊，解開手銬以及腳鐐，隨後他目光攫住我，提醒我會面時間為一小時。獄警似乎感覺得出來我們兩個都很緊張，於是試著製造一點愉悅的氣氛來緩和這種不適，他在轉身離開之前，給了我一記燦爛的笑容。金屬門砰地一聲關上，並在這狹小的空間中迴盪。

這名受刑人並沒有靠向我，我也不知道如何應對，於是我走向他，伸出手來，他謹慎地與我握手。我們坐了下來，他先開口。

「我是亨利。」他說。

「我很抱歉。」這竟是我脫口而出的第一句話。儘管我做了充分準備，也排練好台詞，我卻止不住的直說抱歉。

「我真的真的很抱歉，呃，我真的不知道，嗯，我只是個法學院學生，還不是律師……我很抱歉無法跟你說太多，因為我所知有限。」

對方焦急地看著我，接著問我：「我的案件還好嗎？」

「噢，是的，先生。SPDC的律師派我來跟你說，他們還沒指派律師，呃，我的意思是，我們還沒有為你安排好律師，但未來一年內你不會被處決……我們正在幫你找律師，一名真正的律師，我們希望在幾個月內安排律師南下和你見面。我只是個法學院學生，我很樂意幫忙，噢，我的意思是，如果有我可以幫得上忙的地方的話。」

他立刻緊抓住我的手，打斷我的喋喋不休。

「接下來的一年內，我都不會被處決？」

「是的，不會的。他們說，至少一年內不會定下行刑日期。」說出這些句子時，我感到不舒服，反之亨利卻緊緊抓住我的手，且愈握愈緊。

「這位先生，謝謝你。我是說真的，真的很感謝你！這是一個大好的消息。」他緊繃的肩膀頓時放鬆了下來，看著我的眼神滿是寬慰。

「來這裡之後，兩年多來，除了其他也被判死刑的人和獄警外，你是我見到的第一個人。我很高興你在這裡，也很高興聽到這個消息。」他重重地呼了一口氣，看起來放鬆了許多。

「我曾經跟我太太通過電話，但我不想要她來看我，或帶孩子來，因為我很怕他們來，而我被處決的日期也確定。我就是不想面對這樣的場景。現在我要告訴他們，可以來看我了。謝謝你！」

他高興的神情令我震驚，我頓時鬆了一口氣。我們聊了起來，發現我們居然同年。亨利問了我許多自身的事，我也問起他的人生。在這一小時內，我們盡情談天，無所不聊。他告訴我關於家庭和審判的事，也問起法學院與我的家庭。我們談音樂，我們聊監獄，我們說著什麼是生命中重要的事情、什麼又是微不足道的。我完全沉浸在我們的談話裡，我們不時說說笑笑，也在某些片刻，他陷入激動和沮喪的情緒之中。我們不斷地說啊說的，直到聽見大門砰地一聲，我才意識到自己停留在這裡的時間已經超出法律探訪的規定時間。我看了一眼手表，原來我已經待了三個小時之久。

獄警走進來，憤怒地對我咆哮：「早就該結束了，現在你得離開。」

他開始為亨利戴上手銬，把他的手拉到背後靠在一起，接著粗魯地在他的腳踝上銬上腳鐐。獄警非常生氣，氣得把鐵鍊拉得太緊，我清楚看見亨利的表情因疼痛而糾結。

「我覺得鐵鍊扣太緊了。可以請你放鬆一點嗎？」我對警衛說。

「我已經跟你說過了，你必須離開。不用你來告訴我該怎麼做我份內的事。」

亨利給了我一記笑容，說：「沒關係的，布萊恩，別為這個煩惱。再回來探望我就好了，可以嗎？」我可以看到他的臉隨著腰上鐵鍊的每一下緊扣動作而抽動。

當時的我看起來肯定心焦如焚。亨利徑直說：「布萊恩，別擔心，沒事的。再回來看我，好嗎？」

警衛壓著亨利走向門的方向，他邊走邊轉過頭來看我。

我喃喃自語了起來。「我真的很抱歉，我真的真的很——」

「別太擔心啦，布萊恩。只要再回來看我就好了。」他打斷我說。

我望向他，努力想擠出一些合適、令人心安的話語，也想對他的和善表達感激之意，只是我卻吐不出任何字。亨利一逕的對我微笑，獄警粗暴地推著他往門口走去，我不喜歡他們對待亨利的方式，但他的臉上一直掛著笑容，就在獄警要把他完全推出門外的那一刻，他腳跟定住不動，抵抗獄警的推力，看上去如此鎮定。他接下來的舉動，完全出乎我意料之外。只見他闔上雙眼，頭微微往後，我一時不清楚他要做什麼，可是看到他張開口之際，我明白了。他唱起歌，他的男中音嗓音驚人，力道強勁且清晰，這著實令我以及獄警感到震憾，獄警不覺停了下來不再推他。

我今前往高處而行，
靈性地位日日高升；
當我前行禱告不停，
求主領我往高處行。

這是一首古老的聖歌，我成長的鎮上教堂裡，人們經常吟唱。我已經好幾年沒聽到這首歌了。亨利悠然唱著，極度虔誠、信念堅定。獄警好一會兒才意識過來，繼續將他推出門外。由於亨利的腳踝已上銬，雙手交扣在背後，獄警推他時，他幾乎踉蹌了一下，他腳步蹣跚地保持平衡，然他繼續歌唱，他走下通道時，我仍聽得到他的歌聲：

求主助我，使我堅定，
憑信站在天堂樂境；
我心嚮往更高之地，
求主領我往高處行。

我坐了下來，驚魂未定。亨利的歌聲滿是渴望。他的歌對我來說是一件珍貴的禮物。來到這座監獄時，我充滿擔憂和恐懼，完全無法預料他是否願意忍受如此經驗不足的我，而我也不期待他會是富同情心或是慷慨大方的人。我無權對一個關在死牢裡等待死刑執行的人抱持任何期待。然而亨利卻讓我見證到人性中難以衡量的仁慈，在那一刻，亨利提醒了我，對於人性潛力的理解，也轉換了我對於贖罪和希望的看法。

為期一個月的實習工作，不知不覺地在我為那些見過面的死刑犯們而忙碌中接近尾聲，愈是接近那些背負罪惡、被監禁的人，我愈感受到，理解每個人的人性本質是如此有意義且迫切的事，當然也包括我自己的事。帶著強烈渴望，極欲理解死刑與極刑定罪的法律和教條，我回到法學院，接連選修了憲法、訴訟、上訴程序、聯邦法院和擔保補救

（collateral remedies）等課程。除此之外，我做了許多功課，以擴增自己對於憲政理論如何建立刑事訴訟程序的理解，並投入法律和社會學中的種族、貧窮以及權力等面向中。曾經，法學院對我而言不但抽象且抽離，然見過那些絕望的囚禁臉孔後，這一切變得至關重要。甚至對於甘迺迪學院的研究工作，我也有了不同以往的體認。如何量化並拆解我所目睹的歧視與不平等，成為急迫、極富意義的事。

短暫拜訪死牢揭露出司法系統對待人民的方式，勢必有所缺失，以致一些人未獲得公正判決。我愈是回想那段經驗，愈是理解到自己將窮盡畢生心力和這類問題搏鬥——為什麼人們未能受到公正判決？何以會發生這種事？

我成長於德拉瓦州德瑪瓦半島（Delmarva Peninsula）上一處貧窮、種族隔離的農村中，這個國家的種族發展歷程在此處投下長長的影子。從維吉尼亞州的沿海社區，向北朝馬里蘭州，一路延伸至德拉瓦州，是不被認可的「南方」。許多居住在這個區域的人堅持種族之間必須以符碼、標誌和常態性的戒備劃分制度，部分原因是這裡在地理位置接近所謂的「北方」。在這個區域裡，隨處可見聯盟旗（Confederate flag）高掛飛揚，大膽、挑釁地在這

處地景上標誌出文化、社會與政治領域。

在鄉下地帶，非裔美國人要不是住在鎮上種族隔離的貧民區（通常由鐵道隔開），就是住在所謂的「有色區域」（colored sections）裡。在我成長的鄉村，有些人住在狹小的棚屋裡；許多住戶未安裝抽水馬桶，以致廁所得搭建在屋外。我們都是和雞、豬共享戶外活動空間。

我所認識的黑人都是勇敢而且堅毅的，卻生活在邊緣化、受排擠日子裡。肉品工廠的公車每天前來將大人們載往工廠，他們日復一日的挑選、剁切，經手上千隻雞。父親十幾歲時離開這個地方，因為這裡沒有供黑人就讀的公立高中。而後，他帶著我的母親一起回來，並在食品工廠覓得一份工作；每到週末，他便去海濱別墅幫傭以貼補家用，我母親則在空軍基地從事文書處理的工作。非裔美國人的種族身分，讓我覺得我們彷彿身穿不受歡迎的服裝，限制、約束並壓迫我們。

家族裡的親戚都是非常勤勉的工作者，卻從未享受豐足的生活。外公在我十幾歲時慘遭謀殺，但對家族之外的世界而言，這似乎無關緊要。

我的外婆是維吉尼亞州加羅林郡上某戶人家的黑奴之女，她在一八八〇年代出生，她的父母約莫生於一八四〇年代。她的父親經常和她分享黑奴身分的成長過程，以及如何學習讀書寫字，且從未透露這個祕密。他將所學知識藏了起來，直到黑奴解放（Emancipation）。黑奴後代的身分對外婆的影響很深，進而影響她教育九個孩子的方法。甚至影響到她對我說話的方式，以及不斷想「保持親密」的態度。

每次拜訪她時，她總是緊緊擁抱我，以致我幾乎無法呼吸。過了一陣子，她會問我：「布萊恩，你感覺到我在抱著你嗎？」若我說有，她便會放開我；如果我說沒有，她會再度襲擊我。我常常回答「沒有」，因為我很享受被她強而有力的手臂環繞住的感覺，她也總是不厭其煩地將我拉了過去。

「布萊恩，若你保持距離，就無法理解到最重要的事物，你必須靠近一點。」她總是這麼對我說。

我在法學院的第一年，由於距離而感到迷惘，愈接近那些受刑人、那些未被公正判決的人，我愈感受到自己被引導至和家一樣熟悉的地方。

這是一本講述美國愈來愈走向大規模監禁和極刑的現況的書。內容談論的是在這個國家裡，我們輕易就能將一個人定罪，以及我們如何允許自己在恐懼、憤怒、保持距離的情況下建立準則，用以對待我們當中最脆弱的人，而這些準則又創造了多少不正義。這也是美國近代史上一段極富戲劇性的時期，一段永久烙印在數百萬美國人身上（無分種族、年

齡及性別）且象徵全體美國人精神的時期。

一九八三年十二月，我首次踏足死牢的時刻，美國正值激烈轉變的早期階段，我們的國家進入前所未有的苛刻和嚴厲狀態，其所導致的大規模監禁更是史上任何時期都無法與之相提並論的。如今，我們的入獄率全球最高。監獄人口數從一九七〇年代早期的三十萬，成長到今日的兩百三十萬，其中未包括處於緩刑或假釋狀態的近六百萬人。二〇〇一年，每十五個人當中[1]，就有一個人坐牢；預估每三個在本世紀出生的黑人男嬰中[2]，便有一人會入獄。

我們採取槍決、毒氣、電擊或注射的方式為數百名死刑犯執刑，至今仍有數千名死刑犯在死牢裡等待處決。有些州甚至沒有起訴孩童的最低年齡限制[3]，我們把二十五萬名孩童送進成人監獄裡服長期徒刑，其中一些孩子甚至未滿十二歲。多年來，我們一直是世界上唯一會將孩童判處終身監禁且不得假釋的國家，近三千名青少年被判入監服刑直到生命結束。

數十萬名非暴力犯罪的罪犯被迫在監牢裡度過數十年歲月，我們創造了足以把開空頭支票、輕微偷竊或財產犯罪[2]的罪犯判處終身監禁的法律。我們花費高昂的代價對抗藥物

2 譯註：財產犯罪（Property crime），指涉及竊盜或財產改變，不造成身體傷害威脅的犯罪。

濫用的問題，時至今日，有超過五十萬人因為非法使用藥物，被關在州立監獄或聯邦監獄[4]；一九八〇年，這個數字只有四萬一千。

許多州廢除假釋，我們創造諸如「三振出局」這類口號來宣誓我們的決心。我們放棄了矯正、教育和其他提供給罪犯的服務，理由是提供這些幫助，等同於對他們太過仁慈、太有同情心。我們體制化的政策將這些人以及他們最錯誤的行為永久捆綁在一起，將他們貼上諸如「罪犯」、「殺人魔」、「強姦犯」、「小偷」、「藥頭」、「性罪犯」、「惡棍」這類標籤，剝奪了他們改變的機會，無分罪行輕重，更無視他們為了洗心革面所做的任何努力。

大規模監禁附帶的影響同樣令人印象深刻。我們禁止曾因藥物濫用而被定罪的貧窮女性接受食物救濟以及申請公共住宅[5]，無可避免地，她們的孩子亦被拒於門外。我們創造了全新的種姓制度，迫使上千人無家可歸，禁止他們與家人同住，也禁止他們的社區接納他們，導致他們幾乎不可能有機會重返職場。某些州甚至永久剝奪有前科者的投票權[6]，也因此，在好幾個南方的州[7]，非裔美國男性被剝奪公民選舉權（disenfranchisement）的人數達到一九六五年《選舉權法案》（*Voting Rights Act*）頒布以來的最高峰。

我們同時犯下一些致命的錯誤。許多無辜的人[8]在被宣判死刑、在接近行刑前才被證明無罪；超過數百名遭判有期徒刑的受刑人[9]，在經過DNA鑑定證明清白之後，方獲得釋放。推定有罪、貧窮、種族偏見[10]，和其他數不清的社會性、結構性、政治性的因素交互作用後，創造了一個錯誤百出的系統，迫使數千名無辜的人至今承受牢獄之災。

此外，我們更是耗費大量經費在監所與監獄上[11]。州政府和聯邦政府花在監獄的支出，從一九八〇年的六十九億美元，高攀至今已達八百億美元。私人監獄的建造者和監獄服務公司，每年花費數百萬美元遊說州政府及地方政府創設新的犯罪名目、進行更嚴厲的審判，將更多人送進監牢好讓自己的口袋賺入大把鈔票。改善公共安全、降低大規模監禁的成本，以及最重要的，協助受刑人矯正的這些誘因，再再被私人利益凌駕其上。州政府被迫從公共服務、教育、健康與社會福利這些項目中，挪出經費供獄方支出，同時面臨前所未見的財政危機。監獄健康照護、交易和其他服務項目的私有化，致使大規模監禁淪為少數人的搖錢樹，而對我們這些多數人來說，卻是夢魘一般的巨額開銷。

自法學院畢業後，我回到南方擔任起那些窮人、被監禁的人和死刑犯的律師代表。在過去的三十年間，我曾與一些被錯誤定罪，然後送進死牢的死刑犯近距離接觸，如華特・麥可米利安（Walter McMillian）。我將在書裡告訴你華特的故事，他的故事讓我目睹我們的體系面對不正確或不可靠判決的態度是多麼被動且漠不關心；也使我看見我們如何安逸於

偏見，以及對不公正的起訴和定罪的寬容。華特的故事讓我明白，這個體系在我們行使權力輕率判定他人有罪時，如何對這些人造成創傷，而受傷的不只是被起訴的人，還包括他們的家人、朋友，甚至被害人。然而，華特的故事同時也教會我：這般黑暗處也有光亮。

華特的故事，不過是我在接下來的篇幅中告訴你的眾多故事之一。我同時為受虐、遭忽視、被當大人起訴的孩童擔任律師代表。他們在進入成人監獄後，遭受更多虐待以及不當的對待。我也為女性受刑人（在過去三十年間，女性罪犯人數成長了百分之六百四十）辯護，在這之中，我看到我們對於藥物濫用的歇斯底里態度及對窮人的敵意，促使我們不假思索便將懷孕過程不順利的貧窮婦女定罪並起訴。我也為精神異常的人辯護，他們的病症經常使他們得在監獄裡待上數十年。我有機會近距離接觸暴力罪犯和他們的家人，親眼見證那些承受大規模監禁壓力的獄方人員也變得愈來愈不健康，更暴力且易怒，失去了正義與仁慈之心。

我也為那些犯下可怕罪行的人辯護過，儘管他們再怎麼努力都很難恢復自由之身或贖罪。然而我卻發現，在許多被定罪之人的內心深處，依然看得到希望和人性的蹤跡，只要用非常簡單的方式介入，重建的種子便會綻放出驚人的生命力。

這些與他們接觸的經驗，教會了我一些根本卻震撼的真理，包括這重要的一課：**我們每一個人都無法用我們所做過最糟的事來定義，我們遠遠不僅止於此**。那些我在工作上遇到的窮人及罪犯說服了我，讓我知道，貧窮的對立面並不是富有，貧窮的反義詞是正義。最後，我漸漸相信，我們用來衡量正義的真正標準、足以象徵我們的社會、法律、公平和平等原則的指標，並不是我們如何對待在我們當中有錢、有權力、享有特權及備受敬重的人。真正能夠衡量社會品格的方式，在於我們如何對待那些貧窮、不受喜愛、遭到起訴、被定罪和被判處死刑的人。

眼睜睜地看著其他人遭受不公平的對待時，每一個人都脫不了責任。同理心的喪失足以摧毀一個社會、一個國家、一個民族的尊嚴；恐懼、憤怒讓我們變得好鬥、殘暴、不公和不義；若失去仁慈之心，我們終將因此備受折磨，我們傷害別人多深，自己就得承受多少譴責。我相信，當我們愈理解大規模監禁和極刑，我們愈能明白，我們盡皆需要仁慈，我們都需要正義，以及，也或許，我們都需要得到別人給予的更多恩典。

Just Mercy

CHAPTER

1

梅岡城的禱告者

MOCKINGBIRD PLAYERS

畢業後，我回到亞特蘭大市的SPDC任職，當時約聘的總機小姐是名優雅的非裔美國人，身穿深色高貴的正式套裝，同一個辦公室的人通常不會穿得這麼講究。她第一天到職時，穿著平時常穿的牛仔褲和球鞋的我閒晃到她身旁，想看看她是否有需要我協助之處好讓她盡早適應。她冷冷地看著我並揮手要我離開，且提醒我，她可是名經驗豐富的法律祕書。隔天一早，我穿著另一組自己覺得搭配得宜的牛仔褲及球鞋出現，她看似嚇了一跳，猶如親眼目睹走錯路的遊民冒失誤闖辦公室。她嘗試緩和情緒，找回自己的節奏，然後叫我過去，跟我說她將在一週內離開，去「真正的律師事務所」工作。我祝她一切順利。一小時後，她打電話到辦公室給我，跟我說「羅伯特．李．凱伊」（Robert E. Lee Key）在線上，我當下慶幸自己對她的性格判斷錯誤，顯然她滿有幽默感的。

「這真的滿好笑的。」

「我沒有開玩笑，他是這麼說的，在二號線。」她語氣平淡，不像在開玩笑。

我接起電話。

「您好，我是布萊恩．史蒂文森，有什麼能為您效勞的嗎？」

「布萊恩，我是羅伯特．李，你是哪根筋不對勁？居然想幫華特．麥可米利安這樣的人辯護？你難道不知道，他是在南阿拉巴馬（South Alabama）一帶最大的藥頭之一嗎？我接到你會出庭應訴的通知，但我覺得你不應該介入這起案件。」

「請問您是？」

「我是凱伊法官，你不會想要介入麥可米利安這起案件的。沒有人能完全理解他們有多麼喪盡天良，包括我在內，但我很清楚這其中有多邪惡。這些人甚至很可能是狄克西黑手黨[1]成員。」

這番來自我未曾謀面的法官的說教言論和模糊詞彙，令我當下一頭霧水。「狄克西？」兩個星期前，我才見過麥可米利安，就在我在死牢裡耗上一整天，開始處理五個死刑案件之後。我還沒有時間仔細閱讀他的審判紀錄，只記得法官姓凱伊。沒有人告訴過我他的全名，而我則努力拼湊出一幅「狄克西黑手黨」和華特．麥可米利安彼此吻合的圖像。

「狄克西黑手黨？」

「是的，而且可能比這更嚴重。孩子，我只是不希望交由阿拉巴馬州律師協會（Alabama

bar）成員以外的外地律師來接手這些死刑案例，所以不如你就放下，撤回吧。」

「我是阿拉巴馬州律師協會的成員啊。」

我的確住在喬治亞州的亞特蘭大，但早在一年前，經手過一些和阿拉巴馬州的監獄狀況相關的案子之後，我便獲准加入阿拉巴馬州律師協會。

「我目前在莫比爾（Mobile），而非門羅維爾（Monroeville），如果我們針對你的議案舉辦聽證會，你等於必須大老遠從亞特蘭大前來莫比爾，我不會額外給你方便的。」

「我明白，若需要的話，我可以跑一趟莫比爾。」

「當然，我也不打算委任你，因為我不覺得他很窮困。據報告指出，他在門羅郡（Monroe County）各地藏有私錢。」

「法官大人，我不是尋求獲得委任的機會，我告訴過麥可米利安先生，我們不會……」

電話那頭傳來的撥號聲切斷了我在這通電話中第一次堅定的陳述。我花了幾分鐘適應，才意識到這不是意外斷線，而是被一名法官掛電話。

與華特・麥可米利安初次相見時，我近三十歲，正要在SPDC展開第四年的工作。

1 譯註：狄克西黑手黨（Dixie Mafia），為美國的犯罪組織之一，活躍於美國南方一帶。

當時阿拉巴馬州的治安惡化，案件量如洪水般湧入，他的案件是其中之一。州內已有近一百個人關在死牢中，也是全國犯罪人口成長速度最快的地方，卻沒有公設辯護人制度，這意謂著大量的死刑犯無法獲得任何律師為其法律代表。我的朋友伊娃・安斯理（Eva Ansley）曾經手一件阿拉巴馬監獄專案，工作內容為追蹤案件，並為受刑人尋找律師。一九八八年，我們找到機會促使聯邦政府出資為死刑犯設立法律中心。我們計畫用這筆錢成立新的非營利機構，希望設在圖盧沙（Tuscaloosa），並自隔年起開始營運。在此之前，我已在數個南部的州有過經手大量死刑案件的經驗，甚至曾在電刑行刑日期確定的前幾分鐘贏得暫緩執刑的機會。即便如此，我仍不覺得自己準備好擔起非營利法律事務所的營運責任。我盤算著，等組織步上軌道、找到負責人後，我便返回亞特蘭大。

和羅伯特・凱伊通話之前的幾個星期，我到死牢裡和五名絕望的受刑人見面：威利・泰普（Willie Tabb）、維農・麥迪森（Vernon Madison）、傑西・莫里森（Jesse Morrison）、哈利・克斯（Harry Nicks）和華特・麥可米利安。那是非常累人、耗盡心力的一天，開長途車回亞特蘭大的路上，這些判例以及人物一逕在我的腦中攪和在一起。但我記得華特，他起碼比我年長十五歲，未受過良好的教育，成長於偏鄉社區。關於他，我印象最深刻的，是他何其堅持自己是冤枉的。

「布萊恩先生，我知道這對你來說可能無關緊要，但對我而言卻非常重要，我希望你很清楚我是無辜的，他們說的那些事我碰都沒碰，完全沒有。」在會客室裡，他這麼對我說，他的語氣平和卻充滿情緒。我對他點頭示意。我知道該在當事人傾訴之際全盤接受他所說的一切，直到事實導向其他結果。

「當然，我明白你的意思。檢閱審判紀錄時，我會更清楚他們有什麼證據，然後我們再來談。」

「可是……你聽我說，我知道我不是死刑犯裡，第一個說自己是無辜的人，但我真的需要你相信我，我的人生就此一敗塗地！他們加諸在我身上的謊言，遠超過我可以忍受的程度，如果我沒有辦法從相信我的人身上獲得幫助——」

他的嘴唇顫抖了起來，緊握拳頭，強忍住避免自己哭出來，我靜靜地坐在一旁等著他強迫自己回復鎮定。

「我很抱歉，我知道你會盡所能地來幫助我。」他以平靜許多的語氣這麼說。我直覺安撫他；他的痛苦看起來如此真實，可惜我能做的並不多，而經過了幾個小時和這麼多名受刑人會面談話之後，我僅能鼓起最後氣力向他再三保證，會鉅細靡遺地審視每個細節。

在亞特蘭大那狹小的辦公室裡，堆著好幾份庭審紀錄，待圖盧沙的辦公室啟用之後便搬過去。羅伯特．凱伊法官弔詭的評論仍在我的腦海中不停穿梭，我翻找著堆積如小丘般高的紀錄，直到找到麥可米利安的庭審紀錄。庭審程序（trial proceeding）的資料不過四卷，亦即審判時間意外急促。法官戲劇性的警告，加上麥可米利安先生聲稱自己無辜時的激動情緒，我不禁心生好奇、不想再拖延下去。於是，我讀起這份案例。

—

即便在門羅郡住了一輩子，華特・麥可米利安卻從未聽過哈波・李（Harper Lee）或《梅岡城故事》（*To Kill a Mockingbird*）。一九六〇年代，哈波・李的這部得獎作品成為暢銷書，阿拉巴馬州的門羅維爾厚顏沾光，為這片土地上的女兒哈波・李慶祝。哈波・李雖然回到了門羅郡，卻選擇遠離人群，也鮮少在公開場合露面。她的隱居絲毫沒有阻止這個地方繼續拿她的文學經典作品來行銷，或者說，書本身的名氣便已足夠宣傳。由於改拍成電影的緣故，小鎮迎來了葛雷哥萊・畢克（Gregory Peck），他是為了惡名昭彰的法庭場景而來，而他在這部片裡的表現也為他贏得奧斯卡獎。當地長官不久後決定將舊法庭裝修成「知更鳥」（Mockingbird）博物館，一群當地人組成「門羅維爾的知更鳥玩家」（The Mockingbird Players of Monroeville），將故事搬上舞台。《梅岡城故事》受歡迎的程度，甚至讓國內外旅遊業者規畫出套裝行程，為讀者導覽虛構故事裡所對應的每一處真實場景。

儘管沒有足夠的證據證明故事的真實性，李創作的故事一再觸動人心。這個風靡數百萬名讀者的故事所描寫的，是一九三〇年代一名無辜的黑人男性如何獲得一名英勇的白人律師為其辯護，儘管在黑人被誣告為某起白人女性強暴案件的涉案者的情節中，其挖掘真相的經過令人感覺不太舒服。在李筆下受人喜愛的角色芬奇·阿提克斯（Atticus Finch），以及他早熟的女兒絲考特（Scout）面對真實存在於南方一帶的種族和正義問題的方式，深深吸引讀者。一整個世代的律師在成長過程中受到鼓舞，希望成為如阿提克斯這般英勇的人物，在需要的時刻保護手無寸鐵的黑人嫌疑犯，以防止憤怒的白人民眾動用私刑。

如今有數十個法律機構，借用李的小說中的這位虛構律師的名字為榮譽獎項，以表揚模範行為。可惜人們忽略的是，這名在故事中被誣告的黑人男性並沒有因為阿提克斯的辯護而獲得平反，他叫湯姆·羅賓森（Tom Robinson），因誣告而遭判有罪。沒多久，他深陷絕望的深淵，在企圖逃離監獄的過程中不幸喪生。他被負責看守他的人從背後開了十七槍而喪命，他死得不光采，然置他於死的行為卻完全合法。

華特·麥可米利安一如湯姆·羅賓森，成長於門羅維爾郊外的幾處貧窮黑人社區之一，學齡前便開始與家人一起下田。在阿拉巴馬州南部，佃農的孩子一旦到了在田裡幫得上忙的年紀，就會學習「犁田」、「耕種」與「揀拾」。一九五〇年代，黑人小孩受教育的機會有限，華特的母親讓年幼的他有機會到殘破的「有色學校」（colored school）接受幾年的教育。大約八、九歲時，華特揀棉花的工夫遠比讓他去上學更有價值，十一歲時，他已經可以像哥哥、姊姊一樣犁田了。

時代在變化，既變得更好亦不斷惡化。門羅郡因為十九世紀的地主從事棉花生產而大規模開發，坐落在阿拉巴馬州西南方沿海平原的這個地區，由於土地肥沃，且含豐富黑土，吸引了來自卡羅來納一帶[2]的白人殖民者，他們依賴這些資源累積了相當可觀的農作收穫和大量的奴隸人口。南北戰爭發生後的數十年間，大量非裔美國人在這條「黑帶」（Black Belt）上，以佃農的身分仰賴白人地主生活。在一九四〇年代，數以千計的非裔美國人隨大遷徙（Great Migration）的步伐離開這個地區，多數前往中西部或是西部沿海一帶尋找工作機會。仍有些人選擇留下來耕作，只是非裔美國人口的外移加上其他因素，迫使傳統農作無法持續支撐該地區的經濟基礎。

一九五〇年代，小規模棉花耕作的利潤空間變得更小，即便有黑人佃農提供相對低廉的勞動力，依然無法支撐。阿拉巴馬州政府同意藉由提供額外的租稅誘因給造紙廠等方式，幫助這些白人地主轉型種植林木與生產林木產品。在阿拉巴馬州的十六家造紙廠中，有十三家是在這個時期成立的[1]，放眼望去整條黑帶，愈來愈多田地被轉而用來種植造紙及工業所需的松樹，而大批的非裔美國人被這項新工業排除在外，雖然他們贏得基本人權，卻發現自己也迎來新的經濟困境。佃農身分和歧視的殘酷年代已然告一段落，隨之而來的是長期性的失業以及貧困的加劇。這個區域裡的許多城鎮，依然是全美國最窮困的地方。

華特很聰明，他看見趨勢，隨一九七〇年代木材工業的腳步開始了自己的紙漿材事業，敏銳、果決的他借錢買進電鋸、拖曳機和運木材車。一九八〇年代，他的事業已然穩固，即便沒有賺進大把錢財，卻也足夠他過上富足的生活。如果他只是在造紙廠或一般工廠工作，或者其他無專業技能的工作——如同多數阿拉巴馬州的窮苦黑人——幾乎等同於要為白人老闆工作，承受著一九七〇、八〇年代在阿拉巴馬州常見的種族之間落差的壓力。雖然華特改變不了自己的黑人身分，卻在一個成長中的經濟產業裡占有一席之地，他因而得以享受多數非裔美國人無從體驗的快樂。

華特的成功為他贏得一些尊敬和推崇，同時也招致旁人的鄙視和揣測，尤其是出了門羅維爾黑人社區之外。在一些鎮上的白人眼中，華特擁有的自由遠遠超過一名所受教育不多的非裔美國人能夠透過合法手段取得的，但是他依然和善、受尊敬、慷慨且寬容，與他有生意往來的人當中，無論是白人、黑人，都對他讚賞有加。

華特也不是完美無缺，他一直有著「女人們的男人」的封號。雖然他很年輕就結婚，

2 譯註：卡羅來納一帶（Carolinas），指北卡羅來納州和南卡羅來納州。

和太太米霓育有三個孩子，然他周旋在眾多女人間的羅曼史眾所周知。「林木工作」是出了名的繁重又危險。華特的生活少有輕鬆的時刻，但他無法輕易抗拒女人。粗獷的外表（濃密的長髮、勃發的鬍子）及慷慨迷人的天性，身邊因而不乏一些受他吸引的女性。

華特從小就理解黑人男性親近白人女性是不被允許的，卻在一九八〇年代，他想像這情況也許會改變。或許若沒有成功擁有自己的事業，他更會將種族之間不得跨越的界線放在心上。而對於凱倫．凱莉（Karen Kelly）的調情，華特一開始並沒有想太多。他在鬆餅屋（Waffle House）吃早餐時遇見這名年輕的白人女性，她極有魅力，只是華特並沒有太認真看待。隨著凱莉的調情愈來愈明顯，華特猶豫了起來，然後他說服自己，反正沒有其他人知道。

幾個星期過去，他和凱倫之間的關係顯然成了麻煩。年僅二十五歲的凱倫，比華特小十八歲，而且已婚。他們之間的「友誼」傳開了，而且她似乎對於自己跟華特之間的親密關係相當引以為傲。當她的先生發現之後，一切變得更加難堪。凱倫和丈夫喬失和已久，也準備離婚，只是這則和黑人男性交往的醜聞激怒了凱倫的先生及其全家，他提出法律訴訟爭取孩子的監護權，決意公開妻子的不忠並揭露她與黑人男性之間的關係以羞辱她。

至於華特，他向來和法院保持一定距離，並遠離法律。幾年前，他曾經捲入一場酒吧打鬥，被判處一天的輕刑。這是他第一次也是唯一一次陷入麻煩。自那時起，他不再與刑事司法系統有任何接觸。

當華特接到凱倫·凱莉的丈夫要求他在監護權官司中出席聽證會的傳票，他清楚自己惹上大麻煩。由於無法和較懂得如何處理這類危機的太太米霓商量，他只好提心吊膽地獨自前往法院。凱莉的先生的律師傳喚華特站上聽證席，他決心聲稱自己和凱倫只是朋友關係。在喬的辯護律師對他們之間的交情提出粗鄙問題之際，凱倫的律師當即表達反對，甚至盡可能提供足以保全華特的細節資訊。離開法庭的時候，華特可以明顯感受到衝著他來的憤怒及敵意。華特很想擺脫這些折磨，無奈壞事傳千里，他的名聲一夕翻轉。他不再是那個在紙漿木材業勤勉工作、白人眼中幾乎等同於一名拿著鋸子在松樹林間的男人，眼前的華特所代表的，是更令人擔憂的形象。

在美國，對於跨種族的性和婚姻關係的恐懼深植人心，而種族和性的合流，不管對於南北戰爭之後重建期[3]的廢除、長達一世紀之久的「黑人歧視法」（Jim Crow laws）的維持，以及整個二十世紀的種族政治分裂的能量灌輸等面向上，皆可謂強大的力量。在奴隸制終止之後，種族等級和種族隔離體系大規模設立，以防止像華特和凱倫這樣的親密關

3 譯註：重建期（Reconstruction），泛指一八六五年至一八七七年間，在南方邦聯和奴隸制度被摧毀後，試圖解決南北戰爭遺留問題的時期。

係，根據「反異族通婚法」（anti-miscegenation statutes），他們的關係在法律上是被禁止的。（「miscegenation」這個詞源自一八六〇年代，由奴隸制度的支持者所創造，他們聲稱，一旦奴隸制廢止，人們對跨種族之間的性、婚姻及種族融合的恐懼將成真。）超過一世紀的時間，南方一帶的執法人員將調查並懲罰和白人女性有親密關係的黑人男性這件事，視為自身職責的一部分。

雖然聯邦政府在短暫的重建時期中，曾應允讓恢復自由身的奴隸享有種族間的平等，但在一八七〇年代聯邦軍隊離開阿拉巴馬州之後，白人至上的觀念和種族間的從屬關係卻迅速回復。非裔美國人的選舉權遭受剝奪，一連串針對種族的限制及法律強化了種族等級制度。《種族完整法》（*Racial Integrity Act*）可謂複製奴隸制的種族等級並重建非裔美國人的從屬關係的一部分。跨種族的性和婚姻的犯罪化，致使南方各州皆可透過法律合法強迫貧窮和弱勢的婦女絕育。在整個南方，如何禁止白人女性和黑人男性之間發生性關係成為當務之急。

一八八〇年代，就在私刑成為跨種族間親密關係的標準懲罰方式的幾年前，比華特和凱倫・凱莉發生親密關係的時間早了一世紀左右，非裔男性湯尼・派斯（Tony Pace）和白人女性瑪麗・寇克斯（Mary Cox）在阿拉巴馬州相戀。他們被逮捕，並且因為違反阿拉巴馬州的「種族完整法」而被判處兩年徒刑。約翰・湯普金斯（John Tompkins）律師是白人知識分子當中少數認為「種族完整法」違憲的人，他答應協助湯尼和瑪麗上訴。阿拉巴馬州最高法院在一八八二年審理這起案件，其完美的修辭促使這段話在接下來的數十年間廣為引用，最高法院肯定這項有罪判決，字句間透露出對於跨種族戀情的鄙視：

> 兩個不同種族的人交換誓言，將助長犯罪（通姦或亂倫）的邪惡傾向……結果可能導致種族融合，產生雜種人口，導致文明退化，這種預防措施需要藉由良好政策的制定，以收社會及政府最高利益的成效。[2]

美國聯邦最高法院審理阿拉巴馬州法院的判決，無異議支持阿拉巴馬州法院在跨種族的性和婚姻上的限制，肯定加諸在湯尼．派斯和瑪麗．寇克斯身上的刑期，並為二十年後的普萊西案（Plessy v. Ferguson）預先提供了惡名昭彰的說詞——「（種族）隔離但平等」。愈來愈多州法院追隨聯邦最高法院的決策，一一通過種族完整法，立法禁止非裔美國人，有時包括美國原住民以及亞裔美國人，和白人之間的婚姻及性行為。雖然這類限制僅在南部一帶積極執行，但中西部及西部地區亦普遍立法設限。愛達荷州也在一九二一年明令禁止跨種族的婚姻和性關係[3]，儘管該州的人口組成有高達百分之九十九點八都不是黑人。

一直要到一九六七年[4]，美國聯邦最高法院終於在〈深愛夫婦訴維吉尼亞州〉（Loving v.

Virginia）一案中，裁定「反異族通婚法」違憲，但即使是在這個具里程碑意義的判決之後，跨種族婚姻限制依然存在。阿拉巴馬州憲法（Alabama's state constitution）在一九八六年華特和凱倫·凱莉相遇之際，仍禁止跨種族婚姻，該州憲法第一〇二條內容如下：

> 立法機關永遠不會通過任何法律，以授權或讓任何白人及黑人或其後代之間的婚姻關係合法化[4]。[5]

沒有人認為像華特這般相對成功、獨立的男性就必定會遵守一切規範。偶爾酒喝多了一點、捲入打鬥或者一段婚外情，這些都不足以摧毀一名可靠、工作表現傑出的黑人男性的聲譽及誠信。然而跨種族交往，特別是當對象為已婚白人女性時，卻是多數白人無法接受的行為。在南方，諸如謀殺或攻擊行為的罪行可能會讓你吃上牢飯，但是跨種族性關係這類僭越罪（transgression）被劃分在其特有的危險類別中，與之對應的是極端的懲罰。

華特並不清楚法律的歷史，至少如同每一名阿拉巴馬州的黑人男性，他打從骨子裡明白跨種族戀情的危險性。光是在門羅郡，自法條設置後，就有將近一打人因此遭私刑處決[6]。鄰近幾個城鎮亦有數十起遭私刑處決的案例，而真實數目恐怕遠超過他們所提供的數字。跨種族戀情被視為比任何事件都恐怖的罪行，助長恐懼的蔓延，使人相信一旦和白人之間的互動出了任何差錯，任何細微的無心之過，任何輕率的目光或回應，終將為他們招來巨大且致命的麻煩。

華特在很小的時候便聽過父母及親戚談論私刑。他十二歲那年，門羅郡內的黑人男性羅素・查理（Russell Charley）被發現吊死在阿拉巴馬州威登伯格（Vredenburgh）的一棵樹上。從華特的家人口中得知，查理的私刑源於一段跨種族戀情。華特記得很清楚，查理滿布彈孔的遺體在樹上搖曳的景象被發現當下，恐懼瀰漫整個門羅郡黑人社區。

而如今，門羅郡裡的每個人都在談論他與凱倫・凱莉的關係，他擔憂那些過往事件的遭遇，即將降臨在自己的頭上。

幾個星期過後，一件大家更沒預料到的事情震撼門羅維爾。一九八六年十一月一日，接近中午時分，來自地方上頗受敬重的家庭、年輕貌美的女兒容達・莫里森（Ronda Morrison）被發現陳屍在門羅洗衣店的地板上，這名曾在此工作過的十八歲大學生從背後被

4 原註：雖然在聯邦法律的規範下，這個限制不能強制執行，然而阿拉巴馬州政府仍持續禁止跨種族婚姻直到二十一世紀。二〇〇〇年，改革者終於獲得足夠選票以廢止這項禁令，可惜仍有百分之四十一的選民希望維持這項禁止令。根據二〇一一年密西西比州共和黨員的調查發現，有百分之四十六的人支持法律禁止跨種族婚姻，百分之四十的人表達反對，百分之十四的人則未表態。

開了三槍。

在門羅維爾，謀殺案並不常見。而光天化日下，在商業活動頻仍的市中心所發生的搶劫謀殺案件更是前所未聞。將年輕容達置於死地的罪行，對於整個社區來說是從未有過的經歷。她很受歡迎，是家裡唯一的孩子，表現無從挑剔。她是那種讓整個白人社區都視如己出的女孩。警方一開始就認為，如此驚悚的事件絕不是社區內的人所為，無論白人或黑人。

在容達．莫里森的屍體被發現的當天，有兩名拉丁裔的男人到門羅維爾找尋工作機會，他們是最先被視為嫌疑犯的對象，警方一路跟蹤他們到佛羅里達州，最終排除他們的犯罪嫌疑。洗衣店的前老闆，一名叫邁爾斯．傑克森（Miles Jackson）的白人男性亦被列為可疑對象，只可惜毫無證據顯示他是殺人犯。至於洗衣店新任老闆瑞克．布萊爾（Rick Blair）也曾受到質疑，不久便排除嫌疑。幾個星期過去，警方依舊毫無頭緒。

地方上的人開始在閒談中議論起警方的無能，數個月過去，案情依然毫無進展，耳語的音量愈來愈大，對於警方、警長以及地方檢察官的公開批評開始在地方報紙和廣播中渲染。謀殺案發生後幾天，湯姆．塔德（Tom Tate）才剛當選新一任警長，而民眾卻質疑起他是否足以勝任其職。阿拉巴馬州調查局派員前來調查這起謀殺案，可惜並未獲得比當地警方更多的進展。門羅維爾四處人心惶惶，當地企業懸賞數千元獎金給提供情報者，期待盡快將犯人逮捕歸案。而向來生意不錯的槍枝買賣，銷售也因此增加。

在此同時，華特正與自己的麻煩搏鬥。他努力了幾個星期，試圖結束和凱倫・凱莉之間的關係。孩子監護權的官司以及眾所周知的醜聞帶來太多折磨，迫使凱倫轉而尋求毒品慰藉，走上自毀之途。她開始和一名面部嚴重毀容、前科累累的白人男子勞夫・梅爾斯（Ralph Myers）往來，這男人更是全然體現了她從安好狀態墜入深淵的過程。對凱倫來說，勞夫不是好伴侶，只是處在極端衰敗之中的她，一切行為舉止盡皆超乎家人、朋友所能理解。這段關係將凱倫拉至谷底，除了醜聞、施打毒品，她同時涉入嚴重的犯罪行為。他們不但販毒，也捲入發生在鄰近城鎮艾斯康比亞（Escambia）上，一名年輕女性維琪・琳・彼特曼（Vickie Lynn Pittman）的謀殺案裡。

警方對於彼特曼案的調查不久便有所斬獲，迅速得出梅爾斯涉案的結論。審問勞夫時，警方發現這男人不僅身上滿布傷痕，心理狀態也很複雜。他情緒化又脆弱，渴望獲得他人注意——他唯一有力的自我防衛是操縱和誤導。勞夫認為，自己所說出的一字一句務必讓人感受到神聖、震撼及細緻。他成長於寄養家庭，童年的一場致命火災在他的臉上、脖子上留下燒灼痕跡，他經歷過多次重大手術，才得以重拾基本的身體功能。他對於陌生人乍見他時，臉上顯露出的痛苦神情早已習以為常，他是活在邊緣、遭到上帝遺棄的一樁悲劇，但他試著藉由假裝具備和神祕事件相關的一切知識來彌補這項缺憾。

一開始，梅爾斯否認自己直接涉及彼特曼謀殺案，他承認自己可能意外涉入這起案件，不久便把罪責推到一些地方上更令人好奇的人物身上。他起先指控聲名狼藉的黑人男性艾薩克・戴利（Isaac Dailey），但警方旋即發現命案發生當晚，戴利被關在牢房裡。梅爾斯坦承自己捏造這個故事，因為真正的凶手不是別人，正是鄰近鎮上一名當選不久的警長。

這說法很離譜，未料阿拉巴馬州調查局似乎當真了。他們盤問他更多問題，只是隨著梅爾斯透露得更多，故事可信度就愈低。警方開始懷疑梅爾斯可能是單獨作案，所以才拚命將別人牽扯進來，以盡可能減輕自己的罪責。

雖然維琪・彼特曼的死訊也成了新聞，卻無從與容達・莫里森的死亡之謎相提並論。維琪來自貧窮的白人家庭，且有好幾個家人正服刑中。她的死亡不若容達・莫里森那般備受重視。在接下來的幾個月間，莫里森謀殺案一直是地方上受人關注的焦點。

勞夫・梅爾斯雖不識字，但他深知莫里森案件是目前辦案人員的重心所在。當他發現對於警長的指控不見成效時，他再一次更改自己的故事。他告訴調查人員，維琪・彼特曼的案件是自己和凱倫・凱莉及其黑人男友華特・麥可米利安共同犯下的。不僅如此，他還告訴警方，麥可米利安同時犯下容達・莫里森案件。這番說法隨即引起警方高度重視。

不久，警方便證實了華特・麥可米利安從未見過勞夫・梅爾斯，更不可能和他一起犯下兩起謀殺案。為了證明兩人一起作案，阿拉巴馬州調查局的幹員要求梅爾斯約華特・麥可米利安在一間店碰面，並且監控他們的互動，這是容達・莫里森的謀殺案發生幾個月後的事。

一走進店裡，梅爾斯並沒有辦法立刻在幾名黑人男性中認出華特・麥可米利安（他甚至麻煩店家老闆協助指認）。隨後他遞一張紙條給麥可米利安，宣稱為凱倫・凱莉所寫。根據目擊者的說法，華特對於紙條以及梅爾斯（這名他從未見過的男人）深感困惑，然後他把紙條丟了，繼續做自己的事，沒有特別在意這不尋常的際遇。

監控他的阿拉巴馬州幹員並沒有獲得任何足以說明梅爾斯和麥可米利安之間關係的資訊，而證據也充分顯示，兩人從未見過彼此，然而他們依舊採信麥可米利安涉案的理論。時光匆匆流逝，距離案發最初已經七個月過去，整個社區瀰漫著恐懼和憤怒的氛圍。批評聲浪四起，他們急需將人逮捕歸案。

門羅郡警長湯姆・塔德並沒有豐富的執法經驗，根據他自己的說法，他相當「本土」，對自己從未遠離門羅維爾感到自豪。上任四個月以來，一件遲遲無法偵破的謀殺案為他帶來極大的輿論壓力。當梅爾斯告訴警方麥可米利安和凱倫・凱莉的關係時，塔德很可能在此之前就已聽聞這樁跨種族戀情，畢竟凱莉的監護權聽證會製造出太多閒言閒語。不過，警方依然未握有不利於麥可米利安的證據——除了他跨種族通姦的事實指涉了他的魯莽以及可能有危險性之外，他們沒有其他證據了。更遑論在此之前，他沒有犯罪前科，且極富聲譽。也或許對他們而言，這樣的證據已然足夠。

Just Mercy

CHAPTER

2

挺身而出

STAND

史蒂夫・布萊特的住處位於亞特蘭大，在他客廳的沙發上窩了一年半載之後，我也該為自己找一處住所了。剛開始工作時，同事們總有應接不暇的緊急情況要處理。我間不容緩地被丟進期限緊迫的訴訟案件中，連找個住處的時間都沒有，加上我當時的年薪僅一萬四千美元，沒有能力負擔高昂的房租，於是好心的史蒂夫暫時收留我。史蒂夫的住處鄰近格蘭特公園（Grant Park），住在這小巧、雙樓層的房子裡，我無時無刻都可以和他討論案件及當事人可能要面對的複雜議題及挑戰。自清晨到深夜，我們鎮日剖析大小議題，我樂此不疲。而當法學院的同學查理斯・布里斯（Charles Bliss）由於即將前往亞特蘭大法律援助協會（Atlanta Legal Aid Society）工作必須搬過來時，我們發現，倘若把兩份微薄薪水湊一湊，其實負擔得起一間租金低廉的公寓。查理斯和我是哈佛法學院的同學，一年級時甚至同寢室。他是來自北卡羅來納州的白人小孩，和我一同度過那段在法學院的懵懂歲月。我們經常回到學校的體育館打籃球，或一起體會有意義的事物。

查理和我在亞特蘭大的安曼公園（Inman Park）附近覓得一處住所。可惜一年後房租調漲，迫使我們搬到接近維吉尼亞高地（Virginia Highlands）的區域，住了一年後又因為房租調漲而搬往城中區（Midtown）。城中區的雙臥房公寓是這一帶我們住過最無可挑剔的房子，只是隨著在阿拉巴馬州的案件量漸增，我根本沒有多餘的時間待在那裡。

此時，一項專為阿拉巴馬州死刑犯辯護的全新法律專案計畫逐漸成形，我原本希望在阿拉巴馬州啟動這項計畫，未打算搬離亞特蘭大。然而，阿拉巴馬州新增的死刑待審案件數量意謂著我每天得瘋狂開車數小時往返亞特蘭大，還得同時處理我在南方數州提出的監獄生活條件申請案。

各地的監獄無不面臨生活條件惡化的現況，一九七〇年代的阿提卡監獄暴動（Attica Prison riot），促使全國人民關注起駭人的監獄凌虐事件。阿提卡監獄被囚犯掌控期間，全國人民意識到監獄裡的野蠻作為，如關禁閉——囚犯被關在狹小的空間裡長達數星期甚至數月。在某些機構，囚犯會被帶到棺材般大小，稱為「甜蜜盒」(sweetbox)的洞穴或箱子中，囚犯得在裡面忍受數天到數星期的酷熱折磨。有些地區則對違反監獄規範的囚犯施以電棍的懲罰；有些單位會把囚犯鏈在一起，像把馬固定在馬樁上那般，要求他們高舉起手，以極不舒適的姿勢站立數小時。這般強加給囚犯、侮辱性且危險性兼具的懲罰作為，直到二〇〇二年方被宣布違憲。而惡劣的食物和生活條件更是時有所聞。

這場最終導致四十二個人喪命的阿提卡對峙，將監獄凌虐和非人道生活狀態的危險攤在陽光下。關注度的提高更促使最高法院制訂規範，以為受刑人提供基本正當程序的保護。這般潛在暴行使人心生警惕，數個州大刀闊斧，設法杜絕殘忍的凌虐行為。無奈十年過去，囚禁人數的急速攀升，無可避免地導致監禁品質再度惡化。

我們接到許多來自受刑人的信件，他們不斷抱怨監獄裡的惡劣環境。受刑人描述自身遭受管束人員毆打、被關進柵欄等有辱人格的待遇。受刑人死在監獄中的案件數量，更是令人心驚地湧進我們的辦公室。

其中的幾個案子由我負責，包括一件發生在阿拉巴馬州加茲登（Gadsden）的案件。監所管理人聲稱，這名三十九歲的黑人男性為自然死亡，他因違反交通規則而入獄。他的家人堅持他遭受警方毆打，而監所管理人則不顧他的苦苦哀求，拒絕提供他氣喘吸入器及藥物。我耗費許多時間陪伴勞立達・魯芬（Lourida Ruffin）傷心欲絕的家人，並從深愛他的父親口中得知他有多麼體貼善良，而那些他人揣測的事都不是真的。身高近兩百公分、體重超過一百公斤的他的確令人望而生畏，但他的母親和妻子堅稱他是個貼心溫柔的人。

加茲登的警方在一天夜裡攔下魯芬先生的車，因為他猛然急轉彎致使警方生疑。警方檢查後發現，他的駕照在幾個星期前已過期，便將他帶到拘留所。當他鼻青臉腫、淌著血地抵達市立監獄時，魯芬先生向其他獄友說自己被狠狠揍了一頓，此刻急需吸入器和氣喘藥物。我著手調查這起案件，監獄裡的受刑人告訴我，他們親眼目睹警察在將魯芬先生帶往隔離間前揍他一頓。數小時後，便看到醫護人員用擔架從監獄中將他抬走。

儘管一九七〇與八〇年代早期曾進行改革，受刑人的死亡狀況依然是個嚴重的問題。自殺、受刑人之間的暴力行為、醫療缺乏、員工凌虐以及監管人員的暴力行為等因素[1]，造成每年受刑人的死亡人數高達數百位。

不久後，我接到來自其他加茲登人民的投訴案件，一名黑人青少年的父母為了兒子被警方射殺而來，他們說，兒子因為一起輕微的交通違規事件——闖紅燈——而被警方攔住。他們年輕的兒子才剛學會開車，警察靠近時他不住緊張了起來。他的家人堅稱，他低頭看向地板是為了拿起運動背包，翻找他剛考上的駕照。警方卻宣稱，他是為了拿武器——儘管事後證明並未找到任何武器——這名青少年就此在自己的車內慘遭擊斃。開槍射殺他的警察揚稱他具有威脅性，而且反應相當敏捷。孩子的父母則告訴我，他們的兒子向來容易緊張而且易受驚嚇，但他很乖巧，從來沒有傷害過任何人。他是個有虔誠信仰的好學生，而他模範生的形象更足以促使家人說服公民權領袖挺身而出推動他的死因調查。他們的請求送到我們辦公室來，我將此例連同監所和監獄的案例一起研讀。

在處理幾個州的死刑案件的同時，我還必須釐清阿拉巴馬州的民法和刑法，這已使得我忙碌不堪。加上監獄生活條件的訴訟案，更意謂著我得多次長途奔波，耗費極其冗長的交通時間。那輛一九七五年出廠的本田Civic努力地追上我，收音機早在一年前就壞了，只有在我沒閃過地面坑洞或緊急煞車、導致車體劇烈震動時，才會暫時回復正常。

這一日的白天，我方從加茲登開了三小時的車回到辦公室，離開辦公室準備回家時又是子夜時分了。我坐進車裡，驚喜地發現收音機在我發動引擎的瞬間便傳出聲音，三年多的法務工作經驗，讓我也變成那種會因為微小的事件而油然升起巨大喜悅感受的人。這天夜裡，不僅收音機正常運轉，電台還正好播起懷舊的史萊與史東家族（SLy and the Family Stone）的音樂。聽著史萊音樂長大的我，在亞特蘭大的街道上，隨〈Dance to the Music〉、〈Everybody is a Star〉和〈Family Affair〉這些歌曲開心搖擺。

我們在城中區的公寓位在一條人口稠密的街道上。有時我只能在半個街區外或轉角處才找得到停車位。未想今晚我實在幸運，就在史萊正要唱〈Hot Fun in the Summertime〉的時刻，我在住處新大門前不到幾步路的距離便安頓好我嘎嘎作響的Civic。時間不早了，應該趕緊上床睡覺，怎奈這時刻太美好，我捨不得就這麼結束，我索性繼續待在車裡聽音樂。每播完一首歌，我便催促自己進屋裡，另一首令我無法抗拒的歌曲卻又流洩而出，我就是無法離開。看到閃爍的警車燈往我靠近時，我正隨著史萊漸高的音調唱著〈Stand!〉，那是福音歌曲式的壯麗結尾。由於停車的位置不過離自家幾步路而已，我以為警察只是基於一些緊急要務在身而經過。因此當他們把車停在我正前方約莫二十呎處時，我根本不知道發生了什麼事。

我們社區的街道是單行道，我的車停靠的方向也是正確的；警方逆向而來時，我才注意到這不是一般的警車，而是亞特蘭大SWAT[1]特有的車款之一。警察把一盞聚光燈放到車頂，照向車內的我，他們只可能是衝著我而來，但我無法理解是為了什麼。我停好車，在車內聽了大約十五分鐘史萊的音樂，音響只有一個沒壞，可惜狀況沒有很好，我很確定車外根本聽不到我播放的音樂聲。

警察坐在車內持續照著我歷時約一分鐘，在〈Stand!〉播完之前，我關起收音機，勞立達．魯芬的檔案匣仍放在一旁的座椅上，這名加茲登的青年才剛遭到擊斃。最後，兩名警察走下車，我當下注意到他們身上穿的並不是一般的亞特蘭大警察制服，而是不祥的軍隊式服裝，黑色靴子配上黑色長褲及背心。

我決定下車，然後回家。雖然他們一直盯著車內的我，我仍以為他們的目標不過是為了這附近和我不相干的事務，也或者他們誤解了我什麼，我想我可以讓他們知道我沒什麼不對勁之處。我當然不會知道走出車外是錯誤或者危險的決定。

一打開車門走出去，朝我走來的警察隨即拿起武器指向我。我看起來一定相當不知所措。

我的直覺反應是逃，但很快意識到這可能不是明智之舉。於是我思考了一下，猜想或許他們不是真正的警察。

「再動就轟了你的腦袋！」警察吼出這些話，我一時意會不過來他指的是什麼。我力圖冷靜，這是我生平第一次被人拿槍指著。

「雙手舉起來！」那名白人警察的個頭和我差不多。昏暗光線中，我只認得出他的黑色制服以及指向我的武器。

我舉起雙手，並注意到他似乎很緊張。我不記得為什麼我要說話，只記得自己說了：「沒事的，沒有關係的。」

我的聲音聽起來一定非常恐懼，因為我真的嚇壞了。

我重複說著「沒事的，沒有關係的」，最後說：「我住在這裡，這是我家。」

我望著距離自己僅十五呎、拿槍指著我的頭的警察，我想，我看到他的手在顫抖。

我盡可能保持冷靜繼續說：「沒事的，沒有關係的。」

第二名警察未起出武器，謹慎地緩緩朝我靠近，他走在人行道上，打量我的車，隨後走到我後方，此時我仍被另一名警察拿槍指著。他抓住我的雙臂然後將我推向後車廂蓋

1 譯註：SWAT（Special Weapons and Tactics），為特種武器和戰術部隊，由美國首創，專門執行包括營救人質、阻止恐怖攻擊等危險任務。

上，另一名警察則放低武器。

「你在這裡做什麼？」第二名警察問，他看起來比持槍的警察更為老練，語氣中滿是憤怒。

「我住在這裡，幾個月前才搬來，我室友在裡面。你們可以去問他。」我恨透自己流露出的怯弱以及顫抖的聲音。

「你為什麼在街上逗留？」

「我只是在聽收音機。」他把我的雙手放到車上，讓我趴在車後方，SWAT車上刺眼的聚光燈依然直接照向我。我注意到街上的住戶紛紛亮起燈，從他們的前門朝此處窺看。我們隔壁的鄰居，一對中年白人男女走出門外，瞪視趴在車上的我。

抓住我的那名警察問我駕照在哪，但他不願鬆開我的手，我告訴他，放在後口袋。他從我的牛仔褲中摸出我的皮夾。另一名警察則爬進我的車裡，翻看我的文件。我知道，他沒有正當理由進入我的車內，他的搜索是違法的，我本來打算他一打開我的公事包，立刻這麼對他說。但進到一輛停好的車內翻看他人物品著實是太過離譜的違法行為，因此我想他根本未留意到自己其實已違法，所以說什麼都無濟於事。

我的車裡沒有任何引人好奇的事物，沒有毒品，沒有酒，連大麻都沒有。我在置物箱裡放了一大袋M&M花生巧克力和火箭筒泡泡糖，好讓我沒時間吃飯之際暫時充飢。警察仔細搜查時，只剩下一點點M&M巧克力在袋子裡，他把鼻子湊上袋口聞了聞，我絕對不會再吃那些巧克力了。

由於搬入新住處的時間不夠久，我還不能更改駕照上的地址，以致駕照上的地址和此處地址不吻合。法律也沒有規定一定要更新駕照，但這使得我在警察回到車內比對身分時，被多扣留了十分鐘。隨著時間過去，鄰居們顯得更肆無忌憚。儘管夜已深，人們還是紛紛走出門外圍觀。我聽見他們談論起附近發生過的每一起竊盜案。接著一名白人老太太大聲嚷嚷，要求盤查我是否和她遺失的物品有關。

「問他是不是拿走了我的收音機和吸塵器！」另一名女士問起自己失蹤三天的貓。我繼續等待自家公寓的燈亮起，期待查理走出來幫我解圍，但他最近和一名同在法律援助協會工作的女性約會，多數時候都待在她的住處，我想，他可能不在家。

那名比對資料的警員終於走了回來，沮喪的對他的同僚說：「應該不是他。」

我總算恢復理智並且把雙手從車頂上放了下來。「這實在太不可理喻了。我住在這裡，你們不應該這樣做。為什麼這樣對我？」

較年長的警察皺著眉不滿地對我說：「有人報案說，這裡有可疑的小偷。最近這一帶竊盜案很多，」他笑了一下，接著說：「我們這就放你走，你應該高興才對。」

他們走了，坐上那輛SWAT，然後將車開走。鄰居們進屋前紛紛再次打量我，我舉棋不定，無法決定應該要馬上衝進家門，然後他們便知道我住在哪一間，或是等他們四散之後再進屋，如此就沒人知道「犯罪嫌疑人」住在哪一戶。最後我決定稍候一會兒。

我的文件被警察掀得亂七八糟，四散在車內以及人行道上，我整理了一下文件，不悅地把M&M巧克力丟進街上的垃圾桶，而後走回公寓。一看見查理在家時，我鬆了一口氣。我叫醒他，告訴他事件始末。

「他們甚至連道歉都沒有。」我繼續說著，查理聽完我傾吐怒氣後，很快地又睡著了，而我則完全無法成眠。

隔天早上，我告訴史蒂夫這件事，他聽了之後勃然大怒，催促我投訴亞特蘭大警察局，幾名辦公室裡的同事建議我，應該在投訴狀中加註我是處理警察行為不當案件的民權律師，但我認為不管身分為何，每個人都不應該遭受警察如此失當的對待。

於是，我決定撰寫投訴狀時不透露我的律師身分。回想起這整個事件經過，最令我印象深刻的是當警察執起武器時，我的直覺反應是逃跑。我已經二十八歲，是名經手過多起警察行為不當案件的律師，理應具備足夠的判斷力，在警察威脅開槍時能夠冷靜表達。一想到若我只有十六歲、十九歲或二十四歲，我真的很可能選擇逃跑，一思及此，我便覺毛骨悚然。想得愈多，我就愈想關心在那個社區一帶的年輕黑人男孩或男人，他們清楚在這樣的情況下是不能逃跑的嗎？他們有辦法冷靜說出「嘿，沒關係」嗎？

仔細翻查和我擔憂的事相關的資料，我發現，根據司法統計局（The Bureau of Justice Statistics）的報告[2]，黑人被警察射殺的案例是白人的八倍，到了二十世紀末[3]，比例緩降至「只有」四倍的差距，然而狀況卻在一些州法院通過《不退讓法》2，授權武裝的民眾合法使用武力後，又變得更嚴重[4]。

我著手撰寫要給亞特蘭大警察局的備忘錄，一回過神，發現已經寫了將近九頁的內容，羅列出他們的過失之處。我用兩頁的版面詳述他們沒有正當理由的非法搜查經過，更援引六個案例。然後，我重讀投訴狀，確認我能寫的都寫了，除了「我是個律師」之外。

遞交投訴狀給警局後，我嘗試忘掉這起事件，卻做不到。我不停想著這件事。為自己沒有在事件發生當下掌控局面而感到困窘，我未向警察表明我的律師身分，也沒有嘗試告訴他們，他們的行為已經觸法。我應該跟他們說更多嗎？儘管已經具備一些協助死刑犯的經驗，我卻質疑起自己，是否真的已經為艱巨的任務做好準備。我甚至萌生在亞特蘭大經營一間法律事務所的念頭，因為年輕孩子們被警方攔下時的危險景況在我的腦海中不時縈繞。

對亞特蘭大警察局的投訴通過了審查程序，每隔幾星期，我便會收到「警察沒有做錯」

2 譯註：《不退讓法》（*Stand Your Ground law*），意指被他人侵害且自身無法受到公共權力保護時，有權使用致命武力防衛。

以及「他們的勤務很辛苦」之類的解釋信函，這些對於免職請求的申訴無法順利往上送呈。最後，我要求與警察局長以及攔下我的警員見面，請求遭到拒絕，但副局長接見了我。我要求道歉，並建議他們加強訓練以避免類似的情事再度發生。在我向他說明整起事件的始末時，他不時點頭致意。在我陳述結束後，他向我致歉，只是我懷疑他不過想盡快打發我。他保證，會要求員警強化一些「社區關係的額外功課」，我不覺得自己平反了這個事件。

我手上的案件量多到快爆炸了。為加茲登市立監獄辯護的律師團終於承認魯芬先生的權利受到侵犯，而他請求取用氣喘藥物遭到拒絕一事同樣違法。我們為魯芬先生的家人贏得合理的賠償，起碼他們能獲得一些金錢上的補償。我把其他警察行為不當的案件交給其他律師，畢竟我手上光是死刑的待審案件就處理不完了。

當事人死刑執行在即，我沒有閒工夫和亞特蘭大警察局纏鬥。但我仍然無法停止想著，自己明明沒有做錯任何事，卻得面對那般危險而不公的情境。萬一我的車裡正好有毒品呢？我會被逮捕，然後需要一名願意相信警方非法搜索我的車的律師的協助。會有律師願意受理並認真看待這類案件嗎？會有法官相信我沒有做錯任何事嗎？如果這件事情發生在一個長得像我，卻不是律師的人身上，會有人願意相信他嗎？如果是一個長得像我，但是剛好失業或有前科的人呢？

我決定和年輕團體、教會和社區組織談一談，讓他們明白，對於窮人和有色人種的有罪推定帶來了什麼樣的挑戰。我在地方上的會議裡演說，嘗試讓人們意識到對於堅持執法責任制的必要性，我主張警察改善公眾安全，應該在不任意對人民施加暴力的前提下。甚至是在阿拉巴馬州，只要任何人開口，我都願意抽空在社區活動中演說。

有一次，在結束一起死刑案件的調查工作後，我受邀前往阿拉巴馬州一處貧窮小鎮裡的小教堂演講，這裡是非裔美國人聚集之地，出席人數僅約二十來個。其中一名社區領袖介紹我之後，我便走向教堂前，講起關於死刑案件數攀升、監禁率提高、監獄裡權力濫用、歧視性的執法和改革的必要等議題。在某一刻，我決定分享自己在亞特蘭大遭遇的事，隨後我意識到自己過於激動，我的聲音在顫抖，只好按捺住自己不再說下去。

演講過程中，我注意到一名坐在輪椅上的黑人在活動正要開始之際進入會場，他約莫七十多歲，身穿老舊的棕色西裝。一頭灰短髮修剪地很是隨性。他全程專注地聽我演講，然大多時候毫無情緒或反應，他瞅著我的認真神情令我不安。推他進場的是一名十二歲左右的男孩，大概是他的孫子或親戚。我注意到這老人指著東西，要男孩去幫他拿，不發一言的他只要點點頭，男孩似乎就知道他要的是扇子或詩歌本。

演講結束後，他們一起頌唱詩歌，為活動劃下句點。老人沒有開口，只是閉上雙眼，微微往後靠在椅背上。整個活動結束後，人們朝我走來；他們大多和善，對我抽空前來演講一事表達感激，幾名年輕黑人男孩走上台來和我握手，對於這裡的人如此看重我所分享的資訊我感到很開心。輪椅上的老人在教堂後方等候，他直盯著我，並在所有人離開後，他向年輕男孩點點頭，男孩旋而推著輪椅朝我走來。

往我的方向接近時，老人的表情依舊不變，他停在我面前，傾身向我，義正嚴詞地說：「你知道自己在做什麼嗎？」他的神情看起來極其嚴肅，臉上未見一絲笑容。

他的問題劈頭而來，我無法分辨他真正想問的是什麼，也不清楚他是否帶有敵意，一時之間，我感到無措，不知道該如何回答。隨後，他手指指著我，再問一次：「你知道自己在做什麼嗎？」

我嘗試用微笑緩和，但我依舊一頭霧水。「我想我……」

他打斷我，高聲說：「讓我來告訴你，你在做什麼，你在敲響正義的鼓聲！」他的表情很是激動，又一次強調：「你要敲響正義的鼓聲。」

他往後靠回椅子上，我斂起笑容，他的話喚醒了我。我輕聲回答他：「遵命。」

他再次往前傾，嘶啞說：「你要一直敲響正義的鼓聲。」他不住比畫著，過了好一會兒，他又重複一次：「要敲響正義的鼓聲。」

再次往後靠向椅背上的瞬間，他看起來好累，氣喘吁吁的。他滿是關愛看向我，招手喚我，我靠向他，隨後他伸出手臂將我拉向他並微微傾身，他輕聲、近乎喃喃自語地對我說話，卻如同激昂的語氣般令我難忘。

「你看到我頭上的這道傷疤嗎？」他偏頭給我看。「是在阿拉巴馬州的格林郡（Greene County）被弄傷的，那是一九六四年，當時我正試著要登記選舉權。另外，你看到這邊的傷疤嗎？」他轉向左側，我看到右耳正上方一道約四呎的疤痕，「這是在密西西比州爭取公民權而受傷的。」

聲音愈來愈宏亮的他緊緊攫住我的胳膊，頭放得更低。「你看到這裡的傷痕了嗎？」只見他的頭頂上有個深色的圓圈，「這傷疤來自伯明罕（Birmingham）的兒童十字軍[3]。」

他往後靠，激動地看著我，「在別人看來，這些不過是我的疤痕、傷口、瘀青。」我這才發現，他的眼眶滿是淚水，他把手放在頭上說：「這些不只是我的疤痕、傷口、瘀青，這些是我的榮耀勳章。」

他凝視我許久許久，而後擦乾淚水，對男孩點頭示意，便推著輪椅離開了。

我徑直站在原地，望著他離去的身影，覺得好像有什麼東西卡在我的喉嚨裡。

過了好一會兒，我體認到，該是在阿拉巴馬州成立辦公室的時刻了。

3 譯註：兒童十字軍（Children's Crusade），一九六〇年代，上千名兒童及少年走上伯明罕街頭，反對種族隔離政策。

Just Mercy

CHAPTER

3

審判與苦難

TRIALS AND TRIBULATION

幾個月來承受沮喪、失敗以及大眾的蔑視，塔德警長、阿拉巴馬州調查局局長西蒙・班森（Simon Benson）和地區檢察官（district attorney）的調查員賴瑞・伊克納（Larry Ikner）做出逮捕華特・麥可米利安的共同決定。他們的主要依據是勞夫・梅爾斯的指控。由於尚未對麥可米利安進行足夠的調查，所以他們決定在釐清案件的同時，先以假託的指控逮捕他。梅爾斯聲稱，他對麥可米利安深感恐懼，其中一個警員便暗示，梅爾斯可能遭麥可米利安性侵；而梅爾斯當下意識到，這個說法足以撩撥人心、煽動情緒，便鬱悶地承認這個事實。阿拉巴馬州的法律明文禁止不具生殖能力的性交行為，因此警方決定以反自然性行為（sodomy）的罪名逮捕麥可米利安。

一九八七年六月七日，塔德警長帶領十二名以上警員前往一條鄉間道路上，他們知道華特下班時會經過這條路。警察攔住華特的卡車，架上武器，強行壓制華特下車，並將他團團包圍。塔德接著告訴他，他被逮捕了，華特激動地反問警長自己犯了什麼罪，警長說，他犯了反自然性行為罪，華特不知道這個名詞的意思，便詢問警長，而當警長以粗野的用詞解釋後，華特難以置信，忍不住大笑了起來。此舉更是觸怒了塔德，他滔滔不絕地用侮辱種族、充滿威脅的詞語咒罵。多年以來，每當華特回想起被捕過程中所聽到的話，無非是不斷重複「黑鬼」（nigger），「黑鬼這黑鬼那的」，並伴隨侮辱及私刑的威脅。

「我們要讓你們這些黑鬼全部遠離那些白人女孩。我應該把你關起來，就像我們在莫比爾對那黑鬼所做的一樣，把你吊起來。」[1]塔德明確地對華特如此說道。

莫比爾約在六十哩以南之處，警長指的，是一名年輕非裔美國人麥可．唐諾（Michael Donald）所遭受到的侮辱事件。那天傍晚，正當唐諾從商店走路回家的幾個小時前，一起黑人男子被指控對白人警察開槍的案件才剛宣判無效審理。這項判決震驚許多白人，他們將無效審理的結果怪罪到陪審團裡的非裔美國人。他們在法院的草坪上焚燒十字架表達抗議後，一群三K黨成員的白人男性決定隨處尋找洩憤對象，他們看見走在回家路上的唐諾，當下便襲擊他。他們狠狠地將這名年輕黑人男子揍了一頓，緊接著將他吊在附近的一棵樹上，幾個小時過後他被發現時，已經沒有生命跡象了。

地方上的警察刻意忽略這起案件的死因顯然是仇恨犯罪，並假定唐諾涉及毒品交易，儘管他的母親堅決否認。黑人社區及民權運動分子紛紛被地方執法單位對案件的輕視所激怒，進而說服美國司法部介入調查，直到兩年後，三名白人男性被逮捕，他遭私刑的細節才終於為眾人所知。

莫比爾案至少三年前的事了，只是當華特被塔德和其他警察以私刑相脅時，他仍感到恐懼，同時感到困惑。他們逮捕他的理由是他強暴了另一名男子，卻一直盤問他關於容達・莫里森謀殺案的細節。華特極力否認這兩起案件的指控。警方也漸漸明白，在華特否認犯案的情況下，案情不會有所進展，於是將他上銬拘留，繼續進行調查。

門羅郡的地區檢察官泰德・珀森（Ted Pearson）得知他的調查員提出什麼樣的證據指控華特・麥可米利安時，想必大失所望。勞夫・梅爾斯的犯罪陳述相當牽強；他戲劇化的渲染本領，甚至把最基本的指控不必要地複雜化了。

以下為梅爾斯對於容達・莫里森謀殺案的陳述：謀殺案發生那天，華特・麥可米利安在加油站看見正準備加油的梅爾斯，便持槍脅迫他坐進華特的卡車，前往門羅維爾。在此之前，梅爾斯並不真的認識華特。坐進卡車後，華特示意梅爾斯開車，因為他的手臂受傷。梅爾斯雖有所反抗卻無從選擇。華特命令他前往門羅維爾市中心的傑克森洗衣店，並要求他在車內等候，隨後獨自走進店裡。等候多時的梅爾斯驅車前往同一條街上的雜貨店買菸。他十分鐘後回來。又經過一陣漫長等候，梅爾斯總算看到麥可米利安從店裡走出來，回到車裡。一坐進車內，他便坦承自己殺了店員。接著梅爾斯載麥可米利安回到加油站，以便取回自己的車。梅爾斯離開前，華特威脅他，如果他膽敢把看到或所做事向任何人透露，他會將他滅口。

簡單來說，不過是一個非裔美國人在門羅維爾市中心計畫一起發生在大白天的搶劫謀殺案，他在加油站隨機選了一個白人當共犯，要求他幫忙開車往返犯罪現場，因為他的手臂受傷，儘管他有能力開車前往遇見梅爾斯的加油站，也可以在梅爾斯回到加油站後獨自開車回家。

執法人員很清楚梅爾斯版本的故事可信度極低，以致他們以非自然性行為的罪名逮捕華特的決定震驚社會各界，更進一步醜化了麥可米利安。警方也藉此機會把華特的卡車帶回監獄給線民比爾．胡克斯（Bill Hooks）確認。

比爾．胡克斯是個以向監獄告密聞名的年輕黑人男子，麥可米利安遭捕時，他正因入室竊盜罪（burglary）而在郡立監獄關了幾天。有人向他保證，如果他可以連結起麥可米利安的卡車以及莫里森謀殺案，他即可獲釋並得到獎金。胡克斯迫不及待地告訴調查人員，自己在案件發生之際正好經過傑克森洗衣店附近，並目睹一輛載著兩名男子的卡車從洗衣店離開。待在監獄裡的胡克斯肯定華特的卡車就是他在洗衣店看到的那一輛，即便這已是近六個月前的事了。

第二名目擊者給了執法人員所需的條件，將華特・麥可米利安以射殺容達・莫里森致死的蓄意謀殺（capital murder）罪名起訴。

起訴書一公布，這一帶的住戶皆因凶手歸案而感到慶幸、鬆了一口氣，數個月來被當作眾矢之的的塔德警長、地區檢察官和其他執法人員也總算露出笑容，因案子懸而未決而紛亂騷動的門羅維爾，如今恢復平靜了。

反觀認識華特的人都難以相信這起聳人聽聞的謀殺案是他所為，他從未有過任何犯罪或暴力行為的紀錄，對多數熟悉他的人來說，就連要相信像華特這般認真工作的男人犯下搶劫案都很牽強。

黑人居民告訴塔德警長，他抓錯人了，可惜塔德警長沒有調查麥可米利安的生活背景，甚至連案發當天的行蹤也沒過問。他知道凱倫・凱莉的事，也聽聞過華特一定是藥頭，不然在經濟上不會這麼有餘裕的揣測及傳言。對於如此急於將人逮捕歸案的塔德而言，梅爾斯的指控便已足夠。案發當天，華特的家人們在他住處前販賣炸魚，華特的姊妹艾芙琳・史密斯（Evelyn Smith）是當地教會的服事者，她和她的家人偶爾會透過在街頭義賣以為教會籌募款項。由於華特的住處離主要道路較近，所以攤位的地點通常設在他的住處前院。容達・莫里森遇害的那天早上，至少十二名教友和華特及其家人一起待在華特家中。

那天，不用工作的華特打算為自己的卡車更換變速箱，於是他請技師朋友吉米・杭特（Jimmy Hunter）前來幫忙。早上九點半時，他們已經拆開華特的卡車，並將變速箱拆卸下來。十一點鐘，親戚們來了，接著開始炸魚以及準備義賣的食物，其他教友陸續抵達。

「艾芙琳，我們本來會更早到的，但是門羅維爾的交通完全打結，有警車跟消防車，看起來洗衣店那邊發生了什麼不好的事。」艾芙琳・史密斯回憶當天一名教友這麼對她說。

警方的報告指出，莫里森謀殺案發生的時間大約早上十點十五分，約莫距離麥可米利安的住處十一哩之遠，與此同時，華特和吉米正在修車，約十二名教友在此和他的家人一起義賣。中午過後不久，黑人居民口中的「家具先生」（因為他在當地的家具店工作）歐內斯特・威賀（Ernest Welch）來向華特的母親收取先前購物時賒帳費用。威賀和聚在這裡的人提到自己的姪女早上在傑克森洗衣店遇害。眾人便議論起這震驚社會的事件。

教友、華特的家人以及接續前來購買三明治的人，共計數十個人足以證實華特不可能犯下謀殺案。這群人當中也包括一名來買三明治的警員，他在自己的員警日誌中記載，他在華特住處前買三明治時，華特和一群教友們都在場。

華特的家人、教友、黑人牧師及其他朋友共同請求塔德警長釋放麥可米利安，根據他們對華特當時行蹤的掌握，他們認為，華特不可能是凶手。塔德警長悍然拒絕。拖了這麼久才逮到犯人，可經不起再一次失敗。經過幾番討論後，地區檢察官、警長以及阿拉巴馬州調查局幹員決議採信對華特的指控。

不在犯罪現場（alibi）並非案件的唯一疑點，勞夫・梅爾斯對於指控麥可米利安一事有了新的想法。因為他同時必須面對莫里森謀殺案的起訴，儘管已經有人向他保證，他不會被判死刑並從輕發落，以做為交換證詞的條件，然而他逐漸意識到，在一件自己明明沒有參與且受到社會高度關注的謀殺案中坦承犯罪，可能不是明智之舉。

在麥可米利安遭控蓄意謀殺一事公開的前幾天，梅爾斯召來調查員並告訴他，自己對於麥可米利安的指控不是真的，但此時塔德及其調查員對於梅爾斯的撤回證詞（recantation）興趣缺缺。他們反而決定向梅爾斯施加更多壓力，逼他說出更多犯罪細節。梅爾斯抗議自己根本沒有更多細節可供詳述，畢竟故事根本不是真的，可惜調查員不吃這套。於是他們決定在審訊前直接施加更多壓力在梅爾斯身上：把他和麥可米利安一起關進死牢。這項「巧思」幾乎是史無前例，而且事後證明非常有效。

監禁如華特和梅爾斯這類審前拘留者完全是違法的。審前拘留者通常會被安置在地方監獄，享有比認罪後被監禁的受刑人更多的權利和自由。將未經審訊的人視同重罪犯拘留在監獄的行為可謂前所未有。當然，把未認罪的人關進死牢同樣是項創舉，就連死牢裡的死刑犯聽了亦大感震驚。死牢受到最嚴格的約束管制，上銬的受刑人每天得在牢房裡獨自度過二十三個小時，運動和探監的機會極其有限，迫近的電椅執刑日期，時時把人逼到精神承受度的邊緣。

塔德警長把華特帶往霍曼監獄（Holman Correctional Facility），從阿拉巴馬州的阿特莫爾（Atmore）出發，開車的話短時間便能抵達。出發前，警長再度恐嚇華特，言語中淨是種族歧視和他們盤算的恐怖計畫。我們不清楚塔德是如何說服霍曼的典獄長將兩名審前拘留者關進死牢，儘管我們知道，早在塔德仍只是名緩刑監督官（probation officer）時，他們就認識彼此了。梅爾斯和麥可米利安從郡立監獄移監至死牢的時間發生在一九八七年八月一日，就在韋恩．利特（Wayne Ritter）執行死刑前不到一個月。

華特．麥可米利安抵達阿拉巴馬州死牢時，裡面已經關了眾多男性死刑犯，這距離死刑重新啟動不過十年光景。從一九七五年死刑刑罰設置以來，被判處死刑的上百人之中多為黑人，只是令華特感到訝異的是，此處有將近百分之四十的白人。每個人都很窮，也紛紛詢問他被送進來的原因。

阿拉巴馬州的死牢是少有窗戶的混凝土建築，不但悶熱且極其不舒適。關押死刑犯的牢房僅五乘八呎左右，其中設置一道金屬門、一座馬桶和一張不鏽鋼床鋪。八月的天氣動輒接連好幾天飆破攝氏三十八度，有時高溫甚至為期數星期，這些受刑人在牢房裡的消遣便是設陷阱捕捉他們在監牢裡發現的大老鼠、毒蜘蛛或蛇，同時也得留意自身安全。這裡的所在位置孤立、偏遠，多數受刑人少有親友前來探訪，基本人權更是少有。

在霍曼監獄，主宰死刑犯生死的工具是阿拉巴馬州電椅，這張大木椅在一九三〇年代建置，在皮帶和電極未安裝前，由受刑人將它漆成黃色，因而稱之為「黃色媽媽」。在華特抵達前，霍曼的死刑執行恢復不過幾年。約翰・伊凡（John Evans）及亞瑟・瓊斯（Arthur Jones）近期才在霍曼的死刑執行室被處以電刑，來自亞特蘭大SPDC的律師羅斯・坎南（Russ Canan）自願為伊凡辯護，伊凡所拍攝的一段影片後來更成為學童的課後節目，他要和孩童分享自己的人生故事，叮囑他們不要犯下和他同樣的錯誤。

法院否決了暫緩伊凡死刑執行的多項訴求，執刑當即，坎南聽從伊凡的請求，進入監獄見證他的死刑執行過程，這比羅斯原先所想像的更慘不忍睹。之後，他寫下一份廣為流傳的書面證詞，描述整個駭人的經過：

晚間八點半，一千九百伏特的電流通過伊凡先生的身體，持續了三十秒。伊凡先生左腿上綁著電極的部位冒出火花及火焰，他的身體猛烈撞擊著將他固定在電椅上的皮帶，只見他拳頭緊緊握著。電極明顯從固定住的表帶處爆裂了，頭套下冒出大量灰色煙霧和火花，蓋住伊凡先生的面部，燒灼的肉及衣服散發出的惡臭味瀰漫整間見證室，兩名醫生勘查伊凡先生後，宣布他還沒斷氣。

左腿上的電極再度被扣緊，在晚間八點半（原文如此），伊凡先生被施予第二次歷時三十秒的電擊，燒焦的肉味更噁心了，從他的大腿和頭部冒出更多濃煙，醫生再一次檢視伊凡先生，回報他依然存活的事實，他的心臟仍在跳動。

那時，我詢問正與電話另一頭的州長喬治．華勒斯（George Wallace）溝通的監獄專員，能否通融，以人道一些的方式執行死刑，因為伊凡先生遭受的折磨既殘忍也非常例，可惜這項人道請求遭到否決。

晚間八點四十分，為時三十秒的電擊第三次通過伊凡先生的身體[2]。晚間八點四十四分，醫生宣布其死訊。約翰．伊凡的執刑時間花了十四分鐘。

抵達霍曼之前，華特．麥可米利安對於電刑一無所知，隨著另一起死刑執刑日期迫近，電椅的相關話題不斷出現在受刑人之間對話中。待在阿拉巴馬州死牢的前三個星期，他所聽聞的談話多是關於約翰．伊凡的行刑恐怖過程。

幾星期以來，如前所述變幻萬千的超現實風暴把華特摧殘得滿目瘡痍。過了大半輩子自由生活、不受任何人或事拘束的他，逐漸體認到即將面對的限制及威脅是自己從未想像過的。逮捕他的員警的怒氣、陌生便衣員警對他施加的種族羞辱及威脅，無不令他備感惶恐。他在法庭上盯著那些逮捕他以及經手案件的人，他們讓他受盡前所未有的羞辱體驗，即使是牢房裡的其他受刑人都不曾這般侮辱他。他向來受到歡迎，幾乎和每一個人相處融洽，真心相信自己之所以會被指控，是因為其中存在重大誤會，一旦警方向他的家人證實他確實不在犯罪現場，自己便能在幾天後獲釋。等待的日子一天天過去，從幾天累積成幾星期，華特逐漸陷入絕望的深淵裡。他的家人向他保證過警方很快就會釋放他，卻毫無進展。

身體反應著他遭受的衝擊狀態。這個抽了一輩子菸的老菸槍嘗試藉由抽菸舒緩緊繃情緒，卻在霍曼期間，他覺得菸很噁心，立刻戒掉了；好多個日子以來他食不知味；無法判斷自己身在何處也無法冷靜下來；每天早上起床後，前幾分鐘他覺得一切如常，一想起自己的所在之處後便陷入恐懼。監獄人員將他的頭和臉刮得很乾淨，盯著鏡子中的人，他無法認出自己。

移監至霍曼以前，華特待的郡立監獄環境已十分惡劣，霍曼又窄又熱的牢房又遠遠超越郡立監獄。過去他習慣在戶外工作，拂面的涼風捎來松樹的芬芳；如今他只能瞅者死牢裡了無生氣的牆壁，體驗從未經歷過的恐懼及痛苦。

獄友們踴躍地提供建議給華特，無奈他不知道誰是值得信賴的。法官先前曾指派一名律師給他，可是華特不信任那個白人。他的家人籌錢僱請這個地區唯一的黑人刑事犯罪律師J．L．切斯納（J.L. Chestnut）和來自塞爾瑪（Selma）的布魯斯．伯恩頓（Bruce Boynton）。切斯納炙手可熱，且為黑人社區落實公民權的諸多面向上盡心盡力；伯恩頓的母親則是社運界傳奇人物阿美利亞・伯恩頓・羅賓森（Amelia Boynton Robinson），而伯恩頓自身的公民權形象也很鮮明。

儘管結合了切斯納和伯恩頓這兩名律師的共同努力，卻沒能說服當地警方釋放華特，也無法阻止他們將他移監至霍曼。如果說他們的奔走達到什麼效果的話，那就是僱聘外界律師反倒令門羅郡執法單位更為惱火。在前往霍曼的途中，塔德因麥可米利安另聘律師而惱怒，嘲笑華特以為如此便能扭轉現狀的想法。雖然僱請切斯納及伯恩頓的費用，是他的家人透過教會捐款和變賣僅有的財產籌來的，當地執法人員卻將此解讀成華特從正職以外的管道囤積私房錢的明證，並以此做為他並非自身偽裝成的那種無辜黑人男性的佐證。

華特嘗試適應霍曼，可惜一切只變得更糟。隨著某個受刑人被排定的死刑執行日期迫近，牢裡的人更為激動、憤怒。一些獄友建議他採取行動，填寫向聯邦法院投訴的申請單，因為他被關押在死牢一事並不合法。無奈華特幾乎沒有讀寫能力，自然也無法填寫其他獄友建議的那些訴狀、令狀以及訴訟表單，所有人無不對這般困境感到忿忿不平。

「為自己而戰，別相信你的律師。他們不能在未定罪前就把你關進死牢。」華特陸續聽到這類話語，但他無法想像自己如何填寫法院訴狀。

華特往後回憶道：「好多天來，我感到無法呼吸，這些淨是我人生中前所未有的經驗。周遭淨是殺人犯，有時候感覺世界上好像只有他們努力想要幫助我。我禱告、讀《聖經》，如果我跟你說，我沒有天天感到心驚膽戰、擔心懼怕的話，我肯定在說謊。」

勞夫．梅爾斯的狀況沒有比較好。他在容達．莫里森的死亡案件中亦被指控蓄意謀殺，拒絕繼續和執法人員配合的結果，意謂著他也要被送進死牢。他被安置在和麥可米利安不同的樓層，以避免他們之間有機會交流。顯然，先前梅爾斯認為能透過聲稱自己知道關於莫里森謀殺案一事而獲得的好處，如今已蕩然無存。他陷入憂鬱，在情緒危機中愈陷愈深。從兒時遭火紋身的事件發生後，他便對於火、高溫和狹小的空間感到恐懼。隨著其他受刑人談論更多關於伊凡執行死刑過程的細節，以及韋恩．利特即將執刑一事，梅爾斯愈來愈焦慮難耐。

利特行刑的那一夜，梅爾斯情緒潰堤，在牢房裡抽泣著。阿拉巴馬州的死牢有一項傳統，死刑執行時，受刑人們會用杯子敲擊房門以示抗議。半夜時分，其他受刑人停止敲擊之後，梅爾斯蜷曲在牢房角落的地板上，每聽到鐵鍊發出的聲響，他便感到呼吸困難，瑟縮得更厲害。死刑執行後，牢房裡必定瀰漫著肉燒焦的惡臭味，這味道飄進梅爾斯的牢房時，他徹底屈服了。隔天一早，他立即致電塔德，承諾對方只要能讓他脫離死牢，他唯命是從。

一開始，塔德將梅爾斯跟麥可米利安關進死牢是基於安全考量，卻在利特執行死刑的隔天，隨即將梅爾斯遣返回郡立監獄，也並未與任何人討論移監的決定。一般來說，阿拉巴馬州獄政局（Alabama Department of Corrections）不能在沒有法院命令或法律文件根據的情況下任意將人送進或移出死牢，當然監獄看守人也不行。然而，發生在華特·麥可米利安身上的事，沒有一件合乎常規。

從死牢移回門羅郡後，梅爾斯便相當認定自己一開始對麥可米利安的指控，主要證人梅爾斯，加上已摩拳擦掌極欲證實自己在犯罪現場目睹華特卡車的比爾·胡克斯，促使地區檢察官覺得可以繼續起訴麥可米利安。此案訂於一九八八年二月開庭審理。

泰德·珀森擔任地區檢察官近二十年，家族在南阿拉巴馬州一帶已定居好幾世代，因此他相當熟稔地方上的習俗、價值觀及傳統，並將這些認知應用在法庭上。他已年邁，屆齡退休，卻痛恨自己的單位由於無法迅速了結莫里森一案而飽受批評。他決心要在卸任前贏得一場勝仗，將華特·麥可米利安的起訴視為自己職業生涯中最重要的案子之一。

一九八七年，阿拉巴馬州四十名選任的地區檢察官一律為白人[3]，儘管該州內有十六個郡縣人口組成大多是黑人。從一九七〇年代非裔美國人開始爭取選舉權起，一些檢察官和法官就非常擔憂部分郡縣的種族人口組成可能迫使他們的連任更為艱難。立法的一方支持司法巡迴區（judicial circuit）維持白人多數的狀態，這其中包括一個多數人口由黑人組成的城市。不過，珀森依舊不得不比以前更留心、關注黑人市民，即便如此，也沒有在他任內起任何實質性的變化。

珀森和泰德一樣，聽聞過許多黑人居民表示，相信華特．麥可米利安是無辜的，而勞夫．梅爾斯及比爾．胡克斯的證詞雖存在諸多疑點，也遭受黑人社群的強烈質疑，珀森仍然很有自信地認為，自己可以贏得有罪判決的結果。他唯一揮之不去的擔憂是近日聯邦最高法院極欲處理的狀況，即長久以來，南方一帶刑事審判的顯著特色：陪審團清一色由白人組成。

像門羅郡這種人口組成百分之四十為黑人的城市，審判重罪案件時，檢察官將所有非裔美國人排除在陪審團之外的案例並不罕見。事實上，民權革命的二十年後，陪審團制度仍遵循著在種族融合及多樣性要求方面並未與時俱進的法律。早在一八八〇年代，聯邦最高法院就在〈斯特勞德訴西維吉尼亞州〉（Strauder v. West Virginia）一案中宣布，將黑人排除在陪審團之外的作為違憲，但此後數十年，陪審團維持清一色白人的組合。一九四五年[4]，最高法院維持德州對於每個案件僅能有一名黑人陪審員的判決。在美國南方各州，陪審團的遴選資格是具投票權的人，卻不包括非裔美國人。《選舉權法案》通過後，法庭書記官和法官透過各種手法削弱法律效力，以維持多數陪審員為白人。當地陪審團委員會採用陪審員必須「聰明正直」的法定要求[5]，藉此將非裔美國人及女性排除在外。

一九七〇年代，聯邦最高法院裁定[6]，陪審團中少數族裔和女性代表人數不足是違憲的，這至少促使部分社區得傳喚黑人代表到庭，以讓他們有機會被選為陪審員（也可能沒被選中）。最高法院不斷重申，憲法並未硬性規定陪審團中一定要有少數族裔或女性，只是禁止因種族或性別因素而排除他們。

對多數非裔美國人而言，遴選十二名陪審員的方式採用完全自由裁量強制除名制（peremptory strike），使得加入陪審團的途徑依然存在重重阻礙。在一九六〇年代中期，最高法院認為，因種族歧視而採用強制除名制是違憲的[7]，但因為要提出種族偏見證據的門檻過高，以至於二十年來無人成功挑戰強制除名制[8]，而除名制的實施也幾乎導致所有有機會擔任陪審員的非裔美國人被除名，最高法院的裁定並未帶來實質上的改變。

因此一如華特．麥可米利安，來自人口組成有百分之四十或五十為黑人城市的被告，經常發現自己所面對的是清一色白人的陪審團，在死刑案例中更是如此。一九八六年，聯邦最高法院於〈巴特松訴肯塔基州〉（Batson v. Kentucky）一案中認為，檢察官因種族歧視而採用強制除名的舉措違憲，此舉不但為黑人被告者帶來希望，也使得檢察官得另覓更有創意的方法來排除黑人陪審員。

過去幾個月，華特都在探究這些過去的歷史，死牢裡的每個人一逕地想提供他建議，每個人都有自己的故事想說。在審判前便押進死牢的創舉，鼓舞所有人把故事送進華特耳裡，華特耐著性子禮貌聆聽，然他已經決定要把那些歸屬於律師專業的事務留待律師處理，這不表示他不在乎從其他受刑人口中聽來的訊息，如種族以及陪審制度便是他相當關心的事。

死牢裡的每個人幾乎都經歷過陪審團清一色白人或幾乎是白人的審判過程，獄友傑西・莫瑞森告訴華特，巴伯郡（Barbour County）受理其案件的檢察官在陪審團遴選名單二十二人中，就利用二十一次強制除名，以排除掉全部的黑人；來自莫比爾的維農・麥迪森提到，自己的案子中具備陪審員資格的十名黑人，概被檢察官強制除名；其他死牢裡的黑人，如拉瑪爾郡（Lamar County）的威利・泰普、休斯敦郡（Houston County）的威利・威廉斯（Willie Williams）、傑佛遜郡（Jefferson County）的克勞德・萊因斯（Claude Raines）、蒙哥馬利郡（Montgomery County）的葛瑞格里・雅克（Gregory Acres）和羅素郡（Russell County）的尼爾・歐文（Neil Owens），也都曾經歷過檢察官將非裔美籍的候選陪審員強制除名，致使陪審團全數為白人。艾爾・麥格希（Earl McGahee）在達拉斯郡（Dallas County）面對清一色白人的陪審團，儘管該郡百分之六十的人口由非裔美國人組成；艾伯特・傑佛遜（Albert Jefferson）的案例中，檢察官把準陪審員清單上的人傳喚到庭，將他們分成一組約二十五個人，共計四組，分別為：「強」、「中等」、「弱」和「黑人」，清單上的二十六名黑人一概被分在「黑人」組，然後檢察官把他們全部排除在遴選名單之外。受刑人當中的白人喬・鄧肯（Joe Duncan）、葛瑞迪・班克海（Grady Bankhead）和柯倫・古斯里（Colon Guthrie）也分享了類似故事。

地區檢察官泰德．珀森必須將這個新的巴特松判決納入考量；他知道切斯納和伯恩頓這等老練的人權律師，在陪審團遴選會上將毫不猶豫地反對種族歧視，雖然也無須太擔心，因為羅伯特．李．凱伊法官並不會認真看待他們的反對意見，不過莫里森謀殺案所引起的公眾關注，迫使珀森有了其他想法。

通常，若是備受矚目的案子，辯護律師提出更換地點的申請相當合理，亦即將案件從犯罪發生地轉移到比較不會在審判前受到關注，也較不容易在激情氛圍下定罪的地區。這項請求通常不會被允許，但有時受理上訴的法院會發現該城市的氣氛已受到影響，理應換地方審判。在阿拉巴馬州，要求更換審判地點基本上是徒勞之舉。阿拉巴馬州的法院幾乎從未有過逆轉定罪的案例，因為庭審法官（trial judge）總是拒絕更換審判地。

法院在一九八七年十月為華特的案子安排一場審前調查庭（pretrial motions），切斯納和伯恩頓出席時，對於請求批准未抱任何期待，他們投注心力於將在一九八八年二月展開的審判，這場審前調查庭不過徒具形式罷了。

切斯納和伯恩頓提出更換地點的請求後，珀森起身說，由於莫里森謀殺案受到太多審前關注，他贊成更換審判地，凱伊法官亦點頭表示同意。切斯納對於阿拉巴馬州一帶的法院瞭如指掌，他知道這不是什麼好預兆，更確信法官和地區檢察官早有預謀。

「批准被告提出更改審判地的請求。」法官裁定。

當法官建議轉移到鄰近城鎮，如此證人就不必過於奔波之際，切斯納仍抱持希望，因為幾乎所有相鄰郡縣的非裔美國人口比例都很高：威爾科克斯郡（Wilcox County）的黑人人口比例為百分之七十二；科尼卡（Conecuh）為百分之四十六；克拉克郡（Clarke County）百分之四十五；巴特勒（Butler）百分之四十二；艾司康比亞百分之三十二。只有位於南方的富饒之城、擁有美麗的墨西哥灣海灘的鮑德溫郡（Baldwin County）不是典型的阿拉巴馬州城鎮，非裔美國人比例只有百分之九。

法官在意外短的時間內，便決定了審判的更換地點。

「我們去鮑德溫郡。」

切斯納和伯恩頓立刻提出質疑，法官反而提醒，這可是他們的請求。於是他們改變心意希望撤銷請求，法官卻表示，自己不能讓裁決在一個多數人對於被告的意見已然成形的地方發生。這起案件將在鮑德溫郡的貝米內特（Bay Minette）開庭。

對於華特而言，地點的變更簡直是場災難。切斯納和伯恩頓很清楚，陪審團裡不會有黑人，有的話也是極少數。他們同時理解到更換地點的差別，除了鮑德溫郡的陪審員會和容達．莫里森及其家人毫無關聯外，還有這個郡的風氣極度保守，在種族議題上比鄰近城市更為落後。

從其他獄友口中聽聞的諸多關於白人陪審團的現況，以及審判地點的變更，再再令華特憂心。但他仍堅信真相終將大白：沒有人會在證據如此缺乏的狀況下相信他是凶手，他也不相信勞夫．梅爾斯的一派胡言能夠說服陪審團（無論黑人或白人）認定他有罪，更何況，還有十來個目擊者可以證明他不在場。

原訂在二月的審判延遲了。勞夫．梅爾斯再次改變心意。從死牢中轉出，並在郡立監獄待了幾個月後，梅爾斯再度覺得，自己並不想牽扯進一件根本和他無關的謀殺案裡。直到審判前的當天早上，他才告訴調查員，自己並不想出庭作證，因為他們要他陳述的內容根本不是真的。他會努力爭取對自己更有利的結果，只是他不願接受任何一件和他無關的謀殺案所招致的懲罰。

拒絕合作的態度，導致梅爾斯再度被送回死牢。回到霍曼不久，他再次出現嚴重的情緒和心因性痛苦。幾星期後，甚為擔憂的獄方人員把他送往州立醫院進行精神治療。受法院管轄的受刑人可能因為精神疾病而無法承受審判的過程，所有的診斷和判定，一律由位於圖盧沙的泰勒哈汀安全醫療機構（Taylor Hardin Secure Medical Facility）負責。只是該單位經常為辯護律師所詬病的是，它幾乎從未因發現重大精神失能的狀態，而成功阻止被告走上審判席。

待在泰勒哈汀的日子，梅爾斯病情未見明顯的改善。他希望在醫院的三十天限制日結束後，能夠被送回郡立監獄而非死牢。當他理解，自己逃不了一手造成的處境後，梅爾斯告訴調查員，自己準備好出庭指證麥可米利安了。

下一次的庭審日訂在一九八八年八月。此時華特在死牢裡已待了超過一年。他雖盡力了，卻依舊無法適應，他難以接受自己噩夢般的生活。儘管緊張，他仍試圖說服自己，等到二月第一次審判排定後，就能回家。律師對於梅爾斯掙扎的態度感到慶幸，並對華特說，這對庭審進行中的他來說可謂好預兆，因為梅爾斯拒絕出庭作證。只是此舉也意謂著華特得在死牢裡多待六個月，他因而感受不到喜悅。當他們終於因為八月即將到來的審判而將華特自死牢中移監到位於貝米內特的鮑德溫郡立監獄時，華特信心滿滿，自認為不會再回到死牢。在這裡和多名受刑人結為好友的他，在離開前一想到他們不久後將要面對的事，意想不到的衝突感受從他心中油然生起。獄方呼叫他的名字，要他至移監室時，他毫不遲疑的收拾好所有隨身物品，搭上廂型車離開。

一個星期後，戴著腳鐐、腰部也緊繞鐵鍊的華特坐上廂型車，他覺得自己的腳腫脹了起來，因為金屬緊扣進他的皮膚導致血液循環不佳，手銬也太緊了，他一反常態地生氣。

「為什麼要把鎖鏈扣得這麼緊？」

兩名從鮑德溫郡來接他的警員，從一星期前接到他後，從死牢到法庭的一路上，對他的態度都極其不友善。如今他已被定罪為死刑，兩人對他更是充滿敵意。其中一人對華特的問題回以訕笑。

「這些鏈子從我們接到你之後就這樣了，你感覺變得更緊是因為現在你被我們抓住了。」

「你必須鬆開一些，老兄，這樣我沒辦法坐車。」

「不可能，你死了這條心吧！」

突然間，華特認出這個男人。在審判結束的時候，當法官宣判華特有罪，他在場的家人和數名黑人朋友都難以置信。塔德警長聲稱，華特二十四歲大的兒子強尼直言，「有人要為此付出代價。」塔德隨即命令警員逮捕強尼，引發了另一場混戰。華特目睹警方把他的兒子揍倒在地並上銬，他愈看這兩名押送他回死牢的警員，愈確定眼前這個人正是在法庭上制伏強尼的人。

廂型車發動了，他們不願向華特明說要去哪裡，但上路後便很清楚，他將被送回死牢。從被捕的那天起，他便陷入沮喪、憂愁，但至少他非常肯定自己不久便能獲釋。隨著在郡立監獄的日子從數日延長成數星期，他愈來愈灰心。未定任何罪之前即被關進死牢，更使得他感到絕望、恐懼，沒想到等待的日子竟從數星期拉長成數個月。十五個月漫長等待平反的日子過去了，被幾乎全為白人的陪審團成員斷言有罪時，他徹底被擊垮，頓時癱軟無力。此刻他終於回到現實，內心卻只有熊熊怒火燃燒。兩名送他返回死牢的警員在途中徑自聊著一場他們計畫前往的槍枝展示會。華特這才意識到，自己居然蠢到相信每一個人。雖然一開始便很清楚塔德滿懷惡意，但他一直認為，其他人不過是奉命辦事罷了，眼下他感到全然憤怒。

「我要告你們每一個人！」

他知道此時激動的吶喊不會造成任何改變。「我要告你們每一個人！」他重複說著，警員們根本未加理會。

「鬆開這鐵鍊，快鬆開這鐵鍊。」

他不記得上一次失控是什麼時候了，卻感覺到自己正在崩裂。他努力克制情緒，好不容易安靜了下來。華特回想審判，短暫、制式化且冰冷的陪審團遴選過程，幾個小時即宣告結束。珀森強制除名所有非裔美國人，除了一名曾經擔任過陪審員的人。他的律師表示反對，法官當下駁回。接著梅爾斯被帶上證人席，說出那篇華特手臂受傷因而脅迫他開車載他去傑克遜洗衣店的鬼扯故事。不過在這個版本的故事中，梅爾斯走進洗衣店，目睹華特站在容達．莫里森已斷氣的軀體上。離奇的是，他聲稱看見第三人涉案，對方是個神祕的灰髮白人男子，顯然是本案的主謀，是他指使華特殺了梅爾斯，華特沒能辦到，因為子彈已經用盡。華特不敢相信這麼鬼扯的證詞竟然為所有人認真看待。為什麼沒有人當場大笑？

切斯納對梅爾斯進行交叉詢問（cross-examination）。顯然這名證人在說謊，當切斯納結束詢問後，華特有信心州法院會宣布他們犯了錯誤，沒想到檢察官卻把梅爾斯喚回，要他把指控重新陳述一次，彷彿證詞中的邏輯和矛盾完全無關緊要，也彷彿在這安靜的空間裡，一旦謊言多重複幾次，就會變成事實。

比爾·胡克斯作證，聲稱自己在案發時看到華特的卡車從洗衣店開出來，他之所以認得，是因為那輛車被改裝成低底盤，華特立刻對他的律師低語說，自己是在莫里森被殺後數個月才改裝車子的。可惜他的律師未嚴肅看待此一事實，華特頓時深感失望。這時，另一名華特從未聽過的白人男子喬·海陶（Joe Hightower）走上證人席，聲稱自己當時也在洗衣店看到那輛貨車。

大約十來個人可以說明那天炸魚時的場景，並堅持華特在容達·莫里森遇害時待在家裡。他的律師卻只傳喚其中三人，每個人看似急著想結束判決，華特不明白為什麼。庭上傳喚名為歐內斯特·威賀的白人男子，他供稱自己是炸魚那天到華特家收錢的「家具先生」，但那和容達·莫里森遇害的日子不是同一天。他解釋說，自己比任何人都清楚記得她遇害的日子，因為他是女孩的舅舅。他聲稱，事發當天，他所承受的打擊實在太大，以致只能另找日子前往麥可米利安的住處收錢。

律師之間激辯了起來，陪審團退庭，不到三個小時，他們再次回到法庭。個個面無表情，宣判華特·麥可米利安有罪。

Just Mercy

CHAPTER

4

古舊十架

THE OLD RUGGED CROSS

一九八九年二月，伊娃．安斯理和我在圖盧沙的非營利法律中心正式營運，致力於為阿拉巴馬州境內死牢裡的受刑人提供免費、優質的法律服務。我們從不認為這會是件簡單的事，豈料比我們原先預期的更為艱難。

正式營運不到幾個月，首任董事阿拉巴馬州立大學法學院，也是我們辦公室的所在地不但撤銷贊助，更收回承諾供我們使用的辦公空間，我們同時意識到，要聘請一名年薪不到兩萬五千美元，卻得到阿拉巴馬州處理死刑相關工作的全職律師，是件多麼困難的事。

阻礙不久排山倒海而來。籌資計畫遭州議會回絕，然而我們急需這筆援助才能爭取聯邦政府的對等籌款額。幾次董事會議的結果令人沮喪，顯然在這個州內，這項專案是無法獲得支持的。州律師協會的領袖們承諾會協助我們順利營運，有些人是出於無法接受死刑未能獲得法律協助，有些人則是希望死刑執行的效率能夠提高，並認為律師的不足是導致效率不彰的主因。只是，我們如今意識到，終究還是得靠自己來籌募資金。伊娃和我重新整頓後，決定前往阿拉巴馬州首府蒙哥馬利重新開始，將名稱定為司法平等倡議會（Equal Justice Initiative，簡稱EJI）。

我在蒙哥馬利的市區附近找到一棟小屋，並於一九八九年的夏天，簽下租賃契約。這棟房子是美好的開始：建於一八八二年，兩層樓高的希臘復古式房子，鄰近名為「老阿拉巴馬鎮」的老街區。漆成黃色的外牆及優雅的門廊，使外觀看起來開放、盛情，和陰森的法庭、死板的候審室及限制我們當事人生活範圍的監獄牆壁，形成巧妙的對比。辦公室冬天很冷，幾乎無法將松鼠請出閣樓，電力不足以致影印機、咖啡機不能同時啟動，否則保險絲會燒斷。儘管如此，這裡從一開始就像個家，也像辦公空間，若把我們待在這裡的時間一併算進去，說它一直扮演這兩種角色也不為過。

伊娃接下新專案中極具挑戰性的行政工作，畢竟向聯邦政府申請經費，意謂著各式複雜的報告和會計需求伴隨而來。伊娃不但勇於接受挑戰而且聰慧，她將每件事分門別類，一些收入便可涓滴進帳。我們聘請了一名接待員，也嘗試找出生存之道。在SPDC工作期間，我是一到職便負責籌款的工作，所以累積了一些尋求資金協助的經驗，也確定會找到方法為阿拉巴馬州的新辦公室募得足夠合於聯邦政府要求的最低限度對等籌款金額。我們所需要的只是一些時間——無奈事後證明，我們沒能做到。

大量案件的執刑日期已排定，導致我們應接不暇。阿拉巴馬州新版死刑章程一通過，在一九七五到一九八八年底這段期間，處決案例不過三起，卻在一九八九年，由於最高法院對待死刑的態度隨政治風向改變，總檢察長（attorney general）辦公室開始大力要求處決死刑犯，直至一九八九年底為止，阿拉巴馬州法院處決的人數增加一倍。

我們的中心開始營運前的幾個月，我固定每個月從亞特蘭大出發，前往阿拉巴馬州的死牢探望一些新朋友，其中包括華特．麥可米利安。他們對於我的到訪無不心懷感激，而隨著一九八九年的春天逼近，每個人都在會面結束前向我請求同一件事：協助麥可．林西（Michael Lindsey）。林西的執刑日訂在一九八九年五月。隨後，他們又同聲請求我幫助執刑日訂在一九八九年七月的侯瑞斯．鄧金（Horace Dunkins）。我內心充滿煎熬，向他們解釋資源及時間的限制，也向他們坦承，正要開始經營一間事務所的我們有多忙亂。雖然他們表示很能體諒，卻也陷入極為痛苦的兩難中，不確定是否該在他人面臨迫在眉睫的處決執行之際，尋求法律協助。

林西和鄧金的志願律師都曾因為工作負荷量過大而向我尋求協助。林西的律師大衛．巴威爾（David Bagwell）是莫比爾備受尊敬的民事律師，他曾經手過一年前被處決的韋恩．利特（Wayne Ritter）一案。這次經驗不但致使巴威爾的期待破滅，他更是憤怒。於是他寫了一封用字嚴苛的公開信，刊登在州律師協會出版的期刊上，信中他宣誓「將不再接手任何死刑案例，即便他們要以此為由，吊銷律師執照，我也在所不惜」，信中更鼓吹其他民事律師一起拒絕死刑案件。由於巴威爾的公開控訴，法院自此很難在死刑案最後上訴階段覓得願意承接的民事律師，而非他們傾向如此。而受刑人看到公開信後紛紛討論了起來，尤其是其中一句暗藏在巴威爾哀嘆中的冰冷評論：「一般來說，我是支持死刑的，瘋狗就該死。」受刑人因而更加不信任律師，即便是那些表明自己願意幫忙的律師也一樣。

受到當事人的進一步懇求後，我們決定盡己所能幫助執刑日迫近的麥可．林西。我們嘗試立論於這起案件某個引人關注的轉折：他的陪審團從未判決麥可．林西應該處以死刑。

林西從陪審團那一方所得到的判決為終身監禁且不得假釋，無奈法官動用「優先權」，並自行加重判決為死刑。即使是早在一九八九年，援引「法官優先權」而獲判死刑的案例也很不尋常。幾乎在每個州，死刑或終身監禁且不得假釋的判決一概是由陪審團決定，不論陪審團決定處以死刑與否，都以此判決為最後判決。只有在佛羅里達州及阿拉巴馬州，法官擁有優先於陪審團的權力。佛羅里達州後來也加諸許多限制，使得這項權力的效力大為縮減。反觀阿拉巴馬州，這項法律依舊，多數時候法官動用這項權力把無期徒刑改為死刑，儘管這條法律同樣賦予他們擁有將死刑改判無期徒刑的權力。一九七六年以來，在可能判處死刑的案例中，阿拉巴馬州的法官動用這項權力更改陪審團量刑決議的次數高達一百一十一次，其中有百分之九十一為法官將無期徒刑的裁定更改為死刑[1]。

這種做法在此州日益激烈的法官遴選制度下，變得愈加複雜。阿拉巴馬州遴選法官的制度採高度競爭的選舉制[2]，由政黨推舉候選人，美國僅有六個州採行此法（另有三十二個州雖採用選舉制，但不用經過政黨提名）。選舉的捐款主要來自為己身利益而尋求侵權行為改革的企業，以及因希望保護大量民事裁決的庭審律師，只是這個區域的選民多為未受教育者，競選口號因而聚焦在犯罪及刑罰。每位法官無不爭相倡議以最嚴厲的態度打擊犯罪。在競選過程中，多數人全然不關心候選人之間對於犯罪存在的適度性差異為何，在刑罰上裁決得愈重的人，愈能獲得選票青睞，法官優先權便成為一項強而有力的政治工具[3]。每位法官都不想因為未施以最嚴厲的刑罰，而被對手過度強調謀殺案駭人細節的文宣攻擊。可以見得，只要在選舉年間，法官任意使用優先權的傾向變高也就不令人意外了[4]。

我們致信阿拉巴馬州的州長蓋伊・杭特（Guy Hunt），請求他以陪審團裁定林西罪不致死為由，終止對林西執行，杭特州長立刻回絕我們希望從寬處理的請求，宣稱自己不會「反對代表公眾意見的陪審團將林西先生處死的決議」，縱使我們已向他強調，代表公眾意見的陪審團的決議並非死刑，且明確表示林西罪不致死。然這也不是重點。詭異之處在於，聯邦最高法院在先前佛羅里達州的案子中，全然支持法官優先權的判決[5]，導致我們頓失足以凍結執行麥可・林西死刑的憲法基礎。一九八九年五月二十六日，他被施以電刑處決。

林西之後，我們隨即面對侯瑞斯・鄧金的執刑日。這一次我們依然嘗試各種管道，就算時間飛逝且希望渺茫。鄧金先生有心智障礙[6]，庭審法官從他的學校紀錄及早期測試中發現他心智遲緩，就在他的執刑日排定的幾個月前，最高法院宣布支持對「心智遲緩者」的判決。十三年後，在〈阿特金斯訴維吉尼亞州〉（Atkins v. Virginia）一案中[7]，最高法院認定，將心智障礙者處以死刑是殘忍、不合常理的處罰，將之視為違憲更加以禁止。對許多如侯瑞斯．鄧金同樣有缺陷的受刑人來說，這道禁令來得太遲了。

行刑前的那段期間，鄧金的家人經常打電話來，想確定是否還能幫上什麼忙，可惜能做的事不多。當他們認清任何作為都不可能凍結死刑後，只好將注意力移轉至鄧金先生死後的遺體狀況。基於宗教的緣故，他們特別在意如何防止官方解剖兒子的遺體。行刑日期到來，侯瑞斯．鄧金死於執刑不當的事件登上全國新聞版面。負責執刑的人員錯接電極和椅子，導致電力啟動時，僅部分電流通過鄧金先生的身體。經過幾分鐘的折騰後，電椅通電裝置關閉，鄧金先生仍有生命跡象，雖然他已失去意識，但尚有呼吸。執刑人員等候了幾分鐘「讓遺體冷卻下來」，這才發現通電裝置並未正確連接，待他們調整過後，再次電擊鄧金先生，第二次運作順利，他們殺了他[8]。由於這次處決過程中殘忍的失誤，致使州政府決定解剖屍體，全然不顧家人一再強調的請求。

行刑後，我接到鄧金先生父親的電話，傷心欲絕的他說：「他們可以取走他的生命，就算沒有讓他接受公平審判，更何況這根本不是他應得的。但他們沒有權利把他的遺體和靈魂搞得一團糟。我們要告他們。」我們為負責本案的志願律師提供一些協助，也寫了訴狀，即便希望不大。加上一些口供證詞（deposition），也沒能出現緩解州政府決議的跡象。民事訴訟無法讓阿拉巴馬州法院緩下腳步，反而更積極推動死刑執行。

在兩次死刑執行的陰影下，我們的新辦公室搬遷至蒙哥馬利。死牢裡的受刑人比以往任何時刻都更為躁動、不安。當赫柏・理查森（Herbert Richardson）在七月得知自己的行刑日期訂在八月十八日時，他從死牢打電話給我：「史蒂文森先生，我是赫柏・理查森，我剛接獲通知，他們要在八月十八日執行我的死刑，我需要你的幫助，我知道你在幫一些人，你們的事務所也開張了，請你幫幫我。」

我回答他：「聽到你的行刑日公告，我真的感到遺憾，這是個難熬的夏天。你的義務律師怎麼說？」當時我嘗試盡最大努力安撫執刑日公布的受刑人，想說一些讓他們放心的話，如「別擔心」，但是這對任何人而言無疑是太難的要求，行刑日期排定的消息若算是沒什麼大不了的話，天底下也沒什麼事值得擔心了。「我很抱歉」似乎也不太對，卻可能是我所能想到最適當的答覆。

「史蒂文森先生，我沒有義務律師，沒有人可以幫我。我的義務律師一年多前就坦言，自己無法幫上任何忙。我需要你的協助。」

我們仍處於連電腦或法學參考書都尚未備齊的狀態，我也沒有其他具律師身分的員工。我曾聘請以前在哈佛法學院的同學，他答應加入，並從波士頓搬來阿拉巴馬州，我對此感到又驚又喜，然而他在蒙哥馬利短暫待了幾天，當時我正為了籌款之旅而離開鎮上。我回來後，他便離開，只留下紙條解釋自己沒有真正理解到，住在阿拉巴馬州對他而言會是多麼艱辛的事。他才待不到一個星期。

延緩死刑的執行意謂著持續一個月，每天不停工作十八小時，不顧一切地試圖從法院申請到緩刑令，只有傾盡全力才可能辦得到。儘管如此，也難保能夠成功阻擋。在我不知道要說什麼以填補對話中的空白時，理查森繼續說：「史蒂文森先生，我只剩下三十天，求你答應我，你會幫我。」

我不知道除了把真相全盤托出之外還能怎麼辦：「理查森先生，我很抱歉，但是我沒有參考書、沒有員工、也沒有電腦，任何接手新案件所需要的一切，我們都沒有，我甚至連律師也沒有，我才正努力讓一切慢慢上軌道……」

「但我就要被處決了，你一定要替我出面，到底有什麼理由會使你拒絕幫助像我這樣的人？」我聽得出他的呼吸變得急促。

「他們就要殺了我。」他說。

「我明白你想表達的，我先釐清一下，才知道如何幫你。我們實在是分身乏術……」

我不知道該說什麼，我們之間陷入長長的沉默。我可以從話筒中聽到他粗重的呼吸聲，也可以想像他有多沮喪。不管他要表達憤怒情緒或訴苦，我都願意承受，我強振自己的士氣以接收那可以理解的怒火，未想話筒另一端倏地安靜了下來。他掛上電話。

因為這通電話，我接下來一整天都很不安，晚上也難以入眠。他一聽到我無法幫忙的官腔回絕後，絕望神情以及沉默的回應對我來說儼然夢魘一般。

隔天他再次打電話來，我當下鬆了一口氣。

「史蒂文森先生，我很抱歉，但是你一定要替我出面。我不需要你告訴我，你可以停止他們執行死刑，也不用你向我保證可以拿到緩執行令。我只剩下二十九天，我不認為自己可以在沒有任何希望的狀況下撐過去。你只要對我說，你會做點什麼，讓我保有一些希望就好。」

我回絕不了，我答應了。

「我不確定我們能做些什麼足以阻止死刑執行，畢竟現實明擺在眼前，我們姑且一試吧。」我陰鬱地說著。

「如果你可以幫我做些什麼，嗯，我是說任何事，我都會非常感激你。」

赫柏．理查森是名越戰老兵，那些在嚴苛條件下如夢魘般的慘痛經驗，讓他深受創傷。一九六四年，十八歲的他加入陸軍，時值美國積極參戰時期。他被分發到第一騎兵師的第十一航空團[1]，送往位於越南安溪（An Khe）的雷德克里夫營區（Camp Radcliff）。這個營區靠近在一九六〇年代中期因激烈戰爭而聞名的波來古市（Pleiku），赫柏經歷過艱巨任務，親眼目睹朋友陣亡或身負重傷。在一次任務中，他所屬的排遭敵方伏擊，全排除了受重傷的他倖存之外，全數陣亡。恢復意識時，他發現自己倒在同袍的血泊中，迷失方向也無法動彈，過沒多久，他徹底精神崩潰了。承受劇烈頭痛的他幾度嘗試輕生，儘管多次向直屬長官請求進行精神鑑定，他仍在前線多待了七個月，直到他爆炸性地痛哭，加上性格愈來愈孤僻寡言，他才於一九六六年十二月從部隊光榮退役。不出所料地，創傷跟隨他回到位於紐約市布魯克林區的住處，他持續做噩夢，頭痛欲裂，有時他會跑出家門嘶吼著：「敵人來了！」他雖然已婚也有了孩子，創傷後壓力症候群（PTSD）卻持續削弱他掌控自己行為的能力，最後他住進紐約市的榮民醫院，緩慢、痛苦的從戰爭帶給他的劇烈頭痛中康復過來。

後來，赫柏成為數千名自前線撤退後進入監牢的退役軍人之一。這個國家最少被討論到的戰後問題之一，便是那些帶著創傷返鄉的退伍軍人，以及他們回到所居住的社區後，被關進監牢裡的現況。在一九八〇年代中期，美國有將近百分之二十的受刑人曾經在軍隊服務過。一九九〇年代，比例曾隨越戰陰影的消退而下降，卻又因為美國和伊拉克、阿富汗的軍事衝突再度攀高。

進入紐約市的榮民醫院療養後，赫柏逐漸恢復。一名來自阿拉巴馬州多森市（Dothan）的護士小姐悉心照料他，讓他備感療癒，充滿希望，或許是這輩子以來他第一次有這般感受。只要有她在身邊，他便感到活力，並相信一切都會好轉。她拯救了他的生命。她搬回阿拉巴馬州時，赫柏也追隨而去。

他嘗試約她出來，甚至對她說想娶她。一開始女方拒絕，因為她很清楚，赫柏仍然承受著戰爭所帶來的後遺症，但最終她態度軟化了。他們有過一段短暫的親密關係，赫柏從來沒有這麼快樂過。他牢牢守護女朋友，而她卻開始覺得，他過度將目光集中在自己身上的對待方式，與其說是愛，更像是一種著迷式的需求。她想結束這段關係，經過幾個月嘗試和赫柏保持距離卻失敗後，她最終堅決表示，要他離自己遠一點。

未想赫柏卻反其道而行，他搬到離她在多森的住處更近的地方，她的焦慮感達到無法忍受的臨界點，她悍然拒絕見他、和他說話、也不允許他靠近。赫柏深深相信她只是一時迷惘，最終仍會回到他身邊。他被著迷的感覺所纏繞，喪失邏輯和判斷能力，變得不理性，

1 譯註：第一騎兵師的第十一航空團（11th Aviation Group, 1st Cavalry Division），一九六四年，美國陸軍嘗試組建空中突擊單位，為此在一九六五年將駐韓國的第一騎兵師易幟為第二騎兵師，並駐紮美國本土，包含第十一航空團在內的第十一空中突擊師及第二步兵師合併且易幟為第一騎兵師。

而且愈加危險。

赫柏不是資質駑鈍的人，事實上他很聰明，在電子和機械方面很有天賦。他慷慨大方，只是尚未從戰爭以及軍隊經驗帶給他的嚴重創傷中恢復過來。他的母親在他三歲時便已離世，決定入伍前時，他正和藥物及酒精搏鬥，而殘酷的戰爭讓已然破損的心靈更是雪上加霜。

他想到一個能重新贏回女朋友的方法，他認為，一旦她遭受到威脅，勢必會向他尋求保護。於是，他構思了一個日後將導致悲劇的錯誤計畫：他要製作一枚小炸彈，並放在她家的門廊前。他會引爆炸彈，然後衝上前拯救她，此後他們就會一起過著幸福快樂的生活。這種不計後果的引爆行為連在戰區上都不合理了，更何況是在阿拉巴馬州多森市的貧窮黑人社區。一天早晨，赫柏將炸彈組裝完成，並把它放在前女友的門廊前，豈料走出來看到這個詭異包裹的不是前女友，而是她的姪女和另一名小女孩。

十歲的姪女被這附有時鐘的怪異包裹吸引而拿起裝置。她搖晃時鐘，想確認是否還能動，而此舉引發了一場嚴重的爆炸。姪女當場死亡，而站在她身旁的十二歲女孩亦慘遭波及。赫柏認識這兩個小孩。社區裡的孩子時常在街上遊蕩，尋找好玩的事物。赫柏喜歡小孩，他會邀請他們到自己的院子裡遊玩，或是付點錢請他們幫忙跑腿，也會跟他們聊天。他備有一些麥片，看到路過的孩子便會為他們煮點食物。兩個小女孩也曾經到他屋裡享用過早餐。

隔著一條馬路眼睜睜看著爆炸發生的赫柏深受打擊，他原本的計畫是在炸彈爆炸瞬間衝上前拯救女友，藉此證明自己能夠保護她。在小孩拿起炸彈引爆之際，赫柏狂奔過馬路，隨後發現自己身陷一群哀戚的鄰居之中。

警方沒花多久時間便逮捕他，他們在赫柏的車內、前院找到管子和其他用來製作炸彈的材料。通常如果被害方是貧窮的黑人，罪犯不會被求以死刑，只是赫柏不是本地人，他來自北方，而這起案件更是執法人員極度嫌惡的犯罪行為。即便是在多森市較為窮困的地區，放置炸彈這等行為依然是其他「典型」的國內暴力犯罪行為無法相比擬的。檢察官認為，赫柏不只是製造了一起錯誤且魯莽的悲劇而已，他根本是惡魔。州法院對他求處死刑。而在這個百分之二十八的人口組成為黑人的城市，黑人準陪審員全數落選，檢察官在終結辯論（closing argument）時向全數由白人組成的陪審團表示，判決極其合適，因為「與紐約市的黑人穆斯林往來」的赫柏不值得任何憐憫。

在阿拉巴馬州的法令中，蓄意致死的謀殺行為是判處死刑的必要條件，顯然赫柏並非預謀殺害那個孩子。州法院決定援引一項先前未曾使用過的理論——「轉移故意」[2]

2 譯註：轉移故意理論意指在故意犯罪的驅使下，所做出的非法但無故意的行為依然被認定為故意犯罪行為。例如企圖謀殺甲，卻因失誤或疏忽而殺害了乙，此時犯罪人仍應被認定為有故意謀殺罪。

（transferred intent）理論，藉此讓這項罪行符合死刑標準。可是赫柏並未計畫謀殺任何人。赫柏聽從建議，過程中拒絕承認任何罪責（culpability），但在最後，他爭論自己的行為屬過失殺人致死，而非蓄意謀殺；在法理上，過失殺人相對應的判決為終身監禁，而非死刑。

庭審期間，由法院指派給赫柏的辯護律師並未為他提出任何足以交代他的背景、軍旅職涯、戰後創傷、和被害者關係，以及他對女朋友痴迷等事件的相關證據，這名律師什麼都沒準備。阿拉巴馬州的法律規定，支付給法院指派律師的庭外準備費用上限為一千美元，因此這名律師幾乎沒有花時間在這件案子上。審判僅持續一天，法官便迅速判處赫柏死刑。

死刑判決確定後，指派給赫柏的律師因為在其他案件中的表現無能而被取消資格，他告訴赫柏，他不認為有任何足以對這項定罪或判刑提出上訴的理由，因為判決很公正，這個結果是他可以預期的。赫柏提醒他，自己被判的是死刑，無論翻案的機會多渺茫，他都想上訴，而他的律師卻沒有為他撰寫任何上訴申請。

已在死牢裡監禁了十一年的赫柏，終於到了面對「黃色媽媽」的時刻。一名義務律師對他的犯罪意圖提出質疑，可惜未能成功上訴。赫柏的執刑時間訂在八月十八日，僅剩三個星期的時間。

和赫柏通過電話後，我向好幾個法院提出一則又一則的暫緩申請（stay motion），我很清楚，阻止死刑執行的機會渺茫。一九八〇年代晚期，聯邦最高法院對於死刑判決挑戰的耐性漸失。聯邦最高法院在一九七〇年代中期重新授權死刑的正當性，也承諾會加強把關程序審查，並且嚴格遵循法律，不久卻退回到既存的審查程序標準。聯邦最高法院的裁決對於死刑犯更加不利，也顯然輕忽了「死刑不同於一般刑罰」，需要更謹慎審查的事實。

聯邦最高法院決定要禁止解交審查令[3]（habeas corpus）的請求[9]，除非一開始在州法院便提出。聯邦法院隨後禁止新證據的提交，除非新證據率先在州法院提出。聯邦最高法院開始認為，聯邦法院的法官推遲州法院的裁決，致使死刑程序產生更多錯誤和缺陷存在的空間。

一九八〇年代，聯邦最高法院駁回強加死刑於青少年罪犯違憲的挑戰[10]，堅持維持對於有心智遲緩的無行為能力人的死刑，並且採取和輿論背道而馳的判決：該法院不認為在多數死刑裁判權的使用上，存在極度明顯的種族差異是違憲的。

在一九八〇年代末期，逐漸可見一些法官公開批判死刑案件的審查方式。首席大法官威廉·藍奎斯特（William Rehnquist）急於限制死刑上訴，以及防堵律師們為了停止死刑執行而傾盡身心的努力。「我們就這麼做吧，」[11]這是一九八八年他在某律師協會上的著名宣告。

3 譯註：針對羈押他人者所簽發的、令其交出被羈押人之令狀。

在死刑的裁判權上，「定案」成了比「公正」更優先的考量。

與赫柏・理查森首次談話的兩星期後，我瘋狂地想取得暫緩執行死刑的命令。雖然我知道，就程序上而言為時已晚，但在確信赫柏的案例中存在一些極具說服力的爭議點後，我仍希望贏得一些暫緩執行的空間。雖然赫柏的罪行討論空間不大，還是有相當有力的理由說明這起案件不應被視為蓄意謀殺，明擺眼前的證據遠不足以說明他有謀殺意圖。而即便企圖忽視這部分，赫柏曾經歷過的創傷、軍隊經驗以及童年艱苦遭遇總和起來，也足以做為他不應被判處死刑的證據。這些深具信服力的減刑證據理應在裁決過程中討論，卻沒有任何一項被提出。只有在謹慎考量過所有足以否決掉「罪不致死」的理由後，才能公正判處一個人死刑，而這個謹慎評估的過程，並沒有在赫柏的案例中出現。這使我益發相信，赫柏之所以得面對死刑執行，肇因於他是相對容易的目標。他孤立無援，明明需要精準的法令需求才能判處死刑，卻因體系不嚴謹，致使他輕易便被判刑。令人深感痛心的是，若赫柏能在對的時間獲得對的幫助，如今他就不會被囚禁在死牢中，等待剩下不到兩個星期的死刑執行日。

我詢問過數個法院能否因赫柏的律師未善盡責任、審判過程中的種族偏見、檢察官煽動性的言論以及減輕證據的缺乏等為由，暫緩執行赫柏的死刑。每個法院給我的回覆都是

「太晚了」。我們匆匆地在多森的一審法院安排一場聽證會，提出證據說明赫柏所製的炸彈是預計要在某個特定時刻引爆，我找來一名專家作證，證明這枚炸彈為定時裝置，並未企圖在有人碰觸時直接造成傷亡。我知道法院大概會做出像是「這種證據應該要在審判或是更早階段中提出」的結論，但我仍抱持法官會被說服的希望。

赫柏和我一起出庭，我們隨即從法官的面部表情中察覺他興趣缺缺，赫柏因而更顯焦慮。他開始和我低聲說話，懇求我讓那名作證的專家為他解釋他犯案的意圖，這確實超出專家的所知範圍。他開始出現具爭議性的舉動，說些法官聽得到的評論。同時，法官一再強調，這些證據不是新發現，而且早該在庭審時就提出，這並不足以構成暫緩執行死刑的基礎。我請求一次短暫休庭，試圖緩和赫柏的情緒。

「他沒有說出我要他說的話！」

赫柏呼吸急促，他抱頭對我說他頭痛欲裂。「我並沒有殺死任何人的意圖，他應該要解釋這個的！」他不住吼叫著。

我嘗試安撫他，「理查森先生，我們已經提過了，不過專家並不能為你腦中的想法背書，這是不被允許的。他檢查了那枚炸彈，確認它是設計來在某時間點引爆，但是他並不能解釋你的動機。最高法院不會允許他這麼做，而他也不能這麼做。」

「他們甚至連他在說什麼都沒有認真聽，」他極度喪氣，揉著自己的太陽穴。

「我知道，但你要記住，這只是第一步。我們不需要對法官抱持太多期待，但這能幫助我們繼續上訴。我知道讓你失望了。」他憂愁地注視著我，隨後嘆了一口氣，情緒緩和了下來。在那場聽證會接下來的時間裡，他徑自抱頭悶悶不樂地坐著，我發現他的狀態比之前悲痛且努力為自己辯駁的時候更為絕望。

由於尚未雇用任何律師，所以聽證會期間，我的身邊沒有人協助整理文件或協助被告人。會議程序結束時，上銬後準備被送回死牢的赫柏，看起來絕望又心煩。收拾妥當準備走出法庭的我也很不好受。有機會詳細盤問一個人、評估提出什麼樣的證據能夠構成暫緩執行的基礎，應該是件不錯的事。我並不期待地方法院的法官給予暫緩執行的命令，但的確懷抱希望，心想或許負責重新審查的法院會明白這不是一宗蓄意謀殺的案件，暫緩執行理應會被允許。太多不確定的因素存在，以至於我無法客觀評估，如果我們提出充分證據的話，是否就能讓案子有轉圜的餘地。我感覺糟透了，而這主要來自於我讓赫柏陷入這般極度焦慮的狀態之中。

走出法庭時，我看見一群黑人女性和孩童擠在法庭後方，其中七、八個人緊盯著我。聽證會在傍晚舉行，因此接下來未安排任何訴訟。我很好奇這些人的身分，但說實話，由於實在太累了，我也提不起勁認真探究。我對著其中最關注我的三個女人微笑且疲憊地點頭致意，她們在我正要走出門外時朝我走來。

那名開口說話的女人看起來很緊張且不知為何地面露懼色。她說話時，一副有所顧慮的神情。「我是受害人瑞娜・美（Rena Mae）的媽媽，他們說，會幫助我們，但從來沒有做到。瑪麗蓮（MaryLynn）的聽力受損了，爆炸案後就一直沒有好起來，而她的妹妹有精神焦慮的問題。我也一樣，我們希望你可以幫助我們。」

看到我一臉愣住的表情促使她說更多。「我知道你很忙，但這是我們僅有的求援管道。」我注意到她說話的同時，謹慎地伸出手來，我伸手握住她的手。

「聽到你沒有獲得他們承諾要給你的幫助，我非常抱歉，但是在這起案件中，我代表的是赫柏・理查森，」我盡可能委婉說明。

「我們知道。我知道你現在可能無法做任何事，但是這件案子結束後，你可以幫我們嗎？他們說，我們會拿到一些醫療補助金，也會協助我女兒進行聽力治療。」

一個非常年輕的女性悄悄接近這名說話的婦女，並且抱住她。她看來大概二十來歲，舉手投足卻像個年幼的孩子。她像個小女孩般把頭靠在母親身上，悲傷地看著我。另一個女人走過來，語帶挑釁地說：「我是她阿姨，我們不贊成殺人的行為。」

我不太確定她想說什麼，但我看著她回答道：「妳說得對，我也不贊成殺人的行為。」

阿姨看似放鬆了一些，「這起悲劇真的好令人難受，我們不能為那個你想幫助的人歡呼，但也不想為他哀悼。死掉的人夠多了，不應該再死更多人了。」

「我不知道自己可以幫上什麼忙，但我真的樂意提供協助。請在八月十八日過後聯絡我，我屆時再看看有沒有足以效勞之處。」

阿姨問我是否可以讓她的兒子寫信給我，因為他正在服刑，需要律師。我把名片遞給她時，她鬆了一口氣。走出法庭後，我們向彼此鄭重告別。

「我們會為你禱告，」他們離去時，阿姨這麼對我說。

走向停車處時，我思考著是否應該請求她們向檢察官及律師們表示不希望處決理查森先生，雖然州法院顯然並不和這些被害人站在同一邊。法庭上充滿見證這場聽證會的州內律師和其他官員，然他們渴望及早結束、逃離法庭，對於站在法庭後方的那些受苦靈魂，連一個字都不想多說。他們覺得我是他們尋求幫助的最後希望，這悲劇性的荒謬如噩夢般糾纏著我。

回到蒙哥馬利時，我得知庭審法官拒絕了我們暫緩執行死刑的請求，他判定我們的證據「時機不宜」，意即他不能將之列入評估。距離死刑執行日不到一星期，接下來幾天，我瘋狂填寫一份又一份的申請文件，最後終於在執行死刑的前一天，我填了一份向聯邦最高法院請求複查以及暫緩執行死刑動議的申請。儘管是死刑案件，聯邦最高法院同意複查申請文件的比例也非常低。申請調卷令（petition for certiorari），也就是請求重新審查下級法院的裁決一事，很難獲得批准，但我也明白，最高法院是我們請求暫緩執行死刑的絕佳機會。即便地方法院同意暫緩執行，州政府仍會上訴，所以聯邦最高法院幾乎是做出是否繼續死刑執行流程的最終裁決者。

死刑的執刑時間被安排在八月十八日凌晨零點零一分。八月十六日深夜，我寫好申請並傳真到聯邦最高法院後，隔天早上我一直待在蒙哥馬利的辦公室裡，焦急地等待法院決定。我嘗試藉由研讀其他案件的相關資料讓自己處在忙碌狀態，其中也包括華特．麥可米利安的案子。雖然沒有預期我們會在下午之前收到最高法院的回覆，等待的心情卻讓我的注意力難以從電話上移開。我一整個早上緊盯著電話。只要電話一響，我的脈搏便會加速，接待員伊娃和朵瑞斯看得出我正滿心焦慮地等待一通電話。我們向州長提交了一份大範圍的減刑請求，其中包括來自他家人的宣誓陳述書（affidavit）和彩色照片，但我並不期待收到任何回覆。那份請求詳細描述赫柏的軍旅生涯，也解釋為何我們應該以同理心看待承受創傷後壓力症候群的退伍軍人。

我對於結果並不抱持樂觀。麥可．林西的生命已經受到審判，也執行了死刑；侯瑞斯．鄧金是心智遲緩者，執法者也未能因此讓他倖免於難；赫柏很可能被以更缺乏同情心的方式對待。那天，我頻繁地透過電話與赫柏保持聯繫，藉此讓他知道尚未有進展。一旦最高法院有什麼命令下來，我不能仰賴監獄傳訊息給他，所以我要他每兩個小時打一次電話給我，不管新消息是好是壞，我希望他是從真正在乎他的人口中聽到消息。

赫柏認識一名來自莫比爾的女人，他們在一起好幾年了，也決定在死刑執行的前一週結婚。赫柏沒有錢，一旦被處決，他也無法留給她任何東西。但他是退伍軍人，他的家人會在他死時收到一面美國國旗，他指定新婚妻子為收受旗幟的對象。在處決日的當天，比起迫近的死刑執行，赫柏似乎更關心他的國旗，赫柏不斷請我向政府確認他的旗幟會如何送達，並催促我取得書面承諾。

赫柏新婚妻子的家人希望在行刑前的最後幾個小時陪伴他，監獄允許家人待到晚上十點，之後他們就要準備執行死刑的事務。我仍在辦公室裡等待最高法院的通知。過了下午五點，還沒有任何消息。我努力讓自己謹慎地保持樂觀。如果法院對我們送呈的文件有任何疑問，應該會更早接獲他們對於暫緩執行的決議通知。隨著時間流逝，我愈加受到鼓舞。傍晚六點，我在自己的小辦公室裡來回踱步，緊張地把任何法院在這麼迫近行刑時刻可能出現的辯論全盤思考過一次。伊娃和我們新到職的調查員布蘭達．路易（Brenda Lewis）和我一起等待。終於，接近七點時，電話響了。最高法院的人在線上。

「史蒂文森先生[12]，我打來是要通知你，最高法院已經受理案件編號為八九—五三九五的命令，暫緩執行死刑和調卷令的申請請求被拒絕了，我們接著會把這項命令的文件傳真至你的辦公室。」

就這樣，我們的對話結束了。掛上電話後，我想著為什麼我需要這項命令的文件？那個法院工作人員以為我要拿這份文件給誰嗎？再過幾個小時，赫柏就要死了，不會再有任何的上訴，也沒有任何理由保留檔案紀錄。我不確定為什麼我會被這些細節打擊，也許思考法院命令程序上的荒謬性，都還沒有思考這件事情的意義那麼困難。我先前曾答應赫柏會在死刑執行時陪在他旁邊，過了好幾分鐘我才意會到，自己得迅速前往距離這裡有兩小時車程的監獄。

我跳進車裡，火速開往阿特莫爾。沿著州際公路往下直抵監獄，我注意到陽光長長的光線在往後退，儘管阿拉巴馬州的夏季持續高溫炎熱。抵達監獄時，天已經黑了，監獄入口處外，一排卡車一路延伸至監獄停車場，卡車後方載著數十名排列坐著的荷槍員警，包括州警、地方員警、副警長，儼然是國民警衛隊（National Guard）單位的一部分了。我不明白為何州政府認為派遣一組國民軍，在處決死刑犯的夜晚守衛監獄入口是必要的，眼見這些武裝男人在接近子夜的時刻聚集，只為了確保一條生命的離去萬無一失，這實在很超現實。我完全迷惑了，竟然有人覺得一個已安排好處決時刻的貧窮黑人男性會出現暴力、具威脅性的反抗。

踏進監獄瞬間，我見到一名較年長的白人女性，她是負責管理探訪區的監獄職員。我早已是死牢的常客，至少每個月造訪探視我的新委託人一次，所以我們經常碰面，只是她的態度從未顯友善。今晚我抵達之際，她的態度極其不尋常，溫暖且親切地朝我走來。我甚至以為她要上來擁抱我。

身著西裝、打著領帶的男子在大廳裡徘徊，在我約莫九點過後走進探視室時，狐疑地打量我。霍曼的探訪區是一個以玻璃打造的寬廣圓形空間，機構裡的人員藉此可從任一視角監看裡頭的情形。十來張小桌子和椅子放在裡面，探視日時供探訪的親人使用，原則上每個月可安排兩到三次的會面。若當週已安排處決，便只有死刑執行日期已排定的死刑犯被允許和家人見面。

當我走進探訪室，赫柏的家人只剩一小時不到的時間可以和他一起度過，他比以往我所見到的他更為冷靜。在我走進去時，他對我微笑，並給了我一個擁抱。

「嘿，我來介紹一下，這是我的律師。」

他驕傲的語氣使我備感驚訝又感動。「嗨，大家好，」我說。赫柏繼續搭著我的肩膀，我想說些安慰的話，卻在赫柏開口之前，完全想不出能夠說出什麼。

「我向獄方人員說，『要把我的物品按照我所說的方式處理，不然我的律師會告到你們每個人都得為他工作為止。』」赫柏咯咯地笑，其他人也跟著笑了。

我見到赫柏的新娘及其家人，接下來的四十五分鐘，我緊盯時間，晚上十點鐘一到，警衛會把赫柏帶回去，我們就得和充滿生命力他永別了。赫柏試著保持樂觀，向家人描述自己是如何說服我承接他的案子，更進一步吹噓說我只為聰明又有魅力的人服務。

「就一名庭審律師來說，他年紀太輕了，但如果早點遇上他，我此時就不會在死牢裡了。」他笑著說，而我卻不住顫抖了起來。我對於他有多努力讓身邊的人好受一點而感到震撼。他即將面對自己的死刑。我從未看過他如此精力充沛又風采迷人的樣子，他的家人和我不停大笑，但所有人亦同時感覺到時間迫近的緊張感。隨著時間過去，他的妻子淚水直流，十點鐘剛過不久，阿拉巴馬州獄政局局長、典獄長以及數名身穿制服的男人對探訪區的負責人示意。她走了進來，以極其溫厚、遺憾的語氣說：「各位，時間到了。探視時間結束，請你們道別吧。」

我望向站在長廊上的那些男人，他們顯然指望監獄人員更果決明快、更有效率，希望每件事情一逕照表定的時間完成，也就定位準備進入流程的下一步，以為死刑的執行進行準備。其中一名州政府官員在探訪區負責人離開探訪室當下走向警衛，指著自己的手表要他確認。而赫柏的妻子則啜泣了起來，環抱赫柏的脖子，拒絕讓他離開。數分鐘過去，她的哭泣轉而呻吟、痛苦且絕望。

在大廳等候的官員益發不耐，示意折返的探訪區負責人加緊腳步，「我很抱歉，」她盡可能堅定地說，「但是你們得離開了。」她看著我，我別過頭去。赫柏的妻子再度啜泣，她的姊姊和其他家人紛紛哭了起來，赫柏的妻子把他抱得更緊了。我從未想過，原來這個時刻會如此艱難，這種超現實感受是我從未預料到的。一瞬間，這處空間淨是悲傷和絕望，感染了每個人，我不由得擔心，要把這個家庭和赫柏分開，簡直是件不可能的任務。

只是警員們憤怒了，從窗戶望出去，可以見到典獄長正在廣播，要求更多獄警到這個區域會合，更有人指示探訪區負責人返回探訪室將家屬帶出來。我聽到他們對她說，沒把家屬帶出來就不要出來了。她看起來極其惱怒，雖然她身上也穿著制服，卻顯得和這座監獄格格不入，眼前的她看似特別難受。有一次她主動對我說，她的孫子想成為一名律師，而她也如此企盼著。她警覺地環顧四周，隨後走向我。眼眶中滿是淚水的她，絕望地看著我。

「請幫幫我，幫我把這些人帶離這裡吧，拜託。」我禁不住擔心一切會變得難以招架，但我無法冷靜思考該如何應對。希冀他人冷靜地拋下他們深愛的人，好讓那個人去接受死刑，這簡直是不可能的事。我想避免局面失控，卻也無能為力，無法做任何事。

就在這時候，赫柏的妻子大吼了起來：「我不會離開你。」

在死刑執行的前一個星期，赫柏提出一個詭異的請求。他說，萬一死刑如期執行，他希望我能夠說服獄方，在他走上電椅的那一刻播放〈古舊十架〉（The Old Rugged Cross）這首讚美詩。當我向獄方提出這項請求時，我感到些許為難，而我最訝異的是，他們竟然應允。

猶記我小時候，人們總在教堂禮拜的沉重時刻，如聖餐主日（Communion Sundays）或耶穌受難日頌唱〈古舊十架〉，我很少聽到這麼悲傷的讚美詩。我不是很清楚為什麼，只是目睹愈來愈多身著制服的員警從外邊的走廊步入探訪室時，我不覺哼起這首詩歌，彷彿藉此便能幫一些忙，但是，究竟幫了什麼？

幾分鐘過後，赫柏的家人亦加入吟唱的行列，我走向他那緊抱著他、細聲啜泣的妻子，低聲對她說：「我們該讓他離開了。」見到外頭列隊的警員，赫柏慢慢將妻子從自己身上推開，請我帶她到房外。

將赫柏的妻子帶離探訪室時，她趴在我身上歇斯底里地哭了起來，她的家人也一邊掉眼淚一邊尾隨在後。這般景象實在太令人心碎，我也好想哭，但我只是一直哼唱讚美詩。

獄方已經安排妥當，我可以在一個小時之後回到執行死刑的房間和赫柏待在一起。雖然我經手過數個已確定行刑日期的死刑案件，卻從未有過待在死刑執行現場的經驗。我還在喬治亞州時，總能為負責的死刑案件順利取得死刑暫緩執行命令。一想到要見證一名男性被電擊、燒灼致死的場面，我便感到焦慮萬分。一直以來，我都過於專注在思考如何取得暫緩執行的命令，想著走進監獄見到赫柏時該對他說什麼，卻從未認真思考過「見證死刑」這件事。我一點也不想待在這裡，但是我也不想拋棄赫柏。一想到把他留在周圍淨是些希望他死的人的小房間裡，我就明白自己說什麼也不能撤退。突然間，房裡變得悶熱異常，彷彿完全沒有空氣一般。在我將赫柏的家人送出探訪室時，那名探訪區負責人在我耳邊輕聲說「謝謝」。對於她認定我和她屬同一陣線，我感到困擾，卻也無言以對。

距執行時間不到半小時，他們引領我前往位於監獄深處的行刑室隔壁的單人牢房。他們暫時架著赫柏，直到時間到了才會將他放到電椅上。他們為他刮除身上的毛髮，如此執行死刑的過程才可以「很乾淨」。他們並沒有因為伊凡那災難般的死刑執行經驗，而對這張電椅做任何改進。我又想到一個月前侯瑞斯．鄧金那場拙劣的處決過程[13]，我更是惱怒了起來。我曾試著想像死刑執行的過程應該遵照什麼樣的程序才合理，甚至不切實際的想著一旦他們做了什麼不當之舉，我便可當下介入。

比起在探訪室的樣子，執刑前的赫柏一見到我更為情緒化了。不住顫抖的他顯然十分沮喪，為了死刑而進行的除毛過程想必令他備感恥辱。他看起來很焦慮，而且當我走進行刑室時，他倏地攫住我的手，問我可不可以禱告，我們一起禱告。禱告完後，他看起來若有所思的樣子，然後轉向我。

「嘿，我的好哥兒們，謝謝你，我知道這對你來說也很不容易，但我真心感激你願意待在這裡陪我。」

我笑了笑，給他一個擁抱，他的臉因為承受不住悲傷而垮了下去。

「布萊恩，這是一個非常詭異的日子，非常詭異。多數活得好好的人，並不會成天想著自己生命會有確切的『最後一天』，然後自己就會與世長辭。這和在越南的感受截然不同……更是詭異了。」

他向一旁侷促不安地走來走去的警員們點頭致意，「他們也會覺得這一切很詭異。

「一整天下來，大家都在問我『可以為你做什麼嗎？』從早上醒來開始，他們不時對我噓寒問暖，『要我幫你拿些早餐嗎？』中午的時候，他們也問我『我幫你帶點午餐吧？』我聽了一天的『我們可以為你做些什麼？』這類問題，傍晚的時候，也有人問『你想要吃什麼？』『你寫的信需要郵票嗎？』『你要喝水嗎？』『來點咖啡？』『要不要打通電話？』『我們可以幫什麼忙？』」

赫柏嘆了一口氣，望向其他地方。

「布萊恩，這太詭異了，在生命的最後十四個小時，我收到的關心比進來後的這些年還多，」他轉向我，面部因不解而糾結。

我給了赫柏最後一次長長的擁抱，一邊想著他說過的話。我想著，法院從未嘗試理解他的童年經歷，我想著，伴隨他自越南返家的所有創傷及艱困，我無法停止自問，在他真的需要的時候，這些人在哪裡？三歲的赫柏失去母親時，這些伸出援手的人都在哪裡？七歲的他嘗試從肢體暴力中復原時，這些人在哪裡？十幾歲的他和酒精、藥物搏鬥時，這些人在哪裡？當他帶著一身創傷自越南歸來、無以為濟時，這些人在哪裡？

我看見他們在長廊上放置的錄音機，一名警員帶來一卷錄音帶，〈古舊十架〉的悲傷旋律在他們將赫柏從我身上拖開時，播放了起來。

我在赫柏死刑執行的過程中，親眼目睹的那些羞愧神情一直縈繞我的心頭。監獄裡遇見的每個人，一副受遺憾和悔恨的感受籠罩一般，獄方人員為他們自己加油打氣，好帶著決心和堅毅完成執行死刑的任務，但就連他們也顯露出極度不舒服的樣子並流露出些許羞愧。也許只是我自己想像力罷了，然而每個人彷彿都很清楚，此際正在發生的事是錯的。死刑的抽象概念是一回事，系統化的執行每項細節，以殺死一個不具任何威脅性的人，完全是另一回事。

回家路上，我無法停止不想這些事。我想著赫柏，想著他是多麼拚命地藉由越南服役的經歷為自己獲得一面美國國旗；我想著他的家人，我想著被害人的家屬和這樁犯罪行為加諸在他們身上的悲劇；我想著那名探訪區負責人、獄政局的官員、那名被喚來為赫柏除去身上毛髮好讓處決過程更有效率的男人；我想著那些將他捆綁在電椅上的警員。我不斷想著，沒有人能夠真正確信死刑是一件好事，或甚至是件必要的事。

隔天，媒體上出現一些關於這起死刑犯處決的報導，某些州政府官員甚至對於完成死刑執行表達了讚賞及欣慰之情，然而我心裡清楚，這些人當中，沒有任何一人真真切切地面對過赫柏被處決的細節。在關於死刑存廢的辯論中，我思考著，我們不會讓強暴犯被強暴，也不會凌遲、虐待一個曾凌遲、虐待他人的人，因為這是不人道的。然而，我們卻對於殺掉一個曾殺過人的人感到心安理得，其中的部分原因，在於我們自認為可以在做這件事的同時不傷害到自己的人格，而強暴或虐待他人的行為卻沒有這種特性。我無法不去想，我們居然沒有花時間好好思考真正殺掉一個人時，會牽涉到的種種細節。

處決後的隔天，養精蓄銳後的我回到辦公室。我拿起其他案件的檔案匣，擬定全新計畫，思考著如何協助每一個委託人，使死刑行刑的機率降到最低。最終，我意識到自己剛萌芽的決心並不會帶來多大的改變——我只是不甘於發生在赫柏身上的事實。但我仍舊因此情緒有所撫平。我下定決心，必須招聘員工、爭取資源以應付益加艱難的挑戰，以及為獲判死刑的犯人提供法律援助。伊娃和我討論起幾個曾表達意願，希望和我們一起共事的人選。我們也從某個基金會中尋得一些新的財務支援。那天結束前，我真心相信一切終將改善，即便我同時也感受到沉重的負擔。

Just Mercy

CHAPTER

5

約翰的歸來

OF THE COMING OF JOHN

「倘若那個女孩被殺害時，他正好獨自在森林裡打獵，那一切就簡單多了。」華特．麥可米利安的姊姊阿美莉亞．韓得（Armelia Hand）在小型露營拖車裡的群眾高聲表達支持時，停頓了下來。我坐在沙發上，眼前二十多名家族成員在阿美莉亞說話時緊盯著我。

「至少這樣，我們大可理解，他犯下這起案件的可能性有多高。」她再次停頓了一下，低頭注視著我們所在之處的地板。

「但我們在他身邊一整個早上……我們很清楚他人在哪裡……我們知道他當時在做什麼！」當她的聲音愈高、愈顯焦慮之際，其他人亦隨之低聲附和。在我成長過程中，我經常聽見這類對於努力及痛苦的無言見證在以黑人族裔為主的鄉村教堂中出現。

「幾乎眼前在場的每一個人，當時都在他身旁和他一起聊天，一起享用餐點。一個月後警察找上門來，指控他殺了一名在數哩外的人，然而我們卻在同一時刻站在他身邊。隨後，他們將他帶走，而你明知這根本一派胡言。」

眼前的她，強忍住情緒說話。她的手不住的顫抖，而聲音中滿溢的情緒致使她難以好好陳述。

「我們整天都跟他在一起！史蒂文森先生，我們可以做什麼？告訴我們吧，我們可以做些什麼挽救？」

她的臉因痛苦而糾結，「我覺得好像自己也被判刑了一樣」。周圍這一群人不時高喊「對啊！」、「沒錯！」以附和每一項陳述。

「我覺得彷彿自己也被關進死牢。我們要怎麼告訴孩子，好讓他們遠離傷害？尤其當你只是待在家裡、做自己的事、和整個家族聚在一起，他們仍有辦法把和你無關的謀殺案嫁禍在你身上，然後將你送進死牢裡。」

我身穿西裝坐在侷促的沙發裡，注視著眼前這張痛苦的臉龐。來到這裡時，我沒料想到會面臨如此激動的場面。人們對於結果感到絕望，努力調整情緒理解如此荒謬的情況。我拚命思考說些合適的話，此時一名年輕女子開口。

「強尼D絕不可能是凶手，無論我們是否和他在一起，」她以家人和朋友為華特取的綽號暱稱他，「他真的不是那種人。」

這名年輕女子是華特的姪女，她繼續駁斥那個荒唐的「華特需要不在場證明」的意見，而她的言論獲得在場所有人的支持。

華特的大家族接著爭論起以華特的性格是否需要不在場證明，那甚至是對他人格的侮辱，此刻的我總算能暫時解除壓力。真是漫長的一天，我已經失去時間感，不確定現在幾點，只知道很晚了，而我也累垮了。來到這裡之前，我和華特歷時數小時察看他的審訊紀錄。在和華特見面之前，我和幾名死牢裡的新委託人碰面。他們的案子雖然不在訴訟程序中，死期亦未可知，但自從理查森的死刑執行後，我就沒有見過他們了，而他們也急著想和我聊一聊。

此時，華特的案件紀錄已然完備，上訴請求在即，時間分秒必爭。我應該直接從監獄返回蒙哥馬利，只是華特的家人希望和我見面，由於他們的所在地距離監獄不到一小時車程，我索性答應走一趟門羅維爾。

當我來到麥可米利安位於雷普敦（Repton）往門羅維爾的幹道上的老舊住處前時，華特的妻子米霓・貝兒・麥可米利安（Minnie Belle McMillian）和女兒傑琪（Jackie）正耐心等候我的到來。華特曾經告訴過我，行經至約略科尼卡（Conecuh）和門羅郡之間，有一整排的酒品專賣店，我就知道快到了。門羅郡是個「乾涸的城市」（dry county）[1]，禁止販售任何含酒精飲料，為了方便居民一解酒精之癮，幾家酒品專賣店於是開在近科尼卡的邊界上。

華特的住所距離此處僅幾哩遠。

我駛進車道，對這年久失修的房屋感到啞然；這簡直是窮苦人家的住處。前廊的木質地板嚴重腐朽，僅憑下方三塊煤渣磚搖搖欲墜地堆疊支撐；藍色的窗格急需粉刷，而通往屋內的唯一通道，是不屬於這棟建築結構、額外裝置的樓梯。庭院凌亂，廢棄車輛的車體、輪胎、損毀的家具和其他廢棄物散落四處。下車前，我決定穿上那件多年的西裝外套，雖然我早就發現兩邊袖子的鈕扣都不見了。

米霓步出前門，對於雜亂的庭院致使我必須小心翼翼地走向前廊感到抱歉。她親切地邀請我進屋內，一名二十初頭的女人則跟隨其後。

「你在監獄待一整天了，我來幫你準備一些吃的吧。」米霓雖顯疲累，但根據華特的描述以及我和她在電話中的對話來臆測，她同時流露出我想像中的她——既耐心又堅強。由於州法院將華特和凱倫．凱莉的情事視為案情的一部分，審判對於米霓來說尤其煎熬。然而，眼前的她依舊堅強。

「噢，不用了，謝謝妳，我很感激，真的沒有關係。華特和我在探訪處吃過了。」

「監獄的探訪處除了薯片、蘇打水之外，沒什麼好吃的。我幫你煮點吃的吧。」

「謝謝妳的好意，我心領了，但真的沒有關係。我知道你也工作一整天了。」

「是啊，我在工廠輪值，每十二小時一班。那裡的人根本不想聽聞你的一切、你的病症、你的不安、你遠道而來的客人，更遑論你的家庭問題。」她的語氣中沒有憤怒或苦澀，她只是悲傷。她朝我走來，輕輕給我一個擁抱，領我緩步進屋裡。客廳意外擁擠，我們坐在沙發上，樣式不協調的幾張椅子上堆疊著紙張與衣物；米霓的孫子的玩具散落在地板上。她緊鄰我坐下，以致當她傾身對我輕聲說話時，幾乎是靠在我身上。

「工廠的人要你出現，你就得到。我努力供她完成學業，但實在不太容易。」她對女兒傑琪點點頭，傑琪以憐憫的眼神回望母親。接著，傑琪走到我們一旁坐下。華特和米霓曾多次向我提過他們的孩子——傑琪、強尼和「靴子」，提起傑琪時，總會先說到「她在讀大學」，以至於我以為她的名字是傑琪．「讀大學」．麥可米利安。幾個孩子都二十多歲了，依然和母親很親近，也很保護她。

我告訴他們我和華特碰面的情形。米霓已經有好幾個月沒去探監，她對我願意花時間在獄中充滿感激。我向她們確認上訴流程，並說明案子的下一步計畫。她們確定華特的不在場證明，並為我更新鎮上最近關於這起案件的種種揣測。

「我認為，是一名叫邁爾斯．傑克森的老人幹的。」米霓強調。

「我覺得，凶手是洗衣店的新老闆瑞克．布萊爾。大家都知道他們在那個女孩的指甲裡找到白人男性的皮膚，那是她跟殺她的人搏鬥所留下的。」傑琪說。

「嗯，我們會找出真相的，」我試著讓自己聽起來深具信心，但思及那份庭審紀錄，我不禁認為，警方很有可能不會將他們所持有的證據轉交給我，也不大可能讓我查看他們在犯罪現場所蒐集到的物證及資料。即便只從紀錄來看，也可看出負責調查華特的執法員警違反了法律程序。他們把仍羈押候審的華特關進死牢；我擔心他們不會恪守法律請求，交出所有足以為華特洗刷罪名、證明其清白的證據。

我們聊了超過一個小時，或者說，他們說著，而我只是聆聽。你完全可以想像，華特被逮捕之後的這十八個月以來，一切有多麼折磨。

「審判過程是最糟糕的，強尼D當時真的在家，他們卻根本直接忽略我們所說的話。更沒有人向我解釋為什麼他們會這樣。為什麼他們要這麼做？」米霓看著我，彷彿真心希望我能提供一個合理的答案。

「這個審判是由謊言建構出來的，」我說。向華特的家人表達如此強烈的意見，我其實有所顧慮，畢竟我還沒有完全釐清這起案件，仍不確定是否有足夠的證據將華特定罪。但是檢閱庭審紀錄的過程的確惹惱了我，同時我也感受到一股憤怒再度被激起——不只是關於發生在華特身上的不公，還有加諸於整個黑人社區的沉重負擔。在這個窮困的黑人社區中，每個和我談論起此案件的人，無不面露沮喪。這起正義無法申張的重大案件絕望地折磨整個社區，並迫使我難以保持冷靜。

我接著說：「謊言一個接著一個。在你們開始說出真相的那一刻，人們已經被餵食過多謊言，因此認定**你們**才是說謊的一方是件相對容易的事。即便只讀過審訊紀錄，我都感到沮喪，所以絕對可以想像你們的感受。」

此時電話響起，傑琪倏地從椅子上起身接聽，幾分鐘後她回來，「艾迪說，大家開始鼓譟了，他們想知道，他什麼時候到。」

米霓站起身，整了整衣服，「好吧，我們差不多要過去了，他們等你一整天了。」

我滿臉困惑，米霓面露笑容，「噢，我告訴家人，我們會帶你過去，因為如果你從來沒去過的話，會很難找到他們的住處。華特的姊妹、姪子、姪女以及其他家人們都想見你。」我嘗試不要顯露出內心的不安，卻不由得愈來愈擔心。

我們擠進我那輛雙門可樂那（Corolla），車內堆滿各式文件、庭審紀錄和法庭紀錄。「你想必都把錢花在其他地方了。」駛出車道時，傑琪開玩笑地說。

「是啊，這陣子我購買清單的第一順位是一襲高級西裝。」我回答。

「無論西裝或是車子，看起來都很好啊。」米霓緩頰道。

我順著她們的指引開往一條長而蜿蜒的泥土路，沿途令人意想不到的彎道盤旋在一片繁茂的樹林之中。隨夜幕降臨，道路在茂密的森林裡蜿蜒了數哩，直到我們來到一座僅容一輛車經過的小橋前。它看起來搖搖欲墜、極其不牢靠，於是我放慢車速，緩緩停了下來。

「不要緊的。雨勢不夠大，也只有在下大雨時，才會有問題。」米霓解釋道。

「什麼樣的問題？」我不想表現得很害怕的樣子，但我們前不著村、後不著院的，周圍淨是一片漆黑，我無法分辨橋下究竟是沼澤、小溪或河流。

傑琪附和道：「別擔心啦，大家天天都開車從這裡經過。」

要是在此時掉頭，就太丟臉了，所以我慢慢開了過去，抵達橋的另一端時，我真的鬆了一口氣。繼續往前一哩，森林才逐漸消逝，只見幾輛露營車、幾間小房舍，最後，一處深藏林間的社區出現在眼前。

我們開上山坡，直到撞見一輛露營車，車前一個生火的桶子在黑暗中閃爍著火光。六、七個孩子在外邊玩耍；他們一看到我們的車子，立刻衝進露營車裡。我們走下車時，一名高　的男人自車裡現身。他走向我們，在和我握手前，他先擁抱了米霓和傑琪。

「他們一直在等你，你想必非常忙碌，我們很感激你願意前來和我們見面。我是華特的姪子吉爾斯（Giles）。」

吉爾斯帶我走向拖車，並為我開門。這個小巧的家屋被超過三十個人擠滿了，在我走進去的剎那，交談聲瞬間安靜了下來。這陣仗令我感到惶恐，他們先是盯著我瞧，接著一個個面露微笑，然後出乎意料地，一片熱烈的掌聲猛地響起。我對此感到啞然。過去從來沒有人只因為我的現身而給予過這麼熱烈的掌聲。眼前可見年長的女性、年輕女子、和華特年紀相當的男子和幾名較為年長的男人。他們因不安而糾結的神情如今我已然熟悉。掌聲一結束，我隨即開口。

「謝謝你們，感激不盡。很開心能與各位見面，雖然麥可米利安先生曾跟我說過，他屬於一個大家族，但我著實沒料到會有這麼多人聚在此處。我今天和他見了面，他希望我能轉達他的謝意以及感激之情，因為你們對他不離不棄的關懷之意。我希望你們知道，你們的支持意義重大。每一天早晨，他在死牢裡醒來；那是何等不容易的事。但他很清楚，自己並不是孤軍奮戰。他不時的提起你們。」

「史蒂文森先生，請坐，」一人高聲說道。我在一張看來是為我保留的沙發上坐了下來，米霓安坐在我身旁。其他人則面朝我站著。

「我們沒有錢，全付給第一個律師了。」其中一名男人高聲說道。

「我明白，我一毛錢也不會收。我服務於非營利法律單位，為我們所代表的委託人提供免費的法律協助。」我回答道。

「是喔，那你怎麼支付帳單呢？」一名年輕女性問道。眾人聽了不覺大笑。

「我們從支持我們的基金會及民眾手中獲得捐款。」

「那麼，只要你把強尼D送回家，我會以各式各樣的名義捐款給你們，」另一名女子狡獪說著，引得哄堂大笑，我也報以微笑。

一名年紀較長的婦人開口。她是阿美莉亞．韓得（Armelia Hand），她說：「史蒂文森先生，我們擁有的不多，而你關懷著一個我們所愛的人，任何我們所擁有的，你也一併擁有。這些人傷了我們的心。」

我開始回答各種問題，聆聽各種議論及讚賞，諸如華特、這座小鎮、種族、警察、審判以及整個家族如今在社區裡所遭受的對待。幾個小時過去，我知道自己或許已精疲力盡，無論華特的家人提供資訊是否有所幫助，我都無法吸收了，但他們仍想說下去。向我表達他們的擔憂彷彿能夠有效緩解情緒。不一會兒，我從他們的提問和意見中聽到一些希望。我為他們解釋上訴的程序，並說明紀錄中顯而易見的爭議點。我感覺氣氛提振了不少，因為我所提供的訊息或許能夠減輕他們的焦慮。而在我意識到之前，我們的談話中逐漸摻雜了一些玩笑話，我也感到他們的盛情為我注入能量。

聆聽、回應問題之際，一名年長的婦人遞來一大杯甜冰茶。我倏地喝完第一杯，因為我有點緊張（當然，也因為非常好喝）。那名婦人眼見我一飲而盡，一臉滿足地對我笑了笑。她立刻斟滿玻璃杯，且無論我喝得多少，整晚她一逕地留心杯裡的茶。三個多小時後，米霓抓著我的手，向他們宣告應該要讓我回家了。已接近子夜時分，我得開至少兩小時的車程才能回到蒙哥馬利。走進漆黑夜色之前，我起身道別並一一擁抱他們。

十二月的南阿拉巴馬州，白天少見冷風刺骨，但是一到夜晚氣溫便急速下降，戲劇化的提醒你此際是冬天，即便是在南部。未帶大衣的我，在送米霓和傑琪回家後，調高車內溫度，駛向返家的長途路程。和整個家族聚會的經驗收穫很多。我知道很多人真心關懷華特，也因而關心起我所做的事以及該如何幫我。而這也讓我知道，發生過的那些事會對眾人造成何等傷害。我見到的人當中，其中幾個與華特並沒有血緣上的關係，但案發當天也在炸魚攤附近，華特被定罪一事也讓他們深受其擾，他們一聽到我要來便決定過來見我，他們的傷害及困惑需要一個出口。

一九〇三年，W．E．B．杜博斯[1]在其具創見的作品《黑人的靈魂》（*The Souls of Black Folk*）中，收錄了一則傑出卻令人感傷的短篇故事。返家途中，我想著這篇〈約翰的歸來〉（Of the Coming of John）。在杜博斯的故事中，一名喬治亞州沿岸一帶的年輕黑人男性被送到數百哩外一所訓練黑人教師的學校。整個黑人社區的居民為他籌措學費。他們期待約翰有一天回來，教導這些被公立學校拒於門外的非裔美國孩童。由於太過悠閒，成日縱情玩樂，約翰差點被新學校退學，直到他意識到自己身上被賦予的信任，以及若沒有畢業便返鄉的話，是多麼令人羞愧的事。於是，他洗心革面，專注、嚴肅且努力不懈地朝成功邁進，終於光榮畢業，回到成長之處，試圖做一些改變。

1 譯註：W．E．B．杜博斯（W.E.B. Du Bois, 1868-1963），著名歷史學家，美國全國有色人種協進會創辦人，也是首位取得哈佛大學博士學位的非裔美國人。

約翰說服掌控小鎮的白人法官，讓他設立一所給黑人孩童就讀的學校。他的教育程度使他得以被授權，然他在種族自由和平等議題上的強烈意見為他和整個黑人社區惹上麻煩。法官聽聞約翰教授的內容後，當即勒令關閉學校。學校關閉後，沮喪又心煩意亂的約翰步行返家。途中，他目擊自己的妹妹被法官已成年的兒子騷擾，他難以自抑，便執起木頭敲擊對方頭部。接著，約翰回家向母親告別。最後，盛怒的法官糾集一群暴民，追捕到約翰後，對他動用私刑，杜博斯以此為這個悲傷的故事畫下句點。

就讀大學期間，這個故事我讀了好幾次，對於約翰所象徵的整個社區的希望，我感同身受。無論是我的姑姑、阿姨以及父執輩等，沒有人擁有大學學歷，甚至連高中都沒畢業。教友們不時鼓勵我，更從未向我索討任何回報，我卻只感受到積累的人情負累。杜博斯深刻明白，描寫得栩栩如生，令我相當著迷。（我只希望我和約翰兩人如此雷同的命運，不致發展到動用私刑的橋段。）

和華特家人見面後開車返家的夜晚，我對這個故事有了全新的解讀。過去我從未想過，約翰的親友們在得知他被處以私刑會有多失落。那些曾盡力幫助約翰成為教師的人勢必不好過。對於得繼續求生存的黑人社區來說，尋求機會和進步的過程中，將面臨更多阻礙，以及更多的心碎。約翰所受的教育並沒有帶來自由與進步，而是暴力與悲劇。未來只見更多不信任、仇恨及不公。

華特的家人和多數他所居住的社區內的貧窮黑人同樣因華特的定罪而承受壓力。即便有些人案發當天並不在華特住處，但多數門羅維爾的黑人都有認識的人當時在場。這起案件所承載的傷痛真實存在，我完全可以感受得到。這個社區對於正義所懷抱的希望如此迫切。這番領悟留給我的，雖是焦慮卻也包括愈發堅定的決心。

我逐漸習慣接聽大量關心華特案件的來電。他們大多是窮人及黑人，卻鼓勵、支持我，而在拜訪華特家人過後，這類電話更多了。有時，華特過去曾共事的白人主管如山姆·庫魯克（Sam Crook）亦來電支持我。每當他打來時，總堅持要我下次回鎮上時，務必和他碰面。

「我是個南軍士兵。」在我們電話即將結束之際，他這麼說。「南方聯盟軍（Confederate Army）第一一七師成員。」

「你說什麼？」

「我的人都是美利堅聯盟國（Confederacy）的英雄，我承繼了他們的土地、頭銜以及驕傲。我熱愛這座城市，但我知道，華特·麥可米利安遭受的對待是不公允的。」

「是，我很感激您的來電。」

「你會需要一些後援，你會需要對敵方瞭如指掌的戰友，我會幫你的。」

「非常感謝您。」

「我會告訴你更多內幕。」他放低音量。「你覺得，你的電話被監聽了嗎？」

「沒有，我想，電話線路很安全。」

山姆再度提高聲量。

「那就好，我決定了，我不會讓他們把他吊死。我會召集一些男孩，並在他們處決之前，割斷絞繩。我就是無法忍受他們誣陷一個好人，我知道他是被冤枉的。」

山姆．庫魯克慷慨激昂地宣告，我猶豫著不知如何回應。

「嗯……很感謝你。」我只能如此回答。

不久，我向華特問起山姆．庫魯克時，他只是笑了笑。「我為他工作很久了，他對我很好，是個很有趣的傢伙。」

在最初的幾個月裡，我約莫每隔一週探訪一次華特，也漸漸了解他。「有趣」是華特對怪人的委婉形容，這些年來，和他一起共事過的人有上百人，他不缺乏遇見「有趣」的人的經驗。愈是不尋常或怪異的人，華特會用更深刻的語調來形容他們的「有趣」之處。「非常有趣」和「真的有趣」以及最終極的「他真的真的很有趣」便是區分怪異、很怪異等性格的標記。華特似乎不太願意用任何負面話語來形容任何人。一想到很怪的人時，他至多只是輕笑而已。

隨著見面的次數增多，華特顯得愈來愈輕鬆。就在我們相處愈來愈自在之際，他有時會轉而聊起和案件完全無關的話題。我們談論監獄裡的警衛，以及他和其他獄友的相處經驗。他也提及他以為會來探訪他卻沒來的親朋好友。在這些對話中，華特極富同情心的特質展露無遺。他花很多時間揣摩其他人如何思考及感受以致影響他們的外在行為。他猜想，那些獄警一定曾經歷過極其絕望的事，藉此為他們對他說出那些粗鄙的話找到理由；他也對那些未來探訪的親友感同深受，畢竟，要探訪一個關在死牢的人，想必是件很艱難的事。

我們聊著他喜歡的食物，以及他年輕時從事的工作。我們聊種族、權力、我們覺得好笑的事、悲傷的事。和獄友及獄警之外的日常對話讓他感覺好多了，而我也盡可能多花些時間和他聊聊與案件無關的事。這不只是為了他，也為了我自己。

我耗盡心力為了促使專案順利展開，以至於這份工作不久便成為我的日常生活。當和委託人之間的互動從律師、委託人的關係變成更像是朋友的那一刻，我感到煥然一新。華特的案子是我所經手的案件中最複雜、費時的，和他相處卻也令我自在，儘管我對於自己將他所遭受到的不公對待投入太多私人情感而備感壓力。

「老弟，大家都在聊，你是怎麼處理他們的案件。你想必過得很不平靜吧，」一次，他這麼對我說。

「嗯，每個人都需要幫助，我們只是盡其所能。」

他以一種我從未見過的詭譎表情看著我。我想，他可能不太確定自己是否要給我一些忠告——他一時無法決定。最後，他似乎決定說出自己的想法。

「唉，你知道，你不可能幫助所有的人，」他嚴肅地看著我。「如果你真這麼拚的話，根本是自殺。」他一臉擔憂地說。

我笑著答道：「我知道。」

「我的意思是，你得幫我，你可別臨陣退縮，」他笑著說。「我當然希望你有辦法和所有橫衝而來的人搏鬥，把我帶出去。必要時擊垮他們。」

「站起來對抗巨人吧，殺死野獸，跟鱷魚搏鬥……」我禁不住胡鬧著。

「是啊，順便找個墊背的，以防他們砍掉你的頭，因為就算他們除掉你，我還是需要有人幫忙。」

和華特相處的時間愈長，我愈相信他是個善良、正派且豪邁的人。他坦率地承認自己常常錯估情勢，尤其是和女人有關的事情。但是從其他各方面來看，無論是從朋友、家人或山姆．庫魯克等人口中所知，他大抵是個備受稱許的好人。我從未覺得和華特相處是浪費時間或一事無成。

在任何的死刑案例中，花時間和委託人相處是相當重要的。建立起委託人對你的信任，不只是處理複雜訴訟程序及紓解潛在死刑壓力，同時也是能否成功辯護的關鍵。委託人的生命通常取決於律師能否將委託人做出錯誤決定或暴力舉動當下的情境融入，創造出足以減輕罪行的陳述。揭露一個人原先不為人知的背景（儘管有時難以啟齒，卻至關緊要），的確需要信任感。要想知道一個人小時候曾遭受性虐待、忽視或遺棄，勢必得花上好多時間讓對方卸下心防，以及在無數次探訪中慢慢建立信任。和委託人聊他們感興趣的運動競賽、電視節目、流行文化等話題，是建立關係的適當方式，可促使工作順利進行，也是和委託人建立誠摯友誼的開始，而這便發生在我和華特之間。

——

在和華特的家人第一次見面後不久，我接到名為達奈爾·休斯頓（Darnell Houston）的年輕男子來電，他告訴我，自己可以證明華特是無辜的。他的聲音因緊張而顫抖，卻仍堅持跟我說話。他不想在電話裡交談，所以我在某個午後開車南下和他見面。他住在門羅郡郊區，他的家族從黑奴時代起便一直居住在這農業地帶。達奈爾是個真誠的年輕人，我看得出來他是經歷了一番天人交戰之後，才決定是否和我聯繫的。

我一抵達他的住處，他便出來迎接。眼前是個頂著一頭流行電棒燙鬈髮的二十幾歲黑人男性。我注意到這股讓黑髮經化學作用後，變得蓬鬆且易於變換造型的風潮正吹向門羅維爾；我看過一些男性，不分老少，驕傲地炫耀這新造型。只是達奈爾那一頭充滿活力的髮型與其擔憂的神情形成強烈對比。我們一坐下來，他便開門見山。

「史蒂文森先生，我可以證明華特．麥可米利安是無辜的。」他劈頭說道。

「真的？」

「比爾．胡克斯說謊。他們告訴我，他是導致華特．麥可米利安被關進死牢的因素之一時，我才知道原來他也涉入這個案子。一開始，我不相信比爾跟這案子有關，但後來，我發現他作證時說自己在那女孩被殺的時候正好開車經過洗衣店，根本是在說謊。」

「你怎麼知道呢？」

「我們一整天都在一起工作。去年十一月，我們兩人在NAPA[2]工作。我記得那個女孩被殺的那一天是星期六，因為救護車和警車急速往這條街上聚集，持續了三十分鐘左右。我在這鎮上工作了好幾年，從未見過這種場面。」

「容達．莫里森被殺害的那天早上，你在工作？」

「是的，我和比爾．胡克斯兩人從早上八點工作到午餐時間過後，那已經是救護車經過我們店門口之後了。我們聽到警報器響起的時間大約是十一點的時候。比爾那時和我一起在停在店裡的一輛車上工作。店裡的出入口只有一個，他一整個早上根本沒有離開。他說，他在那個女孩被殺時正好開車經過洗衣店，根本是在說謊。」

閱讀華特的審訊紀錄的過程中，最令人沮喪的事情之一，莫過於那些證人如勞夫・梅爾斯、比爾・胡克斯和喬・海陶等人的說法顯然不足以採信。他們前後不一致的證詞荒謬得可笑，完全缺乏可信度。梅爾斯的說法——華特挾持他，要他載華特到犯罪現場，然後華特在那裡下車——非但使自己成為共犯，聽起來更是不合理。而不利於麥可米利安的關鍵目擊者胡克斯的庭審紀錄則根本不具說服力及可信度，他不過是不斷重複他對警方說的那一套：自己在案發時正好開車經過洗衣店。不管別人問出什麼任何問題，他一逕地重複自己目睹華特・麥可米利安帶著一個袋子走出洗衣店，而後進入他那輛「低底盤」貨車，並由一名白人男性開車離去。他無法進一步回答切斯納（〔Chestnut〕華特家人委任的律師之一）提出的相關問題，諸如那天他還看到了什麼，或他當時在那一帶做什麼等。他只是重複，他看到麥可米利安在洗衣店裡。而正好州政府需要胡克斯這般證詞。

我計畫立刻將華特的案子上訴至阿拉巴馬州刑事上訴法院[3]（Court of Criminal Appeals），因為州政府將華特定罪的過程太過草率，以致當中存在太多足以上訴的爭議點，指向他的

2 譯註：NAPA（National Automatic Parts Association）為由全美國中小型零售業者共同組成的聯合採購組織，藉此降低成本，以與大型連鎖店對抗。

3 譯註：美國僅四州設有刑事上訴法院，分別為阿拉巴馬州、奧克拉荷馬州、田納西州和德州。

證據說服力不足，因此我希望法院可以僅基於極低的可信度便推翻判決。一旦案件採取直接上訴的途徑，便不會採用任何新證據。提出重審申請（motion for a new trial）的期限已過，那是上訴前最後列舉新事證的機會。華特的初審律師切斯納和伯恩頓曾在退庭前遞交申請，可惜凱伊法官迅速否決申請。達奈爾說，他曾向華特的前律師說過同樣的話，他們也曾依此為由提出重審申請，無奈沒有人嚴肅看待。

在死刑案件中，提交重審申請的情形很普遍，只是很少被獲准。不過，要是被告提出可能扭轉情勢的新證據，或足以挑戰審判結果的可信度時，通常會舉行聽證會。和達奈爾談完之後，我構思起重新撰寫申請書，加入他的證詞後再上訴，或許，只是或許，我們便可說服這些地方官員撤銷對華特指控。遞交申請時，我也重新評估麥可米利安先生的重審申請失敗一事，我立刻取得達奈爾證實胡克斯的證詞為假的宣示陳述書，並冒著風險和幾名當地律師討論，想知道一旦取得令人信服的新證據，新的檢察官是否會認為現有的定罪條件不足採信，並且支持重新審判。

有些人認為，門羅郡新上任的地區檢察官湯姆．查普曼（Tom Chapman）曾擔任過刑事辯護律師，會比誤判罪行、一輩子都在起訴他人的前任地區檢察官泰德．珀森更公正且有同情心。結束了珀森的長期掌控，查普曼的當選代表新時代的來臨。四十來歲的他，曾經談及促進當地執法現代化的想法。部分傳言，他深具企圖心，或許哪天會出來競選州檢察官。我也發現他曾經為凱倫・凱莉之前的訴訟辯護，意謂著他早已熟悉這起案件。我因而懷抱希望。

就在我整理案件時，達奈爾打電話到我的辦公室。

「史蒂文森先生，我需要你的幫忙。今天早上我被他們抓起來了，他們把我關進牢裡，我剛才被保釋出來。」

「什麼？」

「我問他們，我做錯了什麼，他們說因為我做偽證。」他聽起來極其惶恐。

「偽證？因為你一年前對麥可米利安先生的律師說的那些話？在我們取得你的陳述書之後，他們曾過來採訪你或跟你說過話嗎？如果你從他們口中接獲什麼消息，你應該要讓我知道。」

「沒有，我沒有獲得任何資訊，他們直接過來逮捕我，說我因為偽證罪被起訴了。」

掛電話後，我不僅震驚，更是滿腔怒火。未經任何調查，也未持有相當的罪證足以證明陳述書所指的內容是錯的便起訴他人做偽證，這簡直前所未聞。顯然警方以及檢察官得知達奈爾與我們有過聯繫，決定給他一記教訓。

幾天後，我和新上任的地區檢察官約定開會。

前往他辦公室的路上，我下定決心，與其憤怒地抱怨怎麼可以只因為一個人和州政府的證人說詞衝突便起訴他做偽證，不如給他一個解釋的機會。我決定等開會結束之後，再填寫申請單。這是我第一次因為華特的起訴案與他人開會，我並不想以憤怒的指責為開場白。我讓自己相信那些起訴華特的人只是被誤導或未善盡職責，而我也明白其中一些人相當偏執且濫用職權，但我仍懷抱希望，也許他們會改變想法。起訴達奈爾是個相當令人憂心的警訊，意謂著他們將不惜威脅或恐嚇民眾。

門羅郡的法院位於門羅維爾市區的中心地帶，我開車進城、停好車，走進法院尋找地區檢察官的辦公室。一個月前專程前來這間法院時，我曾到行政辦公室索取資料，承辦人員問我從哪裡來，當我回答蒙哥馬利時，他們開啟了一個關於門羅維爾最為著名的話題：哈波．李及其知名小說。至今我仍記得承辦人員和我閒聊的景象。

「你讀過那本書嗎？非常精采的故事。這地方很出名。他們把舊法院設為博物館，電影拍攝期間，葛雷哥萊．畢克還來過這裡。你應該去那裡看看，站在畢克先生，啊，我說的是芬奇．阿提克斯，他站過的地方。」

她興奮地咯咯笑了起來，雖然我猜想，她應該對每一個踏進門來的外地律師都說同樣的話。她繼續興致高昂地說著故事，直到我承諾會盡快造訪博物館。我按捺住不對她解釋，我正在為一名無辜的黑人男性因種族偏見而被整個社會起訴且將面臨死刑而忙碌奔波著。

在這趟路途中，我將自己放進截然不同的情境裡思考。上一次同樣這麼令我投入的事是一則關於正義的虛構故事。我走遍法庭，好不容易找到地區檢察官辦公室。我向祕書表明身分，她在我走進查普曼的辦公室之前逕自狐疑地盯著我。不久，查普曼走來和我握手。

查普曼一開頭便說：「史蒂文森先生，很多人都想見你，我告訴他們你會過來，但我決定單獨和你談。」人們對於華特的新律師多所關注且議論紛紛一事，我並不意外。在華特居住的社區，我和太多人談過，很清楚人們討論起我在華特的案件上所付出的努力。我猜想，凱伊法官已經將我描述成一個誤導事實、配合度極差的人，只因我不輕易對由他主導的案件妥協。

查普曼的體型中等、一頭鬈髮、戴著眼鏡，看似全然不介意自己猶如埋首書堆中的書呆子。我見識過一些打扮得更像是要去獵鴨子而非經營律師事務所的法律人，但眼前的查普曼專業且得體，朝我走來時，更顯其和藹的風度。我思忖著他會馬上提出其他執法人員的擔憂，他卻是希望我們能別受到外界干擾也無須拐彎抹角的展開公平對話。

「我直說吧，我很謝謝你，」我說。「我非常關心麥可米利安的案子，我讀了審訊紀錄，老實說，我嚴重懷疑他的判刑和定罪的可信度。」

「嗯，這的確是個大案子，毋庸置疑。你應該很清楚，我沒有參與任何起訴的過程吧？」

「是的，我知道。」

「這是門羅郡史上最犯眾怒的罪行之一，而你的當事人激怒了這裡的民眾。人們的火氣未消啊，史蒂文森先生。發生在華特・麥可米利安身上的事還不算是最糟的了。」

這是個令人失望的開場，他看起來完全相信華特有罪。但我仍不放棄。

「我知道，這是一起粗暴、悲傷的案件，我可以理解人們的憤怒，」我答道，「但找個錯誤的人來定罪並不代表案件偵破。麥可米利安先生是否做錯什麼事，必須透過審判來界定。若審判不公，或是證人提供的證詞造假，我們便無法判斷他是否有罪。」

「嗯，我想你應該是唯一一個覺得審判不公的人。而如我先前所強調的，我並未參與這起案件的起訴過程。」

我感到沮喪，查普曼大概也看出我坐立難安。我想起那幾十個向我吐露華特起訴一事之苦的黑人，而我漸漸感覺到，查普曼要不是過度天真，便是刻意冷漠，或是更糟糕的心態。我嘗試不讓自己的失落表露出來，卻只是徒然。

「查普曼先生，我絕非唯一質疑這起案件的人。華特・麥可米利安居住的社區中，有一些人聲稱在案發同時和他待在一起，那距離犯罪現場好幾哩遠，他們也相信他是無辜的。和他共事過的人也證實，華特沒有犯下這起案件。」

「我跟其中一些人聊過了，」查普曼回覆道，「而他們只提得出訊息不完整的意見。他們沒有事證。看吧，我可以告訴你，現在沒有人在乎誰睡了凱倫・凱莉。證據一逕指向華特・麥可米利安是這樁謀殺案的凶手，而我的職責便是捍衛這項定罪事實。」他不自覺的爭論了起來，且愈來愈大聲。他最一開始給予我的沉穩、追求真相的形象，此刻逐漸轉而為憤怒、噁心。

「你因為一個人的說法與州法院採信的版本之間衝突，便控告他做偽證，那麼，你是不是應該要起訴挑戰這個案子現有證據的每一個人？」

我的聲調正以我最想避免的方式提高，但我完全被他的態度所激怒。「阿拉巴馬州判例法（case law）清楚規範，在沒有明確且具信服力的證據證明陳述為假之前，不得控告偽證罪，」我繼續說下去，「以偽證罪起訴他，看似設計來恐嚇並反對人民舉出和州政府採信的版本有所衝突的證據。指控休斯頓先生這件事真的非常不合理，查普曼先生，這在法律上更是站不住腳。」

我知道我說教的態度令他相當不悅，但我只是想讓他知道，我們會以嚴謹的態度為華特辯護。

「所以你現在也是達奈爾．休斯頓的委任律師了嗎？」

「是的，我是。」

「是啊，史蒂文森先生，我不確定你可以這麼做。這麼做的話會有所衝突，」他說，隨即由一名好辯者轉而溫和陳述事實。「但是別擔心，我可能會撤銷對休斯頓的偽證指控。法官已經否決你重審這起案件的申請。我根本不想指控達奈爾．休斯頓。我只是想讓人們知道，一旦對這起案件做出錯誤陳述的話，就有義務承擔責任。」

我深感不解且震驚。

「你說什麼?重審申請被否決了?」

「是的，法官已經否決申請，你想必還沒收到他的命令。他人在莫比爾，可能是信件遞送有時間差。」

我試著壓抑自己對於法院連一場聽證會都沒舉辦便做出裁決的震驚感受，我問他：

「所以你沒有興趣調查達奈爾·休斯頓所說的，州政府的主要證人說謊的可能性?」

「勞夫·梅爾斯是州政府的主要證人。」

顯然查普曼比他一開始聲稱的更了解這起案件。

「如果沒有胡克斯的證詞，這項起訴就不會生效，」我冷靜說明。「根據州政府的說法，梅爾斯是共犯，而根據本州的法律要求，確認共犯證詞的真偽是必要步驟，如今卻是胡克斯說了算。休斯頓先生指出，胡克斯在說謊，這便足以讓他的證詞成為重要關鍵，所以應該召開聽證會。」

我知道我是對的。在這個議題上，法律規範地清清楚楚。但是我也清楚，我正在對一個毫不在乎法律規範的人說話。我知道我所說的話無法說服查普曼改變心意，但我覺得，我無論如何都有必要說。

查普曼站了起來，我察覺到他對我的說教以及提出的法律爭辯感到厭煩，我也很確定他認定我過度堅持。「史蒂文森先生，聽起來你好像打算提出上訴，你可以轉告休斯頓先生，對他的控告已經撤銷，我能為你們做的就這麼多了，而且僅止於此。」

他的語氣輕蔑，接著轉過身背對我，藉此表達會面結束了，眼下他巴不得我馬上離開辦公室。

走出他的辦公室時，我感到極度沮喪。查普曼並非不友善或充滿敵意，只是他對麥可米利安宣稱自己無辜一事漠不關心的態度，讓我很難接受。閱讀審訊紀錄，使我知道有些人傾向忽略掉一些能將一個人定罪的證據、邏輯和常識，藉此安撫大眾案件已經偵破，凶手也受到制裁。然而實際與別人面對面談論這個案件，目睹這些不理性的思維是如何使華特的案件陷入囹圄時，實在令人更加難以接受。

查普曼沒有起訴這起案件，而我也曾冀望他不會想要力挺這麼不可信的說詞，但顯然他和其他人一樣，被侷限在這般荒謬的敘述架構裡。過去我也看過許多濫用職權的例子，但在這個案件尤其令人煩憂，因為受害的不止是單一被告人，還有整個社區。我為此填寫大量申請書，只是要讓他們知道，要是他們不撤銷告訴的話，我們會迎擊回去。穿越長廊，走向停車處時，我瞥見另一張關於下一部《梅岡城故事》作品的傳單，這又一次助長了我的怒火。

達奈爾被保釋出來後一直待在家裡，我順道去一趟他家，和他討論我與地區檢察官會面的事。他驚訝於針對自己的指控已經撤銷，但他仍然被這整起事件驚嚇到了。我解釋，州政府對他做的事違法，我們可以對他們提出民事訴訟，但他無意這麼做。我也不是很確定提出民事訴訟是否為好主意，因為這也可能只會讓他陷入更多麻煩所造成的傷害中，我只是不希望他以為我沒有意願為他的行為挺身而出。

「史蒂文森先生，我想要做的事就只是說出真相，我不想被關進去，而我也很誠實——儘管那些混蛋恐嚇我。」

「我知道，我只是想要你明白，他們的所作所為違法，而你沒有做錯任何事。他們的行為非常、非常地不當，他們居然想要威脅你。」

「嗯，且他們目的達到了。我告訴你的都是事實，我也會堅持，但我也不想一直被這些混蛋糾纏。」

「法官否決了我們的重審申請，所以你也不需要作證或上法院了。如果你跟他們之間有任何問題，或者他們來跟你說些什麼，記得讓我知道。你可以對別人說，我是你的律師，請他們來找我，好嗎？」

「好的，但這就代表你是我的律師嗎？」

「是的，如果任何人因為你揭露的事情而生事端的話，我會當你的律師代表。」他看起來稍微放心了一些，但在我離去時仍顯不安。

回到車內，隨思緒沉澱，我意識到，任何人只要想對這起案件伸出援手，便會受到威脅，這將使得證明華特清白一事變得更加困難。如果他的案件沒有在直接上訴時便被推翻，我們之後仍有機會提出定罪後申請（post-conviction petition），只是我們需要新證據、新證人及新事實以證明華特的清白。從達奈爾的經驗看來，這顯然極具挑戰性。我決定暫且放下，先將注意力放在訴願。由於（對起訴案的）重新審議遭到否決，撰寫訴願理由書（appeal brief）的時間剩下二十八天。我甚至不確定從法官裁決的時間算起，究竟有多少時間流逝了，因為我尚未收到法院的命令通知。

我帶著沮喪和擔憂的心情回到家裡。從門羅維爾駛向蒙哥馬利的路上，我習慣看著鄉野的農地、棉花田以及山丘起伏的地景，想像幾十年前的人生活在這裡的景象。但這一次我完全沒有心思。達奈爾的絕望，以及他理解到那些人可以肆無忌憚地對他做出任何事的現實令人萬般失落。我所目睹的，單純是法律的無保障、不負責任與令人感到羞恥的面向。因為一個人有著可信的證據而站出來挑戰一件已定罪的死刑案件便逮捕他？我愈想愈迷惘、也愈憤怒，卻也發人深思。如果他們因為一個人所說的話對案件造成困擾而逮捕他，那麼如果我更進一步挑戰他們，他們會採取什麼行動？

離開鎮上後，我望著太陽緩緩落下，黑暗如幾世紀以來依循的方式籠罩整片大地。所有人應該都回到家了吧，有些人回到舒適的家中，因為那是他們大可放鬆、安全且值得驕傲的社區；有些人，如達奈爾和華特的家人，則是回到沒那麼舒適的家，無法全然放鬆，也不太因所居住的社區而感到自豪。對他們來說，伴隨夜色而來的，是習以為常的不安定感、充滿不確定的沉重警惕感，以及和這座城市的歷史一樣悠久恐懼感。這般不舒適由來已久，從未間斷，以至於有太多值得商榷之處，但也因為太過沉重、艱難，以至於我們幾乎將它遺忘。我盡可能地快速駛離這個地方。

Just Mercy

CHAPTER

6

注定失敗

SURELY DOOMED

「他只是個孩子啊。」

時間很晚了，辦公室沒有其他人在，我只好在所有人都下班後接起電話；這已漸漸變成不好的習慣。電話另一端的老婦人以真誠的語氣訴說孫子因謀殺罪而被關進牢裡的事後，懇求我為那孩子辯護。

「他被關在牢裡兩個晚上了，我沒有辦法去看他。我在維吉尼亞州，身體很不好，請答應我，你會幫忙。」

在回答她之前，我遲疑了一下。世界上會判孩童死刑的國家屈指可數，而美國便是其中之一。在我的當事人中，諸多被控有罪而進死牢的人，在當時不過十六、十七歲。許多州的法律更是以視孩童為成人起訴的方向來修訂，以致我的委託人愈來愈年輕。阿拉巴馬州青少年遭判死刑的比例高於其他州別[1]，甚至高於世界上任何一個國家。為了處理應接不暇的工作量，我決定往後向我們尋求協助的新案件中，只接受面臨死刑執行或被正式宣判死刑而關進死牢的案件。

這名老婦告訴我，她的孫子不過十四歲。就在一九八九年，最高法院維持得以對青少年判處死刑的法律[2]，而在此前一年，該法院才剛宣告不得對十五歲以下的孩童判處死刑。不管這個孩子即將面對什麼，他都不該被送進死牢裡。這名女士的孫子或許會面臨不得假釋的終身監禁判決，但考量到我們那難以負荷的死刑案件量，我實在找不到理由承接這起案件。

就在我思索著該如何回覆這名婦人的請求時，只聽見她快速輕聲地說：「主啊，請幫幫我們吧，請引導這位先生，保護我們遠離任何非祢所望的選擇。幫我找到合適的話語，主啊。請告訴我該說些什麼，主啊——」

我不想打斷她的禱告，所以我等著她禱告結束。

「這位女士，我不能承接這起案件，但是我明天會開車南下，到獄中見你的孫子一面。到時，我再看看我能做些什麼。我們可能無法代表他，但至少我先釐清發生了什麼事，或許我們可以幫妳找到一名可以協助你們的律師。」

「史蒂文森先生，真是非常感激你。」

我疲累不堪，既有的案件量壓得我喘不過氣來。而對於接觸到青少年案件的每個人而言，尤其得承受更沉重的情緒負擔。但由於我原定前往男孩被關押的城市附近的法院一趟，去看看這個孩子也只是順道罷了。

隔天一早，我開了一個多小時的車到該城。到了法院，我查看檔案，只見一份冗長的事件報告。由於我代表家屬調查案件，法院工作人員讓我閱讀這份檔案，即便她不願影印一份給我或攜出辦公室，畢竟案件涉及未成年者。這間辦公室格局很小，卻也不特別繁忙，於是，我便坐在一處侷促角落的鐵椅上讀起供述，大多內容與祖母告訴我的相吻合。

十四歲的查理體重不及四十五公斤，約莫一百五十公分高。他過去沒有任何犯罪紀錄：從未被逮捕、在學校也沒有行為不當的紀錄、沒有過違法行為或出庭紀錄，更遑論他還是個拿過多次全勤獎的好學生。他向來聽話，是母親口中「很棒的孩子」。未想，查理卻供稱自己射殺了一名叫喬治的男人。

喬治是查理的母親的男友。她曾形容這段關係是個「錯誤」。喬治經常醉醺醺地回到家且暴力相向。一年內所發生的三次嚴重暴力事件積累成那個晚上的槍殺事件，而每一次喬治無不殘忍的將查理的母親打到急需送醫治療。她從未打算離開喬治或讓喬治離開，儘管她曾告訴友人，她很清楚自己應該離開他。

查理開槍的那一夜，喬治同樣喝得爛醉後回到家裡。當時查理和母親正在玩牌。他一進門便怒吼：「你們人在哪？」查理的母親循聲來到廚房，並讓他知道，他們在家裡玩牌。同一天傍晚，他們曾有過爭執，起因是她求喬治不要出門，唯恐他又醉醺醺地回家。所以一見到他渾身酒氣地站在那裡時，她怒視著他。他看著她鄙視又厭惡的神情，才不過轉瞬間，便出拳重重打在她的臉上。她沒料到他這麼快就動手或出手如此猛烈——他以前從不曾如此過分。一陣猛烈的毒打之後，她倒了下去。

當時查理站在母親身後，目睹她倒下之際，頭部砰地撞到金屬製的流理台。喬治見到站在那裡的查理，冷冷怒視他一眼，隨後滿不在乎地走過他身旁，徑直往房裡去，接著查理聽到他倒在床上時發出的巨大聲響。查理的母親倒在地板上，失去意識且血流不止。他跪在母親身旁，試圖幫她止血。她的臉上流著一些血，是自腦後一道可怕的切口處汩汩淌出。查理焦急地想喚醒母親。他忍不住哭了起來，無助的問該怎麼辦。他站起身，放幾張廚房紙巾在母親頭部底下，仍無法止血。他覺得抹布可能比較有用，於是瘋狂地尋找布巾，隨後看到抹布包覆在瓦斯爐上的鍋子上。母親煮了米豆當晚餐，那是他最愛吃的。他們一起吃完晚餐後，便玩他起最喜歡的紙牌遊戲皮納克爾（pinochle）。

查理抽出廚房紙巾並放下抹布，看到母親又流出大量鮮血，他再次驚慌失措。他覺得她好像沒了呼吸，他只能靜靜地祈禱母親趕快醒過來。他想到應該打電話叫救護車，可是電話在喬治睡覺的臥房裡。喬治沒有揍過查理，但經常以言語恐嚇他。從小，一旦查理感到害怕或焦急時，便會不住地驚慌顫抖。鼻血亦會伴隨著顫動的身體而流下。

他癱坐在廚房地板上，四處淨是鮮血。查理感覺自己顫抖了起來，不到幾秒鐘，鼻血從他的鼻子緩緩流淌而下。以前，母親總會連忙為他止血，只是眼下她倒在地板上，毫無動靜。他擦去鼻子上的血，專注地思考自己該怎麼應對。好不容易，他不再顫抖。母親動也不動地將近十五分鐘，屋內鴉雀無聲，只聽聞喬治沉重的呼吸自另一個房間傳來；不久，便傳來他打鼾的聲音。

查理輕撫母親的頭髮，深切地希望她能睜開眼睛。從她頭部流出的鮮血已經浸透抹布，蔓延到查理的牛仔褲上。查理覺得，母親可能快要死掉了，甚至可能已經死了。他必須叫救護車。他站了起來，內心焦急萬分，忐忑地走進臥房。他看見沉睡的喬治，對眼前這個男人突然湧起一股恨意。他從沒喜歡過他，也不明白為何母親要他和他們住在一起。喬治也不喜歡查理；很少對他表達友善。即便是在沒有喝醉的情況下，喬治也總是一副氣沖沖的樣子。母親曾對查理說，喬治也有貼心的一面，只是查理從未見過。查理知道喬治的第一任妻子和孩子在一場車禍意外中喪生，她說，這是喬治之所以一直喝酒的原因。喬治和他們同住的十八個月以來，對查理來說，除了有暴力、大聲爭吵、推推撞撞、威脅和混亂，沒有其他了。母親不再像以往那樣開心地笑；她變得緊張、神經質，而現在，他覺得倒在地板上的她已經死了。

查理背靠著牆走進臥室裡的衣櫃上拿電話。一年前，他曾經在喬治對母親施暴後打給九一一，只是當時是由母親指引他該怎麼做以及該說些什麼。就在他一伸手便可碰到電話時，他不知道自己為什麼不直接拿起話筒。他無法解釋自己為何打開衣櫃的抽屜，把手伸進一疊母親清洗乾淨的白色上衣堆裡，摸索著喬治藏在裡面的手槍。他在一件衣服上找到手槍，而這正是別人送給喬治的奧本大學T恤，當時喬治還說，可以送給查理。這件衣服對喬治來說太小，查理穿上去又顯得太大，查理卻還是開心地收下；這是喬治極難得釋出的善意。這一次，他沒像過往一樣因為害怕而收手。他取出那把槍。雖然他從來沒有開槍過，但他知道自己做得到。

喬治的鼾聲非常有規律性。

查理走到床邊，伸長手臂，持槍指向喬治的腦袋。查理在他身旁徘徊之際，鼾聲停止了，整個房間異常安靜。就在這一刻，查理扣動扳機。

子彈射出的聲響比查理預期的大很多，猛烈射擊產生的後座力迫使查理後退了一步，且由於重心不穩而差點跌倒。他看著喬治，然後用力閉上眼睛；太可怕了。他感覺得到自己又顫抖了起來，與此同時，他聽見母親在廚房裡呻吟。他不敢相信她居然還活著，於是跑向電話撥了九一一，然後坐在母親身邊直到警方抵達。

了解前因後果後，我樂觀的認為，他們不會將查理視為成人起訴。我繼續讀著初次出庭的文件資料，檢察官對於查理和他母親的陳述並沒有什麼異議。直到我發現，原來喬治是當地員警，檢察官寫了冗長論點詳述喬治的優點以及他的離去使當地人有多痛心。「喬治是令人尊敬的執法人員，」檢察官為其辯護。「這對整個地區來說，是極大的損失，更是一場悲劇，一名好人就這樣被這年輕人無情殺害。」檢察官堅持將查理視為成年人審刑，並且宣稱，他會試著在法律範圍內盡可能從重量刑。法官同意將這起案件視為蓄意謀殺，認為要將這男孩視為成年人對待。很快地，查理被送進郡立成人監所裡。

這座小型郡立監所和法院僅隔一條馬路，如同許多美國南方的社區，法院的所在地標示出城鎮中心廣場的所在地。我走出法院，穿越馬路去見那名男孩。獄警顯然並未見過太多外地來的律師請求的法律探訪。在進入監所前，我坐在狹小的律師會面室等候查理，值班員警徑直狐疑地打量我。從閱讀完資料起，我一直想著這起案件有多悲慘，而這些悲傷的想法在一名孩子被推進探訪室時被橫生打斷。眼前的男孩看起來太過瘦小、太過膽怯，全然不若十四歲的孩子。我看向獄警，他彷彿理解我在看到這孩子的瘦弱及懼怕樣貌時的驚訝反應。我請他們卸下手銬，有時候在這類監所裡，獄警會拒絕移除受刑人身上的束縛，並反駁這不安全或辯稱他們不被允許在法律探訪時這麼做。他們擔心萬一受刑人情緒太過激動或是出現暴力行為，少了手銬腳鐐的他或她，會更難以制伏。

而這名獄警毫不遲疑，在離開採訪室前便將手銬從這孩子身上卸下來。

我們坐在一張長寬各四乘六呎的木製桌子前，查理和我分別坐在桌子的兩端，他被關進來已經三天了。

「查理，我叫布萊恩，你的祖母打電話給我，問我是不是可以來看看你。我是律師，專門幫助那些有麻煩或被指控的人，我很樂意幫助你。」

這名男孩完全不看我。他雖然瘦小，卻有雙美麗澄澈的大眼，留著小男孩常見的平頭，因為這種髮型不需特別整理，只是這讓他看起來又比實際年齡更小了。我以為我看到他的脖子上有刺青或記號，仔細一瞧，才發現那是瘀青。

「查理，你還好嗎？」

他緊張地直盯著我左後方的牆壁，彷彿那裡有什麼一樣。他抽離的神情實在太不尋常，我忍不住轉頭確認背後是否有什麼特別的，卻只見一面空無一物的牆壁。那迷失的臉龐、流露出的悲傷，以及出神的表現，全然符合我曾經接觸過的青少年，這總算讓我相信他已經十四歲了。我枯坐等了好長一段時間，希望他能給我一些回饋，但周圍依舊一片靜默。他盯著牆面，然後低頭看向自己的手腕，並用右手扣住左手手腕，揉揉那被金屬手銬壓出來的痕跡。

「查理，我只是想要確定你的狀態是否還好，所以我需要你回答幾個問題，好嗎？」

我知道他聽見了，每當我說話時，他會抬起頭，把目光重新聚焦在牆上的某處。

「查理，如果我是你的話，我想我現在會非常害怕、擔心，但我也會想要有人來幫我。我很樂意幫你，你知道吧？」我等著他的回應，卻只是落空。

「查理，你可以說話嗎？你還好嗎？」我說話時，他一逕地盯著牆面，我說完後，他會再看看自己的手腕，並未吐露半字。

「我們不用談喬治。我們也不需談發生了什麼事；我們可以只是聊聊任何你想談的。有沒有什麼事是你想說的？」在每個問題之間，我等待的時間愈來愈長，深切地希望他會說些什麼，但他只是沉默。

「你想不想談談你母親？她會好起來的。雖然她不能來探望你，但我確認過了。她會好起來的。她非常擔心你。」

我以為，談談母親或許會讓他的眼神流露出些許活力。可惜事與願違，我愈來愈擔心這個孩子。

我注意到查理的座位旁有另一張椅子，這才意識到，我坐錯了，我坐的這張椅子，應該是查理的座位才對。

我放低音量，用更溫和的口吻說：「查理，跟我說些話吧，你不說的話，我沒辦法幫你。你可以說說自己的名字之類的——說些話，好嗎？」他只是繼續瞅著牆面，等待一陣子後，我起身繞向桌子。即便如此，他也沒有看我，至多又把目光放回手腕上。我在他身旁的椅子上坐下，傾身接近他，輕聲地說：「查理，如果你覺得很難過，我很抱歉，但至少跟我說說話吧。如果你不和我說話，我就沒有辦法幫你。」他總算將身體往後靠向椅背，頭幾乎抵在我們背後的牆上。我把自己的椅子拉近他，也像他一樣往後靠。我們安安靜靜地坐在那裡好一段時間，然後我說起一些愚蠢至極的話，因為我實在不知道能做些什麼。

「我想，這樣吧，既然你不想告訴我，你在想什麼，不如我來告訴你，我在想什麼。我敢打賭，你一定覺得自己知道我在想什麼。」我漫不經心地說著。「但事實上，我覺得你真的想像不到。你也許會認為，我一心想著法條，或是法官、警察，或是『為什麼這個年輕人不跟我說話呢』。但其實我腦中只有食物，哈哈哈，是的，查理，就是這樣。」我繼續開玩笑，「我想著炸雞、甘藍菜佐火雞肉、地瓜餅乾……你吃過地瓜餅乾嗎？」

沒有回應。

「你可能從來沒吃過，這真是太可惜了。」

還是沒有回應，我繼續說下去。

「我在想，是不是要換一輛新車了，我的車太破舊了。」我等了一下，沒有回應。「查理，你不是應該問：『布萊恩，你的車有多破舊？』然後我會回答，是啊，我的車真的很舊了——」

從未展露笑容或是回應的他，仍盯著牆面，悲傷表情凍結在臉上。

「你覺得我應該買什麼樣的車？」我繼續著一連串愚蠢的自我剖析，卻未能導引查理說出一句話。他的身體依舊往後靠，看起來稍微放鬆了一些。我留意到，我們的肩膀靠在一起。

過一陣子，我再試問一次：「查理，告訴我怎麼了？跟我說吧，孩子。」我半開玩笑地傾身向他，直到他往前挪坐了一點，然後我終於感覺到他略微往後靠向我的肩膀，我乘勢伸出手臂搭在他肩上。他的身體隨即顫抖了起來。在還沒完全靠向我開始哭泣之前，他顫抖得非常劇烈。我把自己的頭靠向他的頭，說：「沒關係，一切都會好的。」抽泣著的他終於開口了。過沒多久，我便意會到他說的並不是和喬治有關的事，也不是說母親的事，而是監所裡發生的事。

「有三個男的在第一天晚上傷害我。他們撫摸我，叫我做。」他淚流滿面，聲音由於痛苦而顯得尖銳且過度緊張。

「第二天晚上，他們又來了，更用力地傷害我，」隨著吐出的每一個字，他愈加歇斯底里，終於他第一次注視著我。

「昨天晚上，有好多好多人，我不知道到底有多少人，但他們傷害我……」

他痛哭失聲以致無法把話好好說完。他使勁地抓住我的外套，我完全沒料想到他的力氣居然這麼大。

我抱著他，盡可能柔聲對他說：「會好轉的，一切都會好轉的。」我擁抱過的人當中，沒有人像這孩子一樣把我抓得這麼緊，也沒有人在我懷中哭得這麼慘烈、這麼久，彷彿淚水流不盡一般。他哭累了，隨後再次痛哭。我決定抱著他，直到他平復情緒為止。將近一個小時過後，他慢慢恢復平靜，不再哭泣。我承諾他，會立刻把他從這裡帶出去。他求我不要離開他，我再三向他保證，我當天一定會回來。我們完全沒有討論到案件。

離開監所那一刻，比起難過，我心中愈發強烈的情緒是憤怒。我不斷反問自己：「誰該為此負責？我們怎麼會縱容這種事情發生？」我直接前往監所裡的典獄長辦公室，對著那名身形過胖的中年男子轉述了男孩告訴我的事。我堅持，他們必須立刻將他安置在單人囚室。典獄長聽著我說話時面露不耐，但當我提及我要去見法官時，他當下同意立刻將那孩子安置在安全的地方。我再度穿越街道前往法院，並找到法官。他致電檢察官。檢察官抵達法官辦公室，我告訴他們，那孩子遭受性虐待及強暴，他們允諾幾個小時內會將他移送至鄰近的少年觀護所。

我決定接下這個案件。我們最後終於讓查理的案件移轉至少年法庭[1]，在這裡，裁決將視此次槍擊案為少年犯罪。這意謂著查理不會被送進成人監獄，而且很有可能在他十八歲以前便出獄，也就是幾年之後。我不時去探視查理，他也逐漸好轉。他是個聰明、敏感的孩子，深受自己做過的事以及經歷過的事所折磨。

幾個月後，我在一座教堂裡演講時談到查理以及其他被關押的孩子的困境。演講結束後，一對年邁的夫婦走向前來，堅持要幫助查理。我向來極力勸阻這些認為自己幫得上忙的好心人士，但我仍給了名片，告訴他們隨時可以和我聯繫。我並不期待接到他們的電話，沒想到幾天後，他們打電話來，且態度依舊堅定。最後，我同意他們寫信給查理，只是必須請他們把信寄給我，我再轉交給他。幾個星期後，我收到信，讀過之後，令人難忘。

詹寧斯（Jennings）夫婦是一對七十五歲左右的白人夫婦，住在伯明罕東北部的小型社區裡。他們在當地的聯合衛理教會（United Methodist church）相當活躍，向來慷慨、好心。他們從未缺席主日崇拜（Sunday service）的活動，而且特別關注身陷危機的孩子。他們談吐溫和，臉上總是盈滿笑容，態度非常真誠且富同情心。他們感情甚篤，經常可見他們握著彼此的手、肩靠著肩。一身農家打扮的他們擁有十畝地，平時種植蔬果，過著簡單的日子。未料，他們拉拔長大的唯一一個孫子在十幾歲時自殺身亡，從那時起，他們沒有一天不為他感到難過。儘管他們的孫子在短暫的生命裡飽受精神疾病折磨，但是他相當聰明，他們為他存了一筆錢供他未來上大學。他們在信裡解釋，希望能將這筆錢用來幫助查理。

1 譯註：在美國，少年法庭對違法犯罪、不能獨立生活和無人照管的未成年人有特別管轄權。

不久後，查理和這對夫婦開始通信，直到詹寧斯夫婦實際前往少年觀護所探視查理。他們後來告訴我，他們「一見到他就很喜歡他」。查理的祖母在她第一次打電話給我的幾個月後過世了，而他的母親則在這起槍擊悲劇以及查理被監禁後，依然過著困苦的生活。在見到詹寧斯夫婦之前，查理一直很擔憂，他覺得他們可能會不喜歡他，但後來他告訴我，他們很關心他，這令他感到安心。詹寧斯夫婦如同他的家人一般。

先前，我曾試著提醒詹寧斯夫婦，不要對出獄後的查理抱持過度期望。「你們也知道，他經歷過太多事，我不確定他能否好好過日子，當作一切都沒發生過。我希望你們了解，他或許無法每一件事都達到你們的要求。」

對於我的警告，他們完全無法認同。詹寧斯太太極少表露不快或與人爭論，但我早已明白，當別人說了些她不能接受的話，她會不自覺嘟噥起來。她對我說：「布萊恩，我們都經歷過許多事情，每一個人都是。我也理解，有些人就是得比別人經歷更多。但如果我們不對彼此抱持多一點的期待，如果我們不願期許對方能變得更好，並從傷害中復原，我們無疑注定是失敗了。」

透過詹寧斯夫婦的協助，查理在觀護所內取得同等學力證明，他們也堅持資助他直到完成大學教育。查理獲釋時，他們和他的母親一起去迎接他，而後帶他回家。

Just Mercy
CHAPTER
7
被剝奪的正義
JUSTICE DENIED

華特的上訴被否決了。

阿拉巴馬州刑事法院的七十頁判決書對他的定罪及與死刑維持原判，對我們是相當重大的打擊。我遞交了一份篇幅相當長的訴訟摘要，列舉證據不足的理由，也提出我在審判中所發現的每一項法律缺陷，我認為梅爾斯的證詞不存在足以信賴的佐證。根據阿拉巴馬州法律，不能僅倚靠共犯的證詞定罪，我認為這起案件存有一些問題，像是控告方的行為不當、陪審團的遴選帶有種族歧視，以及審判場地的不當更改。我甚至對羅伯特・李・凱伊法官駁回陪審團的終身監禁決議提出質疑，儘管我知道把一名無辜男性的刑責從死刑減輕為不得假釋的終身監禁，仍屬嚴重的判決失當（miscarriage of justice）。法院否決了我提出的所有論點。

我沒想過會演變成這般局面。口頭辯論的幾個月前，我走進氣勢恢弘的阿拉巴馬州司法大廈，站在過去曾是蘇格蘭共濟會聖殿的上訴法庭前，對一切滿懷希望。這棟建築物興建於一九二〇年代，於一九四〇年代翻修，以滿布許多孔洞的新造型亮相，搭配大理石地板及令人印象深刻的圓形穹頂。它座落於蒙哥馬利的德克斯特大街（Dexter Avenue）上，與富有歷史意義的德克斯特大街浸信會教堂（Dexter Avenue Baptist Church）只隔著一條街，也就是馬丁・路德・金恩博士擔任牧師時，發起蒙哥馬利公車罷乘運動（Montgomery Bus Boycott）之處。一個街區之外就是掛有三面旗幟的州政廳，分別是美國國旗、紅白色的阿拉巴馬州州旗與美利堅聯盟國的邦聯戰旗。

阿拉巴馬州刑事法院的法庭位於二樓，首席法官是前州長約翰・派特森（John Patterson），他曾於一九六〇年代因反對公民權及種族融合躍上全國媒體版面。一九五八年，他仗著三K黨的勢力打敗喬治・華勒斯當上州長，對於種族隔離的主張，他比華勒斯更激進。（而後華勒斯吸取教訓，成為美國最出名的種族隔離派人士，他於一九六三年高呼「現在隔離，明天隔離，永遠隔離」的地點，與法院僅相隔一個街區。）派特森尚未當上州長之前，擔任總檢察長的他曾禁止全國有色人種協進會（NAACP）在阿拉巴馬州活動，阻撓塔斯基吉（Tuskegee）與蒙哥馬利的公民權抵制與抗議活動；當上州長之後，他拒絕為自由乘車者（Freedom Riders）提供警力支援，自由乘車者是由黑人及白人大學生與社運分子組成的組織，他們在一九六〇年代早期周遊南部各地，倡導新的聯邦法律應該停止公共場所的種族隔離，當他們的巴士經過阿拉巴馬州時，因警方坐壁上觀，孤立無援的他們遭到暴行，巴士也被炸毀。

我依然告訴自己不能絕望，畢竟這些都是陳年往事了，在辯論的過程中，法院的五名法官相當好奇地看著我，卻極少提出問題。我把他們的沉默視為一種認同，希望他們看到支持定罪的證據如此匱乏後，會認為沒什麼需要討論的。在口頭辯論結束前，派特森法官提出他唯一的問題，他的語速緩慢但字句鏗鏘，空曠的法庭裡回音繚繞。

「你從哪裡來的？」

我沒想到會是這樣的問題，回答前遲疑了一下。

「報告庭上，我住在蒙哥馬利。」

是我太天真了，還建議麥可米利安的家人可以略過這場口頭辯論，因為理解這些議題的門檻相當高，而且針對事實的討論也不會太多。況且，想現身力挺還得放下手邊的工作，開長途車到蒙哥馬利參加大清早的辯論，而兩造都只有三十分鐘時間可以發言。我以為這不需要太多人費時耗神。辯論完坐下後，我對自己的決定感到後悔。倘若法庭上有一些聲援者就好了，他們可以用良善而真實的表情提醒法院這個案例特殊性，但現場並沒有人擔任這樣的角色。

一名助理總檢察長提出州政府方的意見——死刑的上訴是由總檢察長而非地區檢察官

負責。公訴方的律師於辯論時提到，這是一般的蓄意謀殺案件，死刑的判決相當合理。隨著口頭辯論的進行，我仍懷抱希望，認為法院會因現有罪證明顯不足以支持原判決，翻轉定罪與審判結果。州法律規定，在謀殺案件中，除了共犯提供的證詞之外，還需要可信的佐證。顯然華特的案件沒有任何佐證。我相信法院在證據如此缺乏的情況下，讓一項罪行成立會非常掙扎。我錯了。

我驅車前往監獄告知華特這個消息。解釋狀況時他不發一語，臉上露出不熟悉的絕望神情。我曾試圖讓他做好心理準備，翻轉案件可能得花上數年的時間，但他已燃起希望。

「他們甚至不願意承認自己錯了，」他悶悶不樂地說。「他們知道我不是凶手，只是不想承認自己錯了，避免不好的形象。」

「華特，一切才剛開始啊，」我答道。「還有好多事要做，我們要讓他們正視這件事。」我說的是實情：我們得持續努力。我們計畫要求刑事法院重新思考這項決定，倘若這條路行不通，我們會轉向阿拉巴馬州最高法院尋求複審機會，屆時就能提出更多證明華特清白的證據。

填寫完訴訟摘要後，我繼續深入調查這起案件。如果我們無法提出足夠的新證據來證明華特的清白，我想法院的裁決會更加難以撼動。離開監獄前，我告訴華特：「他們現在還不知道我們有多肯定你是清白的，只要提出新證據，他們的想法就會改變了。」儘管既定事實橫擺眼前，我仍真切懷抱著希望，卻低估了我們將要面臨的阻力。

我終於有能力為我們的組織增添人手，幾名新律師的加入使我得以撥出更多時間調查華特的案件。其中一名甫從耶魯法學院畢業的新夥伴叫邁可．歐康諾（Michael O'Connor），他也曾困苦過，所以很樂於幫助遭遇困難的人。身為愛爾蘭移民後裔的他，成長於費城郊區一處主要由藍領階級組成的社區，高中時，邁可跟著同儕嗑藥，很快便染上毒癮，沉淪於充斥著藥物與各種混亂噩夢的生活中。然伴隨藥物濫用而來的，是死亡風險的大幅提升。他過了幾年與死神多次擦肩的生活，直到一名親近的朋友因藥物濫用而死，他才下定決心脫離這種荒唐生活，回到正軌。儘管惹了許多令人頭疼的麻煩事，他的家人卻從未放棄他，幫助他一步步回到穩定的生活，並重返校園。在賓州大學的突出表現與優異的畢業成績，讓他得以進入耶魯法學院，但他內心仍掛記著過去荒唐歲月裡，在大街上的所見所聞。

面試的時候，他為自己過去的荒唐史致歉。我覺得他就是我們尋求的工作夥伴。他簽約後，搬來蒙哥馬利，一頭栽進麥可米利安的案子裡，成為我的搭擋。我們花了一些時日追蹤各種資訊，與數十人訪談，各種傳言、說詞都不放過。我愈來愈相信我們得找出真正殺害容達．莫里森的凶手，才有辦法讓華特獲釋。邁可除了在工作上帶來無價助益外，我也很慶幸終於有人可以分享這起案件的荒謬——而我也在此時，發現這起案件比原先所想的更加瘋狂。

經過幾個月的調查，我們找到能證明華特清白的有力證據。我們發現指證華特罪行的比爾．胡克斯拿了塔德警長的錢，也從郡政府的財務記錄中，發現幾筆支付給胡克斯的獎金與「費用」，將近五千美元；塔德警長還為胡克斯支付審判期間的交通支出。照理說，這項資訊應該在審判前提供給華特的律師，讓他們用來質疑胡克斯證詞的可信度。

我們同時發現，謀殺案當天，胡克斯在對警方供稱於洗衣店看見華特的「低底盤」卡車後，便被釋放。我們還找到地區檢察官和警長撤銷胡克斯原應繳納給市政府的罰款紀錄[1]，他們是郡級的公職人員，這並不在其職權範圍內。根據聯邦最高法院先前的判例，撤銷胡克斯的罰金以換取他與官方合作的這項訊息，州政府有義務知會被控告方，他們顯然沒有這麼做。

我們還找到了勞夫．梅爾斯留紙條給華特的那家店的白人店主。華特曾經向最初的委任律師表示，希望他們去找這名男性談話，然而他們並沒有這麼做。從華特的陳述中得知店址後，我們循線找到那名店主，他回顧那天的場景：他記得梅爾斯來找華特時，問他店裡的黑人男性中哪個才是華特．麥可米利安。這名店主很肯定梅爾斯在那之前從未見過華特。

華特的姊姊在教堂的地下室找到當時在華特家舉辦炸魚義賣活動的廣告傳單，確認義賣活動與莫里森謀殺案發生在同一天。一名與華特及其家人無往來關係的白人店主因為某些理由也保留了一份傳單，他表明自己是在莫里森謀殺案發生之前拿到這份傳單的。我們還找到幫華特把車改成低底盤的修車師傅克萊．卡斯特（Clay Kast），向他確認華特的車是在容達．莫里森被殺害之後超過半年才進行改裝。這證明麥可米利安的座車在案發當時外觀正常，並無其他特殊之處，因此不會是梅爾斯和胡克斯審訊時所陳述的模樣。

我對於調查進度感到滿意，與此同時，我接到一通將為此案帶來重大突破的電話。

「史蒂文森先生，我是勞夫．梅爾斯。」話筒另一頭的聲音說。

祕書告訴我，是「邁爾斯先生」打來的，所以聽到來電者說自己是勞夫．梅爾斯時，我有些吃驚。在我來得及整理思緒之前，他即又開口。

「我想你需要過來和我見個面，我有事必須告訴你。」他戲劇性地說道。

梅爾斯被關在阿拉巴馬州史普林維爾（Springville）的聖克萊爾監獄（St. Clair Correctional Facility），邁可和我計畫三天後前往，與他會面。

為了紓解與日漸增的工作壓力，我和邁可開始在晚上下班後一起慢跑個幾哩。蒙哥馬利有座美麗的公園，阿拉巴馬州的莎士比亞戲劇節會在此處舉辦。這個戲劇節讓來自全國各地有名的劇作家和演員齊聚一堂，搬演莎士比亞及當代的戲劇作品。這座「劇院」占地數百畝，場地維護優良，有湖泊、池塘以及數條慢跑路線。那天傍晚，我們一邊慢跑一邊討論，揣測梅爾斯可能會說的事。

「為什麼梅爾斯會在此時聯絡我們？」邁可問。「走進法庭，然後胡扯一個故事，就讓無辜者被關進死牢裡，這實在讓人無法想像。我不太確定我們可以相信任何他說的話。」

「是啊，你可能是對的。他是將那些證詞拼湊成形的要角。別忘了，梅爾斯也曾被關進死牢，被迫配合他們的劇本演出。但誰知道呢？難保他與州政府仍保持聯繫，設局試圖誤導我們。」

直到那個一起跑步的夜晚，我才認真思考有這種可能性。我再度回想梅爾斯在審判庭上的表現有多麼低俗。「我們要小心別透露消息給梅爾斯，從他身上取得資訊就好。但我們還是得找他談談，倘若他撤回他的審判證詞，州政府就無法對付華特了。」

我們都相信不管梅爾斯要說什麼，他都可能扭轉一切。在反駁比爾・胡克斯的證詞上，我們有相當顯著的進展，利用公權力給予胡克斯金錢援助，使他的證詞出現許多信譽瑕疵。達奈爾・休斯頓的出現則讓我們得到關於華特卡車狀況的新證據。然而，若梅爾斯能撤回證詞，將會是遠比這些都來得重要的進展。畢竟梅爾斯荒謬的證詞與指控，正是州政府在這起案件立場的全部基礎。

讀過梅爾斯的證詞以及他的相關背景紀錄後，我知道他有著悲慘的過去與複雜的人格特質。華特和他的家人曾用「純粹的邪惡」來形容梅爾斯在法庭上的謊言，一個素昧平生的人竟然可以如此冷酷地在審判中捏造事實，這點最讓華特感到不安。隔天華特打電話到辦公室來，我告訴他，我們接到梅爾斯的電話，打算前去探個究竟，看看他想說什麼。華特警告我：「小心點，他很狡猾。」

邁可和我開了兩小時的車前往位於聖克萊爾郡史普林維爾市的州立監獄，這座監獄坐落在伯明罕東北方的郊區，阿拉巴馬州的地勢自此變得崎嶇起伏。這座最高戒備規格監獄比霍曼（Holman）或唐納森（Donaldson）等阿拉巴馬州其他同等級的監獄建立的時間更晚，不過它的外觀並未因而更具現代感。通過監獄入口的安全檢查後，獄警輕拍邁可和我表示，這是他在此工作三個月以來，首次有人於他值班時進行法律探訪。經過引導，我們走向長廊盡頭的一段階梯，進入監獄的更深處。穿過幾道保全金屬門，我們來到一處規畫為探訪區域的寬敞空間。這裡的擺設很典型：幾部販賣機靠著後牆，用來讓囚犯與家人會面的三角桌四散，然而熟悉感卻無法為我們帶來任何平靜。邁可和我把紙筆擱在其中一張桌子上，便在房裡來回踱步，等待梅爾斯。

梅爾斯走進探訪區時，衰老的樣貌令我驚訝。他的頭髮幾乎褪成灰白色，使他看起來更加虛弱且不堪一擊，身形也比我預期的來得小。他那造成華特及其家人煎熬不已的證詞，讓我在心底描繪了一個比真實的他強壯許多的形象。他走向我們，見到邁可時停了下來，緊張地問：「他是誰？你沒跟我說你會和別人一起來。」梅爾斯說話時帶著濃厚的南方口音。近看梅爾斯，他的傷疤顯得令人同情，而非邪惡或凶殘。

「這位是邁可．歐康諾，他是我辦公室的律師，和我一起負責此案。邁可才剛開始協助我調查。」

「嗯，有人跟我說可以相信你。但我對這個人一點也不了解。」

「他很可靠的，我保證。」回答梅克爾之前我瞄了邁可一眼，他正努力表現出誠懇的樣子。「請坐。」

他狐疑地盯著邁可，然後緩緩坐下。我原先的策略是透過談話讓他放鬆下來，讓他知道我們想要的只是真相，然在我開口之前，他便一股腦兒說出推翻庭審證詞的內容。

「我說謊了。我在麥可米利安的審判庭上說的全是謊言。我已經很久無法安睡，過得非常痛苦。我不能再保持沉默。」

「你在庭上針對華特．麥可米利安所陳述的證詞都是假的？」我小心翼翼地問。

我的心臟噗通噗通地跳，但盡可能讓自己保持鎮靜。我害怕萬一表現得過於急切或驚訝，他就會退縮。

「全都是假的，史蒂文森先生。接下來我所要說的會讓你振奮不已。」他轉向邁可之前，盯著我說道。「你也是，吉米．歐康諾。」不用與勞夫有太多互動，就知道他不擅長記人名。

「梅爾斯先生，你知道我不僅希望你告訴我真相，也希望你在法庭上全盤托出。你願意這麼做嗎？」

緊張的心情讓我過於躁進，但我需要一個明確的答案。我不想要一場私人表演。

「這就是我聯絡你的原因，」他聽起來很詫異，居然有人懷疑自己的意圖。「我在這裡參加一個團體治療課程。課堂上，要求我們誠實不欺。談誠實的主題進行了將近三個月。上週大家輪流分享童年發生在自己身上的倒楣事，還有自己做過的壞事。」

梅爾斯說的時候面紅耳赤。

「我最後還是說了，『你們這些龜孫子臭婊子哪幹得贏我，我他媽的在法庭上扯了一個謊，就把一個他媽的男人搞進死牢裡去了！』」

他戲劇性地停頓了一下。

「我把事情告訴他們之後，每個人都說我應該還原真相。這也是我正在做的事。」他再次停頓，讓我有時間吸收整理。「嘿，你們要不要幫我買一瓶該死的蘇打水，還是我得在這裡坐上一整天，盯著那些該死的販賣機，一邊掏心掏肺？」他第一次露出笑容。邁可從座位上彈起，幫他買一瓶飲料。「嘿，吉米，如果有的話，我要香吉士橘子汽水。」

整整兩個多小時，我提問，勞夫回答。最後，還真的如他所說，我感到相當振奮。他告訴我們他受到警長及阿拉巴馬州調查局施壓，如果他不指控麥可米利安，就要判他死刑。他數落著官員的腐敗，聊自己涉及的彼特曼謀殺案，也談及自己更早之前想要撤回證詞的心情。最後他承認自己對莫里森謀殺案根本一無所知，沒有任何關於她的遭遇、或其他與事件相關的線索。他說自己跟許多人提過——從地區檢察官開始——他是因為受到要脅而對華特做出錯誤指控。只要他所言有半數為真，就表示有許多人曾經從這唯一的原告口中得知，華特．麥可米利安與容達．莫里森謀殺案毫無干係。

在勞夫一連串的坦白告一段落之際，喝著第三罐香吉士橘子汽水的他俯身向前，示意我們湊近一點，悄聲對邁可和我說：

「你們知道吧，如果真要把這案子查個水落石出，你們可能會沒命。」

我們把這番言詞視為勞夫不願意結束這場會面而丟出的戲劇性見解、觀察或預測。我向他保證，我們會很謹慎。

返回蒙哥馬利的路上，邁可和我爭辯梅爾斯方才所說的可信度。關於麥可米利安的部分全都很合理，反而是他在庭上敘述的情節疑點重重，容易讓人相信他是因為遭施壓而做偽證。至於他有意透露的那些關於地方官腐敗的內容，就難以下定論了。梅爾斯聲稱自己是在一名地區警長的唆使下殺害維琪．彼特曼，還向我們講述一個牽連甚廣的陰謀，不僅牽涉到警方，還有毒品買賣與洗錢的情事，是個相當震撼的故事。

我們花了好幾個星期，循梅爾斯提供的線索一一確認。他承認先前從未見過華特・麥可米利安，只從凱倫・凱莉那裡聽說過他；也坦承自己當時與凱倫・凱莉在一起，她也涉及彼特曼的謀殺案。我們決定去找凱莉本人確認這件事，她因彼特曼謀殺案被判處十年有期徒刑，在圖偉勒（Tutwiler）女子監獄服刑。圖偉勒是阿拉巴馬州境內歷史最悠久的監獄，也是唯一一座女子監獄，戒備不若男子監獄森嚴。邁可和我驅車抵達監獄時，可以看到受刑人在入口處徘徊，視線範圍內並無獄方人員。她們把邁可與我打量一番後，用怪異的微笑向我們致意。我們被領到監獄大廳，由一名男性獄警草率搜身後，通過柵門進到監獄的主要區域。我們在一個很小的房間裡等候凱倫・凱莉，裡頭除了方桌，什麼也沒有。

凱莉是名身形修長的白人女性，約莫三十來歲。她走進來時，並未配戴手銬或其他戒具。神色自若的她，很自然地與我握手後，點頭向邁可致意。她畫了妝，包括顯眼的綠色眼影。坐定位後，她表示華特是被誣告的，很高興終於能向別人訴說這件事情。我們開始提問之前，她很快證實了梅爾斯在莫里森謀殺案之前根本不認識華特。

「勞夫是個蠢蛋。他以為自己可以相信那些虛偽的條子，他答應他們假裝自己涉及一件其實根本毫無所悉案子。他的狀態還不夠糟嗎？根本沒必要去淌這灘混水。」

訪談一開始，凱莉表現得很平靜。然而在講述案件細節時，她的情緒逐漸湧現。她哭了不止一次，自責自從吸毒成癮，生活就開始失控。

「我不是個壞蛋，但我確實做了一些非常愚蠢、極為糟糕的決定。」

華特被關入死牢這件事令她格外難過。

「我覺得好像是因為我，他才會被關進牢裡。我很清楚他不是那種會殺人的人。」她的語調變得苦澀。「我犯了很多錯，但那些人也應該覺得羞恥。他們做的事和我一樣惡劣。塔德警長只在意一件事。他只是不停地說：『妳為什麼要跟黑鬼上床？妳為什麼要跟黑鬼上床？』這糟透了，他糟透了。」她停頓了一下，看了看自己的手，「但我也很糟糕，看看我究竟做了什麼好事。」她傷心地說。

見面後，我們陸續收到凱倫．凱莉的來信。她希望我們轉告華特，對於他的遭遇她有多麼抱歉，也表示自己仍舊非常關心他。我們不確定若在法院召開新的聽證會，除了請凱倫證實勞夫與華特兩人互不相識，還能期許她幫什麼忙。但顯然她對華特的看法與熟識他的人描述雷同，他的心地善良，不可能做出這麼殘忍的事。在莫里森的謀殺案中，她與警方的互動並不太多，也無法提供什麼有用的資訊能指出他們瀆職，除了他們因為她與華特的親密關係感到惱怒一事。

邁可和我決定投注更多時間研究彼特曼謀殺案，我們認為這可能會提供一些關於梅爾斯受脅的線索。現在，我們已經知道梅爾斯在審判前就撤回了對華特的指控，州法院可能不會驚訝於聽到他否認麥可米利安涉案這件事。我們需要盡可能蒐集更多客觀證據，以證實梅爾斯所言為真。充分理解彼特曼的案子，以及記錄更多得以證明梅爾斯作偽證的事，能夠讓我們提出的證據更有力。

維琪．彼特曼的謀殺案已然被遺忘。門羅郡的官員用減輕梅爾斯和凱莉的刑期為條件，換取梅爾斯對華特的指控。彼特曼案隸屬另一個城市，不在他們的管轄範圍之內，因此減輕彼特曼案刑期的手段必有蹊蹺。梅爾斯相當篤定，除了自己和凱莉，還有其他人涉入這起謀殺案，其中包含一名貪腐的地方警長。至於維琪．彼特曼為何遭到殺害，仍有諸多疑點尚待釐清。梅爾斯表示這與她的毒品債務，以及她威脅要揭露的腐敗情事有關。

我們從當時警方的調查報告中發現，維琪．彼特曼的父親維克．彼特曼（Vic Pittman）曾被列為犯罪嫌疑人。而維琪．彼特曼的兩名姑姑，莫澤（Mozelle）和安澤（Onzelle）一直在收集資訊，急切想找到姪女死因的答案。我們抱著姑且一試的心態聯繫，希望她們會願意跟我們談談，未料她們竟欣然允諾。

莫澤與安澤是對雙胞胎，富有想法及主見，言詞明快。這兩名中年鄉村婦女時常聚在一起，熟悉彼此，甚至可以不著痕跡地接對方的話。她們形容自己是「鄉下勇婦」，是無所畏懼、凶狠、嚇不倒的女人。

「現在知道了吧。我們是拿槍的人，不要沒事找事跑來。」這是我們第一次通話時，莫澤在斷話前丟下的警告。

邁可和我前往荒涼的艾斯康比亞郡去拜訪這對雙胞胎。她們請我們進門到餐桌旁坐下，且不多說，直接開門見山。

「你們的委託人殺了我們的小寶貝是吧？」莫澤直截了當地問。

「不，女士。我真心覺得不是他做的。」

「那你知道是誰幹的嗎？」

我嘆了口氣。「嗯，不完全確定。我們跟勞夫・梅爾斯談過。我們相信他和凱倫・凱莉都有涉案，不過梅爾斯堅持還有其他涉案人。」

莫澤看了看安澤，把身體往後靠向椅背。

「我們也知道還有其他人。」安澤說道。這對姊妹似乎在懷疑她們的兄弟及當地的執法人員，但只開口抱怨了檢察官對其不尊重與忽視的態度。（維克・彼特曼從未被正式控以謀殺罪名。）她們說自己甚至被州內的被害人人權團體拒於門外。

「他們對待我們的方式彷彿我們是低階的白人垃圾一樣，愛理不理的，簡直差勁透頂。」莫澤氣憤地說。「我想他們對被害人可能好一些，我記得聽過別人這麼說。」

被害人抱怨刑事司法系統不是新鮮事了，直到一九八〇年代，一場新的社會運動才促使大家更加重視被害人及家屬的觀點。但問題在於，不是每個被害人都受到同等對待。

五十年前，美國刑事司法系統普遍認為，當一個人承認犯下暴力罪行，社會的每個成員都是受害者，控告方會以「國家」（State）或「人民」（People）或「共和國全體國民」（Commonwealth）代稱。因為若某人遭到謀殺、強暴、搶劫或攻擊，如同侵犯全體的權益。到了一九八〇年代前期，政府開始在審理過程中將犯罪被害人本身納入考量，並在審判中將犯罪被害人以個別看待。有些州授權被害人家屬於審判中坐在起訴方的席位[2]，而有三十六個州政府訂定法規[3]，讓被害人擁有參與審理過程的特別權，或提出被害人影響陳述[1]（victim impact statement）。在許多地方，起訴人開始視自己為特定被害人的代表律師，不再是公民權的代表。

聯邦最高法院於一九八七年表示，在死刑案件中，列舉關於被害人的地位、性格、名聲或家庭的證據屬違憲行為。數十年來，「所有被害人皆平等」的觀念已普遍深植人心。也就是說，假如一個有錢人家的四歲孩子遭到殺害，這件罪行並不會比父母都在坐牢的孩子遭到謀殺還要嚴重，甚至是獄中那對父母若遭殺害，也應等同視之。最高法院禁止

1 譯註：這份陳述文件是不公開文件，會由緩刑官在犯罪人判刑前提供給法官，旨在說明該犯罪行為對於被害人及其家庭造成的影響，以供量刑參考。

陪審員聆聽「被害人影響陳述」，擔心他們的情緒會影響判斷力，可能使案件進入請求死刑的流程。許多批評者主張，如此形同剝奪弱勢被害人的權力，例如那些窮苦或少數族裔的被害人，以及沒有資源能為過世親人伸張的被害人家屬。在〈布斯訴馬里蘭州〉（Booth v. Maryland）一案中，最高法院決議不採納此類證據[4]。

最高法院的決定引來檢察官與部分政治家的批評聲浪[5]，亦助長被害人權利運動的聲勢。不到三年的時間，最高法院於〈佩恩訴田納西州〉（Payne v. Tennessee）一案中推翻原先的見解，認為被害方在死刑案件中有權提出與個人特質相關的證據。

如今，最高法院讓個別被害人在刑事審判過程中，更能受到憲法的重視與保護，這也加快了美國刑事司法運作流程的速度。州政府與聯邦政府投注數百萬美元的資金，在各州成立關注犯罪被害人的團體，從中找到許多讓個別被害人在特定犯罪案件中成為決策或是參與者[6]的方式。被害人的主張也納入假釋委員會的評估考量，大多數的州政府和地方法院檢察署也會有專人負責處理。被害人服務與推廣成為公訴方職責範圍內很重要的一部分。有些州政府藉由增加見證死刑執行過程的被害人家屬人數上限[7]，做為對被害人釋出善意的表現。

國家立法機構針對犯罪行為頒布新的罰則，也就是被害人的特別法規，《梅根法案》（Megan's Law）即為一例[8]。《梅根法案》是以梅根・康卡（Megan Kanka）命名，這名七歲大的女孩遭到一名有猥褻孩童前科的男子強暴後殺害。這項法案擴大了政府的權力，政府可以建立性侵害罪犯資料庫，進行登錄追蹤。相對於國家或社區這般沒有面貌的主體，被害人在審判中的形象是鮮明的，採用傳統民事審判模式的犯罪案件，會使被害人家屬與被告站在對立面爭鬥。犯罪者與被害人之間人格特質的衝突，在新聞報導的炒作下[9]，使得刑事訴訟出現了新的模式。尤其是在受到社會高度關注的案子中，被害人的情緒、觀點與見解，成為影響案件裁決的關鍵因素。

然而，如同莫澤與安澤的體認，放大被害人的狀況，無疑是為刑事司法系統增加差別對待犯人的機會，而貧窮或弱勢的犯罪被害人得承受系統本身造成的額外傷害。最高法院在佩恩案中的裁決，於〈麥克里斯奇訴坎普〉（McCleskey v. Kemp）一案後不久出現，這起案件提供具說服力的實體證據，指出在美國，強暴案的被害人種族是裁決死刑與否的最大關鍵。研究顯示[10]，在喬治亞州的案件中，當被害人是白人時，被告被判處死刑的機率是被害人為黑人時的十一倍，同樣的結論也反覆出現在其他每個州別對於種族與死刑的研究之中。在阿拉巴馬州，雖然有百分之六十五的謀殺案受害者為黑人[11]，然而有將近百分之八十關在死牢裡的人，其加害對象為白人。被告方為黑人且受害者為白人的組合[12]，使得判處死刑的機會更顯著提升。

許多窮苦、弱勢的被害人抱怨他們沒有接到當地警方或檢察單位的來電或任何關心，也無從參與請求赦免或者有關刑罰適當性的相關討論。若家庭中有成員曾有過犯罪前科，那麼當另一名家庭成員遭到殺害、強暴或重度凌虐，這個家庭所受到的傷害可能會因此受到忽略。被害人權利的擴張，最終導向的結果如同正式宣告這個現象的恆常不變：部分被害人受到的保護與重視程度較其他人來得高。

對莫澤與安澤來說，最讓她們感到身心交瘁的，莫過於警方、檢方與被害人服務單位的不聞不問以及不負責任。「維琪的事情發生之後，你們兩個是最早上門來和我們談話的人。」安澤告訴我們。花了將近三小時聽她們傾訴苦楚後，我們保證會盡最大努力找出涉及她們姪女維琪死亡的相關人物。

我們遇到了瓶頸，若不能取得警方的紀錄及文件，就無法推進進度。這件案子正在等待直接上訴，州政府沒有義務讓我們看那些紀錄和文件。所以我們決定提出請願第三十二條（Rule 32 petition）的申請，這會讓我們有機會回到審判法庭，提出新證據並請求披露（obtain discovery），包括取得州政府持有的文件。

請願第三十二條必須包括未曾在審判或上訴時提出，或無法在審判或上訴時提出的資料。這是在辯護不力、州法院無法披露證據，以及最重要的，提出證明清白的新證據時，用來挑戰原判決的一項工具。邁可和我把所有訴求列在同一份請願中，包括警方與檢方的失當行為，並將這份文件交給門羅郡的巡迴法院。

這份聲稱華特．麥可米利安遭受不公正對待、錯誤定罪以及非法關押的文件，在門羅維爾引起了不少關注。距離他被判處死刑的時間點已然三年，華特的定罪初步確認成立後，當時在社會上造成顯著的輿論壓力，多數人都覺得毫無置喙之處，只差死刑的執行。凱伊法官如今已經退休，似乎也沒有任何一位門羅郡的新任法官想受理我們的請願案。基於定罪後的上訴必須在初審的地點處理的規定，我們的案子又被轉回鮑德溫郡。這對我們來說並不合理，因為主持審判的是門羅郡的法官，但我們也無能為力。

出乎意料的是，阿拉巴馬州最高法院同意暫緩我們的直接上訴流程，因而得以進入請願第三十二條的程序。按照一般的運作方式，在啟動請願第三十二條尋求定罪後的附帶上訴之前，要先完成直接上訴。案件暫緩是因為阿拉巴馬州最高法院認為華特的案子不尋常，值得下級法院進一步檢視。因此鮑德溫郡巡迴法院的法官就有義務重新審視我們的案子，也得批准我們申請檢視所有警方與檢方持有的資料。這對我們來說是相當正面的進展。

我們需要和地區檢察官湯姆．查普曼再見一面，不過這次我們帶著法院批准查閱警方與檢方文件的命令一同前往。我們也終於能親自見到參與起訴華特的執法人員：地區檢察官的調查員賴瑞．伊克納、阿拉巴馬州調查局局長西蒙．班森與警長湯姆．塔德。

查普曼請我們到他位於門羅郡法庭的辦公室碰面，這樣他們也方便把全部的文件一起交付，我們欣然同意。抵達時，幾位男士已經到場，塔德是個高大魁梧的白人男子，身著淺色上衣、牛仔褲，搭配一雙靴子；伊克納約四十來歲，也是白人，穿著打扮的調性和塔德相近。他們臉上沒有太多笑容，與我和邁可打招呼的神情既困惑又好奇，但我早已習以為常。他們知道我們指控他們行為失當，但大多時候仍以禮相待。塔德還告訴邁可說，一見面就知道他是個「北方佬」(Yankee)。

邁可微笑著回答：「猜得不差，但事實上我是尼塔尼獅（Nittany Lion）。」這笑話讓全場鴉雀無聲。

邁可不為所動，繼續說：「我以前讀賓州大學，賓州的吉祥物是——」

「我們在七八年打爆你們。」塔德用彷彿剛中樂透的語氣興奮地說。賓州大學與阿拉巴馬州立大學在一九七〇年代的美式足球場上是死對頭，當時兩支球隊都經營得有聲有色，教練也都是王牌等級，阿拉巴馬由畢爾．布萊恩（Bear Bryant）率領，賓州則是喬．帕特諾（Joe Paterno）。一九七八年，阿拉巴馬擊敗戰績第一的賓州隊，以十四比七贏得全國冠軍。

身為狂熱的大學美式足球球迷兼「喬帕」粉絲的邁可看了看我，暗示我他想徵得我同意，大膽發言。我用眼神警告他小心點，還算寬慰的是，他應該明白我的意思。

「『強尼D』到底付你們多少錢？」塔德問。「強尼D」是親友對華特的暱稱。

「我們在非營利組織工作，不向辯護的對象收費。」我盡可能以溫和有禮的態度回答。

「但其實就是從別的地方拿錢，做該做的事情。」

我打算跳過，回到正題。

「我認為應該要簽個什麼文件，證明這是你們持有的所有資料。我們可以把你們交給我們的文件索引編目，然後請你們在上面簽名嗎？」

「布萊恩，我們不需要這麼正式，這些都是為法院服務的人，跟你我沒什麼兩樣。文件到手你就應該走人，」說話的查普曼顯然感受到塔德和伊克納對這項提議不是很滿意。

「但或許會有文件不小心遺漏了，我只是想記錄一下，確定我們收到的正是你們給我的東西——頁數一樣、檔案夾的標題也一樣，諸如此類的。我可不是在質疑任何人的誠信。」

「他媽的最好你不是！」塔德脫口而出，他看了看查普曼，「我們可以簽名確認我們給了什麼文件，我想我們比他更需要這份紀錄。」

查普曼點點頭。我們帶著文件興奮地離開門羅維爾，想知道在這上百頁的紀錄當中會找到什麼東西。回到蒙哥馬利，我們迫不及待地開始瀏覽文件。除了警方與檢方提供的資料，批閱命令還讓我們取得梅爾斯第一次拒絕出庭作證後，被送到泰勒哈汀精神治療機構的相關紀錄；從西蒙．班森那兒取得的阿拉巴馬州調查局的資料，他還驕傲地說自己是南阿拉巴馬唯一的黑人探員；還有門羅維爾當地警局跟其他城市警局的所有紀錄；我們甚至拿到關於維琪・彼特曼謀殺案在艾斯康比亞郡的紀錄和證據。這些文件相當令人震撼。

或許是受到莫澤與安澤的痛苦所影響，也或許是被勞夫・梅爾斯描述的精心設計的陰謀吸引。總之，我們很快地開始懷疑一些名字不斷在彼特曼謀殺案上出現的執法人員，甚至決定要向聯邦調查局談談我們的見解。

不久後，炸彈威脅開始出現。

Just Mercy

CHAPTER

8

上帝的孩子們
ALL GOD'S CHILDREN

強忍淚水

想像淚珠沒有滑落
那來自內在深淵的痛苦
等著逃脫
從你眼中的窗口逃脫

「為什麼不放我們走？」
淚水質問著良知
「鬆開你的恐懼與疑惑

在這過程中治癒自己。」

良知告訴淚水
「我知道你很想要我哭
但是一旦釋放了你
獲得自由的同時你也將死去。」

在回答良知之前
淚水給出了一些想法
「如果哭泣能為你迎來勝利
那麼
死亡未必是場災難。」

——伊恩．E．曼努（Ian E. Manuel），聯合矯正署（Union Correctional Institution）

翠娜．賈奈特（Trina Garnett）在家中十二名小孩當中排行老么，她生長在賓州切斯特，費城外圍一個財政窘困的城市，同時也是切斯特最貧窮的地區。切斯特的貧窮率、犯罪率及失業率出奇的高[1]，當地的公立學校系統在賓州五百零一個地區中排名最後，兩者互為因果。在這座城市，有將近百分之四十六的孩童生活在聯邦貧窮線下[2]。

翠娜的父親華特．賈奈特（Walter Garnett）過去是一名拳擊手，職涯的不順遂把他變成一個具暴力傾向的酒鬼，連當地警方都知道簡單的挑釁也會讓他使出重拳。翠娜的母親伊迪絲．賈奈特（Edith Garnett），因生育過多的孩子導致身體羸弱，其中幾個孩子甚至是被丈夫強暴後懷上的。隨著年紀漸長、體力每下愈況，伊迪絲愈來愈常成為丈夫的出氣筒，他常態性地在孩子們面前對她拳腳相向，出言侮辱，也經常演變成更失控的場面。他在面露懼色的孩子們面前，剝光伊迪絲的衣物並毆打她，直到她痛得在地板上翻滾。一旦她失去意識，華特便用棍棒抵住她的喉嚨，讓她醒過來，然後繼續施暴。在賈奈特家中，沒有絲毫安全可言。翠娜曾經目睹父親將她養的狗掐到無法發出聲音，只因為牠吠叫不停。他用鐵鎚打死牠後，便把屍體扔出窗外。

長翠娜一歲的雙胞胎姊姊琳恩與琳達，教小翠娜玩「隱形」遊戲，以躲避酒後會拿著皮帶穿梭在公寓裡，剝光孩子們的衣服並隨意鞭打他們的父親。翠娜學會躲在床底或衣櫥裡，並且盡可能地保持靜默。

翠娜年幼時就顯現出心智遲緩等問題。她在蹣跚學步的年紀、無人留意的情況下，喝下打火機裡的液體，生了一場大病。五歲時，她不小心引火自焚，導致胸腹和背部嚴重灼傷，住院好幾週，承受著皮膚移植的痛苦，還留下大片疤痕。

伊迪絲去世時翠娜只有九歲，她的姊姊們試著照顧她，但是當華特開始性侵她們時，她們就逃離了。兄姊都離家後，華特的施暴對象鎖定在翠娜、琳恩和琳達身上。後來翠娜和兩個姊姊也逃家，在切斯特的街頭晃蕩。她們翻找垃圾桶裡的食物，有時連續幾天都沒得吃，晚上則睡在公園和公廁裡。女孩們也曾去依靠更大的姊姊艾迪，直到艾迪的丈夫開始性侵她們。兄姊和親戚偶爾短暫收留她們，但最後總因為暴力或離世之故，使翠娜再度流落街頭。

母親的死、遭受虐待與令人絕望的環境，導致翠娜的情緒和精神問題都變得更嚴重，有時她會呈現病態的躁鬱，使得姊姊必須尋求親戚帶她就醫，但身無分文的她從未能在醫院恢復到穩定的狀態。

一九七六年八月的一個深夜，十四歲的翠娜和她十六歲的朋友法蘭西斯・紐森（Francis Newsome）攀入切斯特一棟連排房屋的窗戶。她們想跟住在裡頭的男孩們說話。男孩們的母親禁止他們與翠娜玩在一起，但翠娜想要看看他們。有一次，她爬進屋子裡，點亮火柴想要找通往男孩房間的路，卻不幸釀成火災。火勢蔓延得很快，睡得正香甜的兩名男孩吸入過量濃煙致死。他們的母親控告翠娜蓄意縱火，但翠娜和她朋友堅稱那是場意外。

男孩們的死對翠娜造成重大創傷。遭逮捕時，她幾乎無法言語。她彷彿失去維持日常生活的能力，失魂落魄；委任律師認為她無受審資格（incompetent to stand trial）。被告若被視為無作證能力（incompetent）[3]，案件就不能進入相互對抗的刑事訴訟程序，意謂著政府不能起訴她們，除非她們恢復到足以為自己辯護的狀態。遭受刑事指控而面臨審判的人有權利接受治療，然而翠娜的律師並未填寫應填的申請，或呈交足以證明翠娜確實無作證能力的證據；這名律師後來被取消律師資格，還因為其他犯罪行為遭判入獄。他也從未針對州法院將翠娜視為成年人對待一事提出挑戰。因此，翠娜不得不在成人法庭以二級謀殺罪受審。審訊時，法蘭西斯．紐森提出不利於翠娜的證詞以換取逃過控告的機會。翠娜被以二級謀殺罪起訴，審判進入到判決階段。

特拉華郡巡迴法院法官霍華．李德（Howard Reed）發現翠娜並無殺人意圖，然賓州的法律規定，法官不得在判刑時將犯罪意圖納入量刑考量。因此，他不能把翠娜的年紀、精神創傷、貧窮和受凌虐的經驗，或環繞著這起火災事故的悲劇環境因素納入考量。賓州的判刑法很僵固[4]：犯下二級謀殺罪者，唯一判決是終身監禁，不得假釋。李德法官對於這項他被迫給出的判刑提出嚴正的質疑，「這是我所看過最悲慘的案子，」[5]他寫道。因為十四歲時犯下的一起悲劇[6]，翠娜得在監獄待到死神來敲門為止。

判刑過後，翠娜立即移送女子監獄。如今翠娜已經十六歲了，走經曼西州立監獄

（Muncy State Prison，一座成年女子監獄）的大門時，她仍然承受著創傷與精神疾病的折磨，極度脆弱，而且了解自己再也無法離開。監獄讓翠娜免於流離失所，卻也帶來新的危險與挑戰。抵達曼西不久，一名矯正署的男性獄警就把她拉到人煙罕至的角落強暴她。

這項罪行在翠娜懷孕時才曝光。這種案例中，通常矯正署的職員會被去職，但並不追究刑事責任。翠娜依然被關押在監獄，而且生了個兒子。如同數百名在監獄分娩的女性，翠娜對於生產一事毫無準備。分娩時她的雙手仍被銬在床上，大多數的州直到二〇〇八年[7]才立法允許生產中的婦女卸下腳鐐和手銬。

翠娜的孩子被帶離她身邊安置寄養。在這一連串的事件過後——火災、監禁、強暴、悲劇性的分娩，以及孩子被奪走，翠娜的精神狀態更加嚴重惡化。這些年來，她變得更失能、失智，身體開始無法克制地抽搐、顫抖。後來她必須拄拐杖，甚至需要輪椅。三十歲時，獄醫診斷她有多發性硬化症、智力殘疾，以及與創傷相關的精神疾病。

翠娜對性侵她的獄警提出民事訴訟[8]，陪審團裁定予以六萬兩千美元的賠償。該名獄警提出上訴，法院遂推翻一審判決，理由是這名矯正署職員先前被規定不能告知陪審團翠娜是因謀殺罪入獄。因此，遭受政府機構「矯正」職員性侵的翠娜，沒能得到任何金錢協助或服務做為賠償。

二〇一四年，五十二歲的翠娜已入獄三十二年。她是賓州將近五百名因為在十三至十七歲年齡區間犯罪[9]，而遭判處終身監禁不得假釋的受刑人之一。賓州因未成年犯罪而判處終身監禁不得假釋的人數，居世界所有司法管轄區之冠。

一九九〇年，在佛羅里達州的坦帕（Tampa），十三歲的伊恩・曼努（Ian Manuel）和另外兩名年紀較大的男孩試圖搶劫一對外出用餐的夫婦。黛比・白格里（Debbie Baigre）抵抗時，伊恩用一把別的男孩給他的手槍對她開槍，子彈貫穿白格里的臉頰，打碎她好幾顆牙，也造成她的下巴嚴重損傷。這三名男孩全都遭到逮捕，被控持械搶劫及殺人未遂的罪名。

政府指派給伊恩的律師鼓勵他認罪，向他保證只會判處十五年的有期徒刑。這名律師並沒意會到這兩項罪名足以使伊恩面對終身監禁不得假釋的刑責。法官接受伊恩的認罪，判處終身監禁不得假釋。法官譴責伊恩住在街頭的生活方式、缺乏良好家庭管教，以及先前多次竊盜或輕微的財產犯罪，儘管他只有十三歲。伊恩被移送阿帕拉契監獄（Apalachee Correctional Institution），這是一座成人監獄，也是佛羅里達最可怕的監獄之一。獄方人員找不到任何一件伊恩合身的監獄制服[10]，因此他們把最小號的褲子從底部裁掉將近二十公分。成人監獄裡的未成年人犯[11]，淪為性侵害受害者的機率是成年人的五倍；獄方考量伊恩的年紀而單獨監禁他。

在阿帕拉契，單獨監禁等同於住在一個更衣間大小的水泥房，透過小窗獲得食物，看不見其他的獄友，也沒機會碰到或接近任何人。如果你「不聽話」，像是說了不順從的話或是拒絕聽從獄方人員的指令，就得睡在沒有床墊的水泥地做為處罰。若是亂喊亂叫、透過拒絕進食傷害自己、抱怨獄方人員，或者語帶威脅、措詞不當，單獨監禁的時間就會延長。每週有三次沖澡時間，還有幾次在小牢籠裡為時四十五分鐘的運動時間。除此之外，你都是獨自一人，隱居在你的水泥牢籠中，一週復一週，一月復一月。

單獨監禁使伊恩出現自殘行為，自稱「割手」（cutter）的他，會拿餐盤裡任何鋒利的物品割自己的手腕和手臂，只為看自己流血。他的精神狀態不佳，試圖自殺好幾次，而每一次的自殘或脫序行為都使得單獨監禁的時間延長。

伊恩單獨監禁長達十八年。

伊恩被允許每個月打一次電話。一九九二年的平安夜，剛抵達監獄不久的伊恩，把打電話的機會用來聯繫他開槍射擊的那名女人——黛比．白格里。她接起電話時，伊恩激動地頻頻道歉，對自己的行為深切表達遺憾及悔恨。接到對她開槍的男孩的來電，白格里女士不僅震驚，更被這通電話所感動。她已從槍擊事件中康復，成為一名成功的健美運動員，還創辦了一本以女性健康為主題的雜誌，意志堅強的她並未讓槍擊事件影響自己對於目標的追求。這通驚奇的電話開啟他們日後定期的聯繫。案發前，伊恩是個缺乏家庭照料與支持的孩子，只得流浪街頭；單獨監禁時，他也鮮有機會看到其他獄友或獄警。在他墮入更深的絕望之中時[12]，黛比．白格里成為伊恩生命中少數鼓勵他要勇敢堅強的人之一。

與伊恩通信幾年後，白格里致信法庭，向判處伊恩刑期的法官表明自己認為伊恩獲處的判刑過於嚴苛，囚禁的方式並不人道。她試著與獄方溝通，並接受記者採訪，想喚起大眾留意伊恩的困境。「沒有人比我更清楚伊恩的罪行有多麼魯莽，以及帶來什麼傷害。然而我們現在對他做的事，既惡劣又不負責任。」她對記者說。「犯下這起案件時，他只是個孩子，一個沒人教導也無人協助，充滿各種問題的十三歲男孩。但我們不是孩子。」

法院忽視黛比．白格里希望為伊恩減刑的呼籲。

二〇一〇年[13]，佛羅里達州有超過一百名孩童因非殺人的罪行而遭判處終身監禁不得假釋，其中的一些人犯罪時只有十三歲[14]。年紀最輕的受刑人——十三或十四歲——全都是黑人或拉丁裔[15]。因非殺人罪而判處孩童終身監禁不得假釋的案件數，佛羅里達州居世界之冠[16]。

安東尼奧．努涅茲（Antonio Nuñez）居住的洛杉磯南中央區（South Central Los Angeles）是個受幫派暴力糾纏的區域。戶外爆發槍擊衝突時，安東尼奧的母親會讓孩子們伏地躲避，而這種惱人的情況頻繁發生。鄰里中，有多達十餘人受槍戰械鬥波及身亡。

來自外部的危險，讓承受嚴重家暴的安東尼奧處境雪上加霜。在包著尿布的年紀，安東尼奧就忍受父親的毆打，像是用手、拳頭、皮帶和延長線，造成他身上多處瘀青跟割傷。他也目睹父母激烈相互攻擊的嚴重衝突，他們甚至威脅要殺了對方。嚴重的暴力讓安東尼奧報警不止一次，他開始噩夢頻繁，在尖叫中驚醒。安東尼奧失意的母親對他疏於照顧，他哭泣時，她只是讓他獨處。她記憶中唯一出席安東尼奧的活動，是他小學從藥物濫用防制教育（Drug Abuse Resistance Education）學程結業的典禮。

「他總是興奮地想跟警察合照。他希望自己長大後能當警察。」[17]後來她回憶道。

一九九九年九月，十三歲生日剛過一個月的安東尼奧．努涅茲在住家附近騎腳踏車時，遭一名陌生人朝他的肚子、身側和手臂開槍。安東尼奧摔在街上，他十四歲的哥哥荷西（José）聽到叫聲跑了過來。荷西在回應弟弟的求救時，被擊中頭部身亡，重傷的安東尼奧則在醫院躺了好幾個星期。

出院後，安東尼奧的母親將他送到拉斯維加斯的親戚家，他也試圖從哥哥過世的悲劇之中振作。離開危機四伏的洛杉磯南中央區讓安東尼奧鬆了一口氣，他終於能遠離那些紛擾。在新環境裡，他也稱職地當個能幹聽話的好孩子，傍晚表姊的丈夫會協助他完成功課，把南中央區的流氓與危險拋在腦後的他，在課業上進步顯著。然不到一年光景，加州當局命令他返回洛杉磯，因為他仍在先前犯行的緩刑階段，法院認為他有躲避之嫌。

在整個美國的貧窮社區裡，非洲裔及拉丁裔男孩和警方的互動頻繁。雖然許多人並沒有犯過錯，他們仍是警方鎖定的目標；警方先入為主地假定他們有罪、懷疑他們很危險或者涉入犯罪事件。他們經常被警方隨機攔下、盤問與騷擾，因輕微犯罪被捕的風險也因此戲劇性地大幅提高。許多背景相似的孩子因為輕微犯罪有了案底，同樣的事換成家境富裕的孩子卻得以免受責難。

被迫回到南中央區後，安東尼奧在那個與哥哥遭殺害的地點相鄰不過幾個街區的地方努力向上。法院後來發現，「住在自己中彈、哥哥遇害的案發現場附近，讓努涅茲承受著創傷症候群，包括回憶的糾纏、需要避開事發區域、對潛在威脅的高度敏感，以及極度保護自己免於真實或想像出來的威脅」。他找來一把槍用以自衛[18]，但很快地便因非法持有槍械而遭逮捕，安置在某個少年營。監督者的報告指出，在這個結構式環境1（structured environment）中，他熱烈參與並且積極響應所方人員的領導。

從少年營回來之後，安東尼奧受邀參加一場派對，兩名年紀大他一倍的男子表示他們計畫了一起假綁架，以從一名親戚身上獲取贖金，並堅持安東尼奧非加入不可。十四歲

1 譯註：規範嚴謹規律、受到許多監管且個人沒有太多選擇的環境。

大的安東尼奧便和他們驅車前往拿贖金的地點。假被害人坐在後座，胡安・佩雷斯（Juan Perez）負責開車，安東尼奧則坐在副駕駛座。在抵達目的地橙郡（Orange County）之前，他們就發現自己被跟蹤了，緊接著是一場追逐戰，追著他們的是一輛兩名拉丁裔男性駕駛的灰色廂型車。一片混亂中，佩雷斯跟另一名男子把槍遞給安東尼奧，叫他朝著灰色廂型車開槍，展開一場危險的飛車槍戰。安東尼奧開槍時不知道追在後頭的是臥底警察，當有官方標誌的警車加入追逐後，他在車子撞進樹叢前便把槍丟了。沒有人因此受傷，但安東尼奧與佩雷斯被以加重綁架罪（aggravated kidnapping）及企圖殺警的罪名起訴。

安東尼奧和二十七歲的同案被告在合併審理（joint trial）中一起受審，皆獲判有罪。加州法律規定未滿十六歲不得判處終身監禁不得假釋，不過綁架案的罪犯則沒有年齡最低限制，橙郡的法官因而判處安東尼奧終身監禁，宣稱他是危險幫派組織的一員，行為難以改變或恢復；無視其成長背景的艱辛，且不曾有過任何重大犯罪紀錄的事實。法官將他送到加州一座危險又過度擁擠的成人監獄。十四歲的安東尼奧成為全美因無人受傷案件被判終身監禁的受刑人當中，最年輕的一位。

大多數成年人犯下如翠娜、伊恩和安東尼奧的罪行時，不會獲判終身監禁不得假釋。在聯邦系統中，因意外犯下縱火謀殺罪，導致一人以上死亡，通常判處二十五年以下得以假釋的有期徒刑；在佛羅里達州，許多犯下謀殺未遂（attempted murder）的成年人，服刑時間少於十年[19]。儘管這是個處罰嚴苛的年代，未造成任何人員傷亡的槍械暴力犯罪中，成年的被告人會獲判少於十年的有期徒刑。

在許多州，起訴與懲罰成人的方式過重，不宜施加在犯下重罪的孩童身上，而隨著少年司法制度的發展，大多數未成年被告人會被送入少年觀護所。少年司法制度每州各異，但在多數州別，會把像是翠娜、伊恩或安東尼奧這樣的孩子留在少年觀護所直到年滿十八或二十一歲。若表現紀錄顯示他們仍對大眾安全構成威脅，會讓孩子留到二十五歲甚至更大年紀。

在早期，如果在十三、四歲犯罪，案件會進入成人系統冗長的審判流程。除非案件格外受到矚目，或者是發生在南方，被告為黑人且受害者為白人這樣的組合。發生在一九三〇年代，有名的斯科茨伯勒男孩（Scottsboro Boys）事件就是一例[20]。這起案件的其中兩名被告，羅伊．萊特（Roy Wright）與尤金．威廉斯（Eugene Williams）當時只有十三歲，他們因為犯下強暴的罪行而在阿拉巴馬州被判處死刑。

另一起著名的青少年起訴案，一名十四歲的黑人男孩喬治．史汀尼（George Stinney）於一九四四年六月十六日在南卡羅來納州被處決。喬治被處決的前三個月，兩名住在阿爾科盧（Alcolu）附近的年輕白人女孩外出採花後失去蹤影。阿爾科盧是座小型工業城，黑人與白人被以鐵道隔離。數十名居民出動尋找失蹤的女孩，小喬治和他的手足們也加入搜索行列；過程中，喬治向一名成年白人提及他和妹妹那天早些時候曾見過這兩名女孩，當時喬治正在戶外玩耍，女孩們詢問哪裡可以找到花。

隔天，兩名小女孩被發現陳屍在溝渠中，喬治立刻因謀殺嫌疑遭到逮捕；因為他承認自己在她們失蹤前見過她們，也是最後一個見到她們的人。他在沒有父母或律師陪同之下，接受數個小時的審訊。當一名黑人男孩涉嫌謀殺被捕的消息傳開，可以想見群眾對於女孩死訊的憤怒也隨之爆發開來。警長聲稱喬治已經認罪，卻沒有任何書面或是有喬治簽名的文件。喬治的父親旋即遭僱主解僱，他的家人被要求離開城鎮，否則將面臨私刑處死的命運。在生命受到威脅的情況下，喬治的家人當天深夜立即逃離那座城市，將孤立無援的喬治留在監獄。在獲知喬治認罪的幾個小時內[21]，憤怒的群眾紛紛湧至阿爾科盧的監獄外，不過十四歲的喬治已被移送至查爾斯頓（Charleston）的監獄。

審判於一個月後召開，遭控一級謀殺罪的喬治，獨自面對塞滿法庭與整棟大樓、估計約有一千五百名的白人，而非裔美國人被禁止進入。法庭指派給喬治的律師是一名極具政治抱負的稅務律師，過程中他並未傳喚證人。檢方持有的唯一證據，是警長聲稱喬治已經認罪的證詞。審判短短幾個小時就結束了，清一色為白人的陪審團討論了十分鐘，認定喬治犯下強暴及謀殺罪，法官史托（Stoll）即刻宣判這名十四歲男孩死刑。喬治的律師表示他們不會上訴，因為他的家人也負擔不起。

全國有色人種協進會與黑人神職人員為喬治提出上訴[22]，要求把刑期減至無期徒刑，然而州長歐林．強斯頓（Olin Johnston）拒絕介入。身形比同年齡者都來得小，身高不到一百六十公分、體重約莫四十公斤的喬治走上電椅時，手上拿著一本《聖經》。他不得不坐在書上，否則瘦小的身軀無法對應到電極。這個嚇壞了的孩子獨自待在房間裡，坐在過大的電椅上，沒有家人或任何有色人種出席。他瘋狂地巡梭可以協助他的人，卻只看見執法人員與記者。第一次電擊啟動時，成人尺寸的面罩從他臉上滑落，目擊行刑過程的人說，「他那滿是淚水的雙眼圓睜著，唾液自口中流出」[23]。在指引兩名小女孩哪裡可能可以找到花的八十一天後，喬治．史汀尼宣告死亡。多年後傳聞浮出水面，一名家世顯赫的白人男子在臨終前承認是自己殺害了兩名小女孩。近年來，開始有人為喬治．史汀尼的案件平反而奔走[24]。

史汀尼的事件駭人且令人心碎，與其說這指出了孩童遭控犯罪後的處置問題，其實更反映出南方的種族政治問題。這個例子彰顯出主導黑人社群的控制與處罰方式的政策與法規，如何把他們擋在刑事司法系統之外。一九八〇年代末期及一九九〇年代初期，恐懼與憤怒政治風靡全國，助長大規模監禁，也把焦點轉移到孩童身上。

具影響力的犯罪學家預測會有一股「超級掠食者」（super-predators）的浪潮襲來[25]，少年司法系統將沒有能力應付。提出理論的學者不時明確地把矛頭指向黑人及拉丁裔的孩童[26]，認為不久後的美國，將充滿那些「對人的生命完全不尊重」的人，而「小學生帶著上學的不會是午餐便當，而是槍械」。基於這些「過於衝動且殘暴無情」的孩子可能造成的犯罪浪潮的恐慌[27]，幾乎每一個州都立法使孩童有更大機會被視為成年人起訴。許多州調降或刪除將孩童視為成年人起訴的最低年齡限制，使得年僅八歲的孩童也可能被視為成年人起訴或監禁。

有些州甚至訂下強制移轉的規則，剝奪檢察官和法官裁量孩童在少年系統下應該安置何處的權力。上萬名孩童過去由發展健全、為未成年者提供保護與需求的少年司法系統管理，如今卻被丟進過度擁擠、人數攀升、暴力且絕望的成人監禁系統當中。

後來，「超級掠食者」的預測被證明極度不準確。一九九四年至二〇〇〇年間，美國的未成年人口數上升[28]，未成年人的犯罪率則下降，導致最初支持「超級掠食者」理論的學者紛紛將之捨棄。二〇〇一年，美國公共衛生署發表一篇報告[29]，把「超級掠食者」理論視為一種迷思，並指出「沒有證據顯示，在一九九〇年代前期的那幾個高峰年，年輕人參與暴力的頻率比過往高，或者更兇狠。」這項坦誠對於像是翠娜、伊恩和安東尼奧這樣的孩子而言，來得太晚了。他們「必須老死於監獄」的判決，既與法理挑戰（legal challenge）

絕緣，也與程序繁複、有時效限制，且設計得幾乎不可能成功提出定罪後挑戰的上訴絕緣。

多年後，我見到翠娜、伊恩和安東尼奧時，他們都受到多年絕望的監禁所折磨。他們是被合法關藏在成人監獄裡的孩子，大多不為人知或被遺忘，受生存的危險，以及缺乏家人或外界支援的駭人環境所宰制。然而他們不是特例，數千名同樣遭判處終身監禁不得假釋的孩童，遍布全美各地的監獄，匿名保護似乎更加深這些孩子的困境與絕望。我答應擔任翠娜、伊恩及安東尼奧的律師代表，我們辦公室也會把孩童遭判無期徒刑的案例列入重點工作項目。只是很快地，我們便發現極端與不公平的刑期只是重重難關之一，他們早已被我們的司法系統摧殘得遍體鱗傷。

翠娜的心理和生理健康狀態使她的監禁生活挑戰愈加艱巨。我們告知會幫她爭取減刑的機會時，她相當感激也振奮起來，但她還有其他許多需求。她立即表示希望能和孩子見面，她想要知道自己在這個世界上並不孤單。我們循線找到她的姊姊們，並安排翠娜與孩子碰面，我們沒想過這件事會為翠娜帶來這麼大的力量。

我飛去洛杉磯，開了幾百哩穿越加州中部的鄉下去探訪被關在最高戒備規格監獄中的安東尼奧。幫派暴力事件在此頻繁發生。他試著讓自己社會化，適應這個從各方面毀壞健康人格發展的世界。閱讀對於安東尼奧來說始終是一大挑戰，但強烈渴望學習的他，會將同樣的段落反覆閱讀，用我們送他的字典查找生詞，直到理解字句中的含義。最近我們為他寄了本達爾文的《物種源始》，他希望藉由這本書更理解周遭的一切。

至於伊恩，我們發現他非常、非常正向。雖然聰慧細膩的特質更加劇他長時間單獨監禁所承受的痛苦，但他有計畫地增進知識，閱讀上百本書，透過詩和短篇故事的書寫反映他的渴望與豐富的智識。他寄了好幾十封信與詩給我，每當我出差幾天回到辦公室，通常都會看到伊恩的來信。有時裡面裝著的是一張皺皺的廢紙，一旦打開來，發人深省的詩作便呈現眼前，譬如〈強忍淚水〉、〈文字為伴〉、〈不可饒恕的一分鐘〉、〈靜止〉和〈聖灰星期三〉這些詩篇。

我們決定出版一份報告[30]，使大眾注意到美國這些被判處無期徒刑的孩子們所面臨的困境。我想要為其中一些人拍照，呈現這些被判處終身監禁的孩子的真實樣貌。佛羅里達州是少數幾個允許攝影師進入監獄的州別之一，我們請求獄方讓伊恩離開獨囚室一個小時，在不接觸的前提下，讓我們僱請的攝影師為他拍照。令人欣慰的是，他們同意了，也允許伊恩和外來的攝影師同處一室。那次會面後，伊恩馬上寫信給我。

親愛的史蒂文森先生：

希望收到這封信的你身體健康，一切順利。寫這封信的目的是想感謝你安排的攝影師，也感謝你告知的訊息，讓我獲得了這些照片。

如你所知，我被單獨監禁了將近十四年半，彷彿這個系統已然把我活埋，對外面世界來說，我跟死了沒兩樣。這些照片對現在的我來說意義相當重大，我的帳戶裡一共只有一點七五美元。如果我寄一元給你，可以買到多少照片？

我與高采烈地拍照，忘了提到六月十九日的今天也是我已逝母親的生日。我知道不是什麼了不起的事，但事後回想，能在母親生日這天拍照，很有象徵意義，也很特別！

我不知道如何讓你感受這些照片為我帶來的情緒及重要性，但是說真的，我想要讓這個世界知道我還活著！我想要看看這些照片，感受自己還活著！這真的可以幫我舒緩痛苦，今天拍照的時候我非常喜悅，我希望它不會結束。每次你們的探訪結束時，我都會感到失落。我只好把握並珍惜那些時刻，在腦海重複播放，感激著這些與人之間的互動和連結。但是今天，只是簡單的握手，就彷彿我這感官已然被剝奪的生命受到額外的歡迎。

請告訴我我可以獲得多少照片？我想要那些我自己的照片，幾乎像是想要重獲自由那麼想。

謝謝你讓這麼多好事發生在我的生命中，我不知道法律是怎麼把你帶到我眼前的，但是我感謝神讓這件事情發生。由衷感激你和司法平等倡議會為我所做的一切。

請寄一些照片給我，可以嗎？

Just Mercy

CHAPTER

9

我在這裡

I'M HERE

華特．麥可米利安聽證會的日子終於到來。現在我們有機會提出勞夫．梅爾斯的新證詞，以及所有警方紀錄從未揭露但能為華特脫罪的證據。

我與邁可為此演練十多次，試著找出能呈現華特清白的最佳表現方式。最大憂慮是梅爾斯，我們知道回到郡立法庭會使他感到巨大的壓力，他曾有過被壓力擊垮的經驗。為了預防這種狀況，我們把證據逐一建檔留存，即便梅爾斯出狀況，這些證據也能被庭上採納。

我們多聘請一名律師助理布蘭達．路易（Brenda Lewis），她也跟我們一起出庭。布蘭達以前是蒙哥馬利的警員，看了太多濫用職權的案例後，無法忍受繼續待在警局的她選擇加入我們。這位非裔美國女性適應環境的能力很強，即便處在一個因為性別或種族而讓她像個局外人的環境裡，也很得心應手。我們要求她在聽證會開始前先去和我們的證人談話，做最後的細節確認，順便安定他們緊張的情緒。

查普曼曾經要求總檢察長辦公室協助華特辯護，他們指派助理總檢察長唐．瓦拉斯卡（Don Valeska），他擔任檢察官已久，以激鬥、好鬥的形象著稱。瓦拉斯卡是個四十多歲、身材勻稱的白人，臉上的眼鏡讓他更顯嚴肅。他的兄弟道格（Doug）是休斯敦郡的地區檢察官，兄弟倆都很積極，起訴「壞人」不遺餘力。邁可跟我在聽證會前再次拜訪查普曼，確認我們是否能夠說服他重啟調查，並且獨立檢視麥可米利安是否有罪。但是現在，查普曼和所有執法人員都已厭倦我們，不管我們問什麼，都能感受到他們愈漸強烈的敵意。我考慮過向他們報告收到的炸彈威脅和死亡威脅的事，但那很可能是門羅郡的人所為，我也不確定是否有任何警長或地區檢察官辦公室的人會在意。

這件案子的新法官托馬斯．諾頓二世（Thomas B. Norton Jr.）也對我們感到不耐煩。我們舉辦了幾次審前聽證會，席間律師的爭執有時使他感到無力。我們仍然堅持要取得官方持有的所有文件與證據，因為我們發現其實有很多可以證明華特清白卻從未被揭露的證據，合理推測還有更多未被呈交的證據。法官最終告知，這已經是我們第九或第十次要求更多警方及檢方檔案後的詢證了。我懷疑諾頓法官並未依據請願第三十二條安排聽證會的原因之一，是他想要甩掉這件複雜又存在爭議的案件。

前一次的審前庭訊，法官曾問：「史蒂文森先生，你需要多少時間呈現你的證據？」

「庭上，我們想預留一個星期。」

「一個星期？你開玩笑的吧，就為了請願第三十二條聽證會？這個案子的審判才花了一天半的時間。」

「沒錯，我們相信這個案子非比尋常，而且有好幾位證人……」

「三天，史蒂文森先生。如果不能在三天內結束這案子節外生枝的部分，你就白費力氣了。」

「法官，我……」

「休庭。」

我們多花一整天在門羅維爾循線找到最後的幾名證人後回到辦公室，我和邁可商討如何在法官給我們的有限時間內呈現所有的證據。我們必須把案件的複雜程度以及華特權利受到侵害的許多面向，以連貫而容易理解的方式呈現給法官。另一個隱憂則是梅爾斯及其富幻想基調的敘述方式，我們在聽證會前幾天跟他坐下來聊聊，嘗試要他盡可能忠實地陳述。

「別花太長篇幅陳述警方的腐敗。勞夫，只要精確、誠實回答問題就好。」我說。

「我向來如此。」勞夫自信地說。

「等等，你剛是說你『向來如此』嗎？」邁可問。「你知道自己在說什麼嗎？你向來如此？勞夫，你在審判過程中徹頭徹尾地說謊，而這也是為什麼我們要開聽證會的原因。」
「我知道，」梅爾斯冷冷地說。「我指的是，我一向告訴你們事情的真相。」
「勞夫，別嚇唬我。你只要照實作證就好。」邁可說。
勞夫幾乎天天來電辦公室，滔滔不絕地說著奇怪的想法、意見和陰謀論。我經常太過忙碌以至於沒能與他講話，都是邁可與他對談居多，勞夫獨特的世界觀愈來愈使他擔憂，但我們對此也無能為力。
心情焦慮的我們在聽證會當天一早就抵達法庭，身著深色西裝、白色襯衫，搭上色系低調的領帶。出庭時我通常盡可能身著保守，當時的我是個年輕、蓄鬍的黑人男性，就算沒有陪審團出席，為了我的委託人，我也會依從法院對於律師裝扮的期待著裝。聽證會開始前我們先確認梅爾斯是否平安抵達，狀態是否穩定。在南阿拉巴馬的夜間公路奔波五小時，大概會讓勞夫心神不安寧。去牢房探視他時，他的焦急之情溢於言表。更糟的是，他很安靜，說話態度保留，這更加不尋常。結束令人忐忑的會面後，我去找華特，他也在法院另一間牢房裡。回到這個四年前決定他命運的法院，他的情緒想必很澎湃，但我走進去的時候，他勉強露出笑容。
「一路上都還好嗎？」我問他。
「一切都好，只希望今天的結果能夠比上次更好。」

我同情地點頭，然後跟他一起推演我覺得接下來幾天可能發生的事。

受刑人的牢房位於法院地下室，與華特會面過後，我上樓準備等候開庭，一踏入法庭即震驚於眼前的景象。數十名來自華特家鄉社區的人——大多是貧窮的黑人——擠滿了旁觀席。聽證室的兩側也都是華特的家人、出席義賣活動的人、過去幾個月我們訪問過的人、華特的同事，甚至是山姆．庫魯克和他的夥伴們都來了。我走進法庭時，米霓與阿美莉亞對我微笑。

接著查普曼與唐．瓦拉斯卡一起走進來，掃視整個空間，從臉部表情，我可以看出他們對人潮感到不悅。塔德、賴瑞．伊克納和班森——負責華特起訴案的主要執法團隊——也陸續在檢察官之後走進來坐下。一名副警長在聽證會開始前護送容達．莫里森的父母到法庭前方，法官就座後，這些黑人們嘈雜地同時起立又坐下。許多來自黑人社區的成員打扮得像要上教堂一般，男人身著西裝，有些女人戴著帽子。他們幾秒鐘後才恢復安靜，這似乎讓諾頓法官感到不悅，但他們的出現為我注入強心針，也為華特感到開心，有這麼多人專程前來支持他。

諾頓法官是名五十多歲的禿頭白人男性，身高不高，但是法官席的座位高度讓他的氣勢不遜於任何法官。過往在我們的聽證會上，他都穿著西裝主持，但今天換上了長袍，手裡牢牢握著法槌。

「先生們，準備好開始了嗎？」諾頓法官問。

「準備好了，庭上。」我回答。「但是，針對幾名到庭旁聽的執法官員，我請求援引隔離證人（sequestration）的原則。」在刑事案件中，證人作證時會被要求坐在法庭外面，避免他們因為其他證人的說法更改證詞。

瓦拉斯卡立刻起身。「不，法官，這樣不妥。這些人是釐清這起令人髮指的案件的調查者，我們需要他們在法庭上做為我們的案件代表。」

我也堅定表達立場，「庭上，州政府不用背負訴訟程序中還原案件始末的責任，但我們要。這不是刑事審判，這是定罪後的聽證會。」

「法官，他們的立場是試圖重新翻案，所以我們需要我們的人在裡面。」瓦拉斯卡反駁。

法官也跳進來說話：「史蒂文森先生，聽起來的確像是你想要重新翻案，所以我允許州政府讓這些犯罪調查者留在法庭裡。」

這不是一個好的開始，於是我決定在傳喚梅爾斯當第一位證人之前，先給一段開場白。我希望法官能理解，我們並不是單純用與麥可米利安先生原先的律師不同的角度替他辯護。我希望他明白，我們持有的戲劇性的新證據能夠為華特洗刷冤屈，從正義的觀點看來，應該當庭釋放他。我們能否成功，取決於法官知不知道如何解讀這項證據。

「庭上，州政府起訴華特．麥可米利安的基礎，完全取決於勞夫．梅爾斯的證詞，勞夫有數項被定罪的前科紀錄。在麥可米利安審判期間，他正在艾司康比亞郡接受一起蓄意謀殺的審判。審判時，麥可米利安先生力稱自己是無辜的，表示在案件之前，他並不知道梅爾斯先生是誰。自始至終都堅持自己是無辜的。」

法官從一開始就顯得焦躁不安、有些心不在焉，因此我暫停發言。即便不同意我的見解，我也要他聽清楚我的說法。我停止發言，直到確定他再度集中心神。終於我們視線交會，我才繼續。

「毫無疑問，華特·麥可米利安被以蓄意謀殺定罪，是基於勞夫·梅爾斯的證詞。除了梅爾斯的證詞外，並沒有任何證據讓麥可米利安先生的罪行成立。州政府無實質證據能把麥可米利安先生與案件連結在一起，州政府找不到犯罪動機，也沒有現場目擊證人，唯一有的，就是勞夫·梅爾斯的證詞。」

「審訊時，梅爾斯聲稱自己是在不知情也不情願之下，參與了發生在一九八六年十一月一日的蓄意謀殺以及搶劫案。當時華特·麥可米利安在洗車站看到他，要求他開麥可米利安的卡車，因為他『手臂受了傷』。梅爾斯表示自己載著麥可米利安先生前往傑克森洗衣店，隨後走進洗衣店，他看到麥可米利安拿著槍把錢裝進一只棕色袋子。另一名白人男性也同時出現在洗衣店，梅爾斯作證時描述此人有著一頭黑灰髮，聲稱他與麥可米利安有過交談。梅爾斯宣稱自己進入洗衣店時被麥可米利安先生推擠並威脅。這名依狀況推斷也有涉案的神祕第三人，叫麥可米利安『放開梅爾斯』，麥可米利安先生說自己不能這樣做，因為他的子彈用完了。這名也有涉案的白人男子的身分從來沒有證實或遭到逮捕，州政府也未曾尋找這第三人，我想是因為他們也明白這個人並不存在。」

我再次停頓，讓大家消化其中隱含的意義。「基於勞夫．梅爾斯的證詞，華特．麥可米利安被以蓄意謀殺的罪名定罪，判處死刑。接下來你將聽到的是，勞夫．梅爾斯的證詞完全是捏造的。庭上，請容我重複一次，勞夫．梅爾斯在審訊時的證詞完全是捏造的。」

我請法庭事務官傳喚梅爾斯到證人席，全場鴉雀無聲，直到門被打開，勞夫．梅爾斯走進法庭。他的現身引起現場一些騷動，勞夫明顯比法庭中大多人上次看到他時更衰老，我聽得見他們議論紛紛，討論他又更斑白的髮色。身穿白色囚服的梅爾斯爬上證人席時，我再次感受到他的瘦小和悲哀。舉起手宣誓所言為真之前，他緊張地環視法庭。我等待著騷動平息，諾頓法官認真地打量著梅爾斯。

我走過去開始我對證人的詢問。要求他報出自己的名字以供記錄，並且確認他曾經出庭指控華特．麥可米利安之後，差不多是時候切入核心了。

我走到離證人席更近的地方。

「梅爾斯先生，你在審訊時針對麥可米利安先生所說的證詞是否為真？」我希望法官沒察覺我是屏息等待著勞夫的回答。勞夫冷靜地看著我，然後非常清晰、自信地開口。

「完全不是真的。」此時法庭上群眾議論的音量漸大，但大家也隨即安靜以待聽証會繼續。

「完全不是真的。」繼續問話前我再複誦一次。我希望勞夫推翻先前證詞的發言被大家充分理解，但我也不想耽擱太久，還有很多問題要問。

「容達．莫里森遭到謀殺當天，你是否見到麥可米利安先生？」

「當然沒有。」勞夫看起來很沉穩。

「你那天有沒有開他的貨車到門羅維爾？」

「當然沒有。」

「容達．莫里森遇害後，你有沒有走進傑克森洗衣店？」

「沒有，從沒進去過。」

我不想要讓法院覺得勞夫只是機械式地否認我提出的問題，因此提了一個需要正面回答的問題。

「那麼，在審判麥可米利安先生時，你是否說過你走進洗衣店時有個白人男子在裡面？」

「是的，我說過。」

至此，我已經提出所有我敢問的是非題。「請問你當時的說詞是什麼？」

「我記得我的說法是，我無意間聽到華特・麥可米利安跟這傢伙說了些什麼，我還記得，我說我看到這個人的後腦勺，但只記得這麼多了。」

「梅爾斯先生，這證詞是真的嗎？」

「不，事實並非如此。」

法官傾身向前，全神貫注地聽。

「有任何你針對華特・麥可米利安涉入容達・莫里森一案的指控是正確的嗎？」

勞夫停頓了一下，回答前環視全場。這是他第一次語帶情緒，遺憾或悔恨。

「沒有。」

在場的所有人似乎都屏住氣息，至此才從聲援華特的人群裡開始出現交頭接耳的嗡嗡聲。

我有一份審判紀錄的影本，我帶著勞夫逐句確認他對華特的指證。過程中，他明白自己先前的證詞全部都是假的。梅爾斯的態度很直接且具說服力，說話時經常把頭轉向諾頓法官，直視他的眼睛。當我要勞夫複誦證詞中被迫做偽證的部分時，他保持冷靜，並且絕對真誠地表達。儘管經過查普曼長時間的交叉詢問，梅爾斯依然堅定不搖。在被質問為什麼改變證詞，以及查普曼表示背後可能有人唆使他這麼做時，被激怒的梅爾斯看著檢察官說：

「我，我可以看著你的臉，或是任何一個人的臉，眼神對看著，告訴你們事情就是如此。關於麥可米利安我說的一切都是謊言……據我所知，麥可米利安與這件事一點關係也沒有。因為那天，那個他們說是案件發生的日子，我甚至連麥可米利安都沒看到。這也就是我跟許多人說過的內容。」[1]

再次直接詢問[1]（redirect examination）時，我請勞夫再次確認他的證詞是假的，而他也清楚此一行為造成一名無辜男子關押在死牢裡。接著我花了一點時間走到辯護席，確認沒有遺漏任何事。我查看我的筆記，瞄向邁可。「我們的表現還可以吧？」

邁可看起來相當震驚。「勞夫很棒，他真的非常棒。」

我看著華特，察覺到他的眼眶濕潤，他搖搖頭，一副不可置信的樣子。向法庭宣告梅爾斯可以離席前，我拍拍他的肩膀。我們沒有其他問題了。

梅爾斯起身離開。當他被引導至側門離去前，滿臉歉意地看了看華特，但我不確定華特是否也有看到他。

法庭裡的群眾再度議論紛紛，我聽到一名華特的親戚悄聲說：「主耶穌，感謝祢！」

1 譯註：在對方對本方證人進行交叉詢問後，本方再次對證人進行的詢問。

下一項挑戰是反駁比爾・胡克斯以及喬・海陶，他們聲稱約莫在容達・莫里森遇害時，目睹華特的「低底盤」改裝車停在洗衣店門口。

我傳喚克萊・卡斯特到證人席。這名白人修車師傅表示，容達・莫里森遇害當時，也就是一九八六年十一月，麥可米利安的貨車並不是低底盤的。卡斯特持有紀錄，他清楚記得華特的貨車是在一九八七年五月進行改裝，這與胡克斯與海陶陳述目睹低底盤車停在洗衣店門口的時間相距超過六個月。這天，聽證會結束在門羅維爾的警官伍卓・伊克納（Woodrow Ikner）陳述完證詞之後，他表示自己是首位抵達案發現場的人，而容達・莫里森的遺體並不在梅爾斯第一次出庭時說的位置。伊克納說，據他觀察，莫里森明顯經過一番抵抗，從後方遭到射擊，犯罪現場從浴室開始，一直到洗衣店後方，也就是屍體被發現的位置。伊克納對於現場的陳述，與梅爾斯說看到莫里森倒在前方櫃檯附近的說法互相衝突。更耐人尋味的是，伊克納表示自己受到審判檢察官珀森要求，證明莫里森的屍體曾被從前方櫃檯拖行到最後發現的位置。回想這段對話時，伊克納在證人席上表現出惱火的樣子。他知道這是捏造的，也告訴檢察官自己拒絕做偽證，不久後，他就被警局革職了。

證據聽證會如同陪審團審判，都可能很折磨人。完成所有證人的直接詢問之後，我很訝異居然已經傍晚五點了。所幸聽證會進行得很順利，興奮又雀躍的我已經準備好在最後階段陳列出所有能證明華特清白的證據。同時我也留心諾頓法官的反應，確認他仍然專心，他看起來顯然受到了影響。我相信他臉上關切的神情，顯示出他對於證據呈現後的行動很是疑惑，我也把法官展現出的疑惑和關切視為進展。

第一天我們傳喚的證人盡皆白人，與華特．麥可米利安之間沒有任何忠誠關係，這似乎是諾頓法官始料未及的。當克萊．卡斯特證實，公訴方證人形容的「低底盤」貨車其實是在案發後將近七個月才改裝時，惱火的法官快速地做筆記，臉上的愁容更加深刻。當伍卓．伊克納提到因為不願意說謊、做出對麥可米利安不利的偽證而被解僱一事，法官看起來像在顫抖。這是我們呈現的第一項證據，證明執法人員多麼專注於想要起訴華特，他們忽略甚至隱瞞與己方說法矛盾的證據。

伍卓．伊克納作證結束後，已是傍晚時分。法官看向時鐘，宣布到此為止。我想要繼續，必要的話持續到半夜也行，但我知道不可能。我走向華特。

「我們現在就要停止了嗎？」他焦慮地問。

「是的，但我們明天早上就會繼續。」我對他微笑，很欣慰地也收到他回給我的笑容。

華特興奮地看著我。「老兄，我無法形容此刻的感受，我無時無刻等待著真相大白，卻只聽到謊言。現在這一刻的感覺真是不可思議，我真的——」一名身著制服的獄方人員過來打斷我們。

「我們得把他帶回囚室了，要說話得到那裡去講。」這名中年白人官員看起來有些挑釁，但我無意理會，我告訴華特晚一點下去找他。

人潮自法庭魚貫而出，可以從華特的家人身上發現希望已在他們臉上開展。他們走過來擁抱我，華特的姊姊阿美莉亞、太太米霓，以及姪子吉爾斯都興奮地談著我們提供的證據。

回到旅館後，邁可也很雀躍，「查普曼應該要打給你，說他想要撤銷針對華特的指控，讓他回家才對。」

「我們不能只是屏息等待電話，」我答道。我們離開法庭時，查普曼看起來很煩惱，我仍希望他會回心轉意，甚至轉而幫助我們，但絕對不能視之為必然。

隔天早上，我提早到法院地下室探訪華特。上樓時，我看到一群黑人坐在庭外的法院大廳，心生疑惑。差不多是時候要開庭了，我走向跟其他人一起坐在法庭外的阿美莉亞，她熱切地看著我。

「出什麼事了？」我問。「為何你們全都在法庭外頭？」

我環視大廳，比起昨天的人潮，今天的聽證會又吸引了更多人，包括幾名神職人員，和一些我從未見過的長者。

「史蒂文森先生，他們不讓我進去。」

「不讓你們進去是什麼意思？」

「剛才我們想要進去，但是他們說我們不可以進入。」

一名身著副警長制服的年輕男性站在正對著法庭出入口的位置，我朝他走去，他伸手阻攔。

「我要進去法庭。」我堅定地說。

「你不能進去。」

「我不能進去是什麼意思？有一場聽證會正要開始，我要到裡面去。」

「先生，很抱歉，但你不能進入法庭。」

「為什麼不行？」我問他。

他沉默站定。最後我補上一句：「我是辯護律師，我想我有資格進入法庭。」

他仔細打量我，一臉困惑。「嗯，我不知道，我得去確認一下。」他消失在法庭裡，一會兒後他回來，試探地對我笑了笑。「嗯，你可以進去了。」

我被工作人員推擠著，門一打開，我發現整個法庭都變了。他們在法庭門內放了一個大型的金屬感測器，另一側則有著被警察牽制住的大型德國牧羊犬。座位席已經半滿，昨天坐著華特支持者的長凳上，現在大多被白人年長者占據，顯然這些人是來聲援莫里森與起訴案的。查普曼與瓦拉斯卡已經就座檢察官席，表現得若無其事。我臉色鐵青。

我走向查普曼，「是誰讓工作人員禁止外面那些民眾進到法庭的？」他們看了看我，一副不知所云的樣子。「我會跟法官講這件事。」

我旋即回頭直接走向法官辦公室，檢察官們跟在我的身後。當我向諾頓法官解釋麥可米利安的家人和支持者都被告知不能進入法庭，但是公訴方的支持者卻可以時，法官翻了眼睛，很不耐煩。

「史蒂文森先生，你的人馬應該要早一點到。」他淡淡地說。

「法官，問題不在於他們不夠早到，問題在於他們被告知不能進到法庭裡面。」

「沒有人規定他們不能進到法庭裡，史蒂文森先生。」

他轉向他正要離開房間的事務官，我跟在他身後，看到他與工作人員在庭外竊竊私語。麥可米利安的支持者可以進到法庭了，只不過一半的位置都已經坐滿。

我走向兩名帶領華特支持者的人，並試著解釋狀況。

「各位，我很抱歉，」我說。「今天他們做了一些不適當的事，現在會讓你們進去，不過已經有一半的位子坐著公訴方的人馬。大概只剩下一半的空位，沒辦法讓全部的人都進去。」

其中一位領導者是一名壯碩的非裔美國人，他身著深色西裝，頸上掛著一個大型十字架朝我走來。「沒有關係，史蒂文森先生。請不用擔心我們，我們會決定出一些人做為今天的代表。明天我們會更早到，不會讓任何人把我們擋在門外。」

兩名領導者開始挑選進入法庭裡的代表。他們選了米霓、阿美莉亞、華特的孩子，還有其他幾個人進到法庭。當領導者叫到威廉斯太太時，每個人都面帶微笑。威廉斯太太，一名年老的黑人女性，起身準備進入法庭。她把自己的頭髮照護得很好，一頭灰髮之上是頂小禮帽，戴的位置相當講究。然後她拉出一條藍色長圍巾，優雅地盤在脖子上後，才緩步走向法庭。華特的支持者們已為她讓出一條路。她端莊的舉止相當吸睛，但陣仗結束後，我想起自己得先離開。我預計保留一些時間為今天早上的證人詢問做準備，卻被捲入這對於華特支持者愚蠢的不當對待。我越過這些和善的人，進入法庭開始為聽證會做準備。

眼角瞄到威廉斯太太走進法庭大門時，我正站在律師席上。戴著帽子、披著圍巾的她看上去十分優雅，她不是個壯碩的女人，但卻讓人很難不注意到她的存在——我無法克制地看著她小心翼翼地通過門口，走向金屬探測器。她走得比任何人都慢，但頭抬得高高的，散發出優雅且莊重的氣勢。她讓我想起生命中的年長女性，那些儘管生活困苦卻依然仁慈，致力於建造、維護自己所屬社區的女性。威廉斯太太看了看哪裡有可以坐的空位，然後走經過金屬探測器，接著她看到那隻狗。

我看到她的冷靜消散，取而代之的是絕對的懼怕。她的肩膀下垂，身體失衡傾斜，彷彿即將癱軟。她站在那裡超過一分鐘，動也不動，接著身體開始顫抖，明顯地晃動。我聽到她發出呻吟，淚水從臉頰滾落，她開始悲傷地搖著頭。我一直看著她直到她轉身快速走出法庭。

我感覺到自己的心情跟著改變了。我並不知道威廉斯太太究竟發生了什麼事，但我知道在阿拉巴馬這裡，警犬和尋求正義的老黑們不曾融洽相處。

警方把華特帶進法庭時，我試圖忘掉早上事件所帶來的負面感受。因為沒有陪審團在場，法官不允許我讓他換上一般服裝，華特穿著他的囚服出席。他們允許他不戴手銬出庭，但堅持得上腳鐐。在華特的家人與支持者們緩慢通過金屬探測器、經過那隻狗進入法庭時，邁可與我簡單商討了今天證人列席的順序。

儘管一早就受警方這種伎倆的氣，還有狗與威廉斯太太的壞預兆，我們依然在法庭度過愉快的一天。州立精神療養機構的員工出庭作證，他們曾在梅爾斯於第一次審判中拒絕作證之後照顧過他，也在梅爾斯被送到泰勒哈汀安全醫療機構進行狀況評估時照顧他，證實了梅爾斯在那天之前的說法。歐瑪．莫罕巴特（Omar Mohabbat）醫生解釋，梅爾斯告訴他「警方已決意要他擔下他被起訴的謀殺案的處罰，或者他也可以選擇『作證』說是『那個男人做的』」。莫罕巴特表示，梅爾斯「斷然否認與被指控的罪名有任何關係，他說『我不知道那個女孩的名字，也不知道案件發生的時間，日期我也不清楚，連發生地點我都不知道。』」莫罕巴特作證時，還說梅爾斯曾經告訴他，「他們叫我按照他們想要的意思說話」。

從其他醫生獲得的證據更進一步確認這份證詞的可信度。來自泰勒哈汀的諾曼・溥斯瑞（Norman Poythress）醫生說，梅爾斯告訴他，「他的『前一次招供』是假的，是警方透過讓他承受肉體與精神分離的痛苦逼出來的」。

在泰勒哈汀服務的卡麥・納吉（Kamal Nagi）醫生也為我們出庭作證，他說梅爾斯曾告訴他，「另一起發生在一九八六年的謀殺案，一名女孩在自助洗衣店遭到射殺，他說『警察和我的律師都想要我說出我曾經載這些人去那家店，然後他們殺了那個女孩，而我不願意這麼做』」。梅爾斯還告訴納吉：「他們威脅我，他們想要我說他們想聽的話，如果我不這麼做，他們說『你就等著被電刑伺候吧』」。

我們還有來自第四位醫生的證詞，梅爾斯曾私下告訴他，自己承受著作偽證指控華特・麥可米利安所造成的壓力。伯納德・布萊恩（Bernard Bryant）醫生作證時說，梅爾斯告訴他「那件案子與他無關，他因為那起案件被監禁時，遭到當地警方當局的威脅與騷擾，要他認罪」。

我們向法院強調，這一整天聽證會的所有陳述，都發生在梅爾斯初次審判之前。這些陳述不止讓梅爾斯的撤回證詞更有說服力，而且這些記錄在病例報告上的內容從未依法律規定移交華特的庭審律師。聯邦最高法院一直以來都要求，起訴方得將任何能證明被告無罪，或者對於被告彈劾證人有幫助的資訊透露給被告方知道。

由州政府帶來法院的支持者以及被害人的家屬都對於我們提出的證據感到疑惑。事情變得複雜，使得他們原先完全認定華特的罪行、認為他應當受到快速且明確處置的簡單想法不再成立。州政府的支持者開始陸續離席，被允許進到法庭裡的黑人人數則慢慢增加。第二天結束時，我覺得充滿希望。我們推進的速度維持得很適當，交叉詢問比我預期的還快結束。估計再花一天，這個案子就可以結束。

當晚上走去開車的時，我很疲累但心情愉悅。我訝然注意到威廉斯太太獨自坐在法院外頭的長凳上。她在我們視線交會時起身，我朝她走去，她離開法庭時的倉皇令我記憶深刻。

「威廉斯太太，我對他們早上的行為感到很抱歉。他們不應該那樣做，如果他們讓你心情低落的話，我很抱歉。但如你所知，今天一切都很順利。我覺得我們過了很棒的一天——」

「史蒂文森律師，我覺得糟透了，糟透了。」她抓著我的手說。

「我早上應該要進到法庭的，今天早上我應該要待在法庭。」說著她開始哭泣。

「威廉斯太太，沒有關係，」我說。「他們不應該那樣做，請你不要太掛心。」我伸出手臂給她一個擁抱。

「不，不是這樣的，史蒂文森律師。我應該要在裡頭的，我應該要在那個法庭裡的。」

「沒有關係，威廉斯太太，沒有關係的。」

「不，我應該要在那裡，而且我想要在那裡。史蒂文森先生，我試了又試，上帝知道我試過了。可是當我看到那隻狗——」她搖搖頭，盯著遠方的某處。「看到那隻狗，我想到一九六五年，我們聚集在塞爾瑪的愛德蒙佩特斯橋上，為了爭取投票權發起遊行。他們打我們，放那些狗衝過來攻擊我們。」她悲傷地回過頭看我。「我嘗試著移動，史蒂文森律師，我試著移動，但我就是做不到。」

她說話時，彷彿為全世界的悲傷所圍繞。她鬆開我的手後離去。我看著她與其他我在法庭見過的人一起坐進一輛車裡。

我帶著更加憂愁的心情開車回到旅館，為最後一天的聽證會做準備。

隔天我一早就抵達法院，確認一切都沒有問題。不出我所料，現身的州政府支持者人數非常少，金屬探測器和那隻狗都還在，不過這回沒有人守門阻止黑人進場。在法庭裡，我留意到其中一名婦女是前一晚跟威廉斯太太一同離開的人，她走過來，介紹自己是威廉斯太太的女兒，感謝我安慰她的母親。

「昨天晚上她回到家時非常沮喪，沒有吃任何東西，也不跟任何人說話，直接走進臥房。我們聽見她禱告一整晚。今天早上她致電牧師，請求他再給她一次代表社區參加聽證會的機會。我起床時她就已經準備好要來法院了。我開導她，跟她說可以不用出席，但她什麼也聽不進去。她經歷過很多事情，嗯，而且過來的路上，她一直不斷重複說著『天主，狗才嚇不倒我，狗才嚇不倒我。』」

我再度為法院的人昨天突然管制法庭的出入一事向她女兒致歉。我們同時抬頭，威廉斯太太就站在那裡。她再一次戴著她的圍巾與禮帽盛裝出席，用手緊緊夾著手提包，在門口處猶疑。我聽到她一再對自己說著：「狗才嚇不倒我，狗才嚇不倒我。」我看著被放行的她走進來，緩慢經過金屬探測器時，她高昂著頭，一次又一次說著：「狗才嚇不倒我。」她走經過探測器時一直盯著狗看，讓人很難把目光從她身上移開，她用足以讓所有人都聽見的音量高呼：「狗才嚇不倒我！」

經過那條狗之後，她進到法庭，已經先到法庭裡的黑人同伴們看到她克服狗的障礙都面露欣喜。她找了靠近法庭前方的位置坐下後轉向我，滿臉笑意地宣布：「史蒂文森律師，我在這裡！」

「威廉斯太太，很高興看到你。謝謝你來。」

法庭上坐滿了人，我開始整理我的文件。他們帶華特進入法庭，顯示聽證會即將開始。此時，我聽見威廉斯太太呼喊我的名字。

「不，史蒂文森律師，你沒有聽到我。我說我在這裡。」她非常大聲地說，我有點困惑也有點難為情。我轉過頭對她微笑。

「有啊，威廉斯太太，我聽到你的聲音了。我很高興你在這裡。」從她的神情看來，她彷彿已陶醉在自己的小世界裡。

法庭座無虛席，事務官隨著法官走進來。每一個人都遵照慣例起身，法官拉開椅凳坐下後，大家才跟著就座。等待法官開口說話時，有一段不太尋常的靜默。我注意到眾人似乎盯著我身後的什麼東西看，轉過頭去才發現威廉斯太太仍然站著。整個法庭鴉雀無聲，所有目光都集中在她身上，我用手勢示意她應該坐下，但她把頭往後仰放聲大喊：「我在這裡！」她坐下時，眾人為她捏了把冷汗卻也忍不住咯咯笑著，可是當她看向我時，我注意到她眼眶裡充滿淚水。

那一刻，一種奇怪的感受油然而生。我微笑著，我知道她這番話是對整個法庭說的：「或許我老了，或許我貧窮，或許我的膚色是黑的，但我在這裡。我在這裡，因為正義召喚我來當見證者，我在這裡是因為我應該要在這裡，我在這裡因為你不能趕我走。」

威廉斯太太自豪地坐下時，我對她微笑。這是我經手這件案子以來，第一次覺得自己終於知道先前的一切努力是為了什麼。我恍神了片刻，才發現法官在叫我的名字，不耐煩地要求我開始。

最後一天的聽證會進行得很順利。六名曾與勞夫・梅爾斯關在一起的獄友表示，勞夫曾經說過，他是在承受著壓力的情況下出庭對華特・麥可米利安作偽證。我們找到大部分的人，並且請他們出庭作證。他們的說法一致，曾受梅爾斯誣陷為彼特曼謀殺案凶手的艾薩克・戴利解釋，梅爾斯是如何胡謅華特犯下彼特曼案件的過程。梅爾斯被捕後，曾經私下對戴利坦承自己和凱倫策畫著要把彼特曼一案的責任指向華特。「他跟我們說，事情是他跟凱倫幹的，噢，不過他們謀算著要一起推給強尼D。」

另一名寫信說明梅爾斯在門羅郡監獄中狀況的獄友解釋，梅爾斯根本不認識麥可米利安，對於莫里森謀殺案也一無所知，是在警方的逼迫之下才作偽證指控麥可米利安。

我們把最有力的證據留到最後。是塔德、班森和伊克納審問梅爾斯的錄音檔，相當戲劇化。警方審訊梅爾斯的錄音檔中，多次的審訊內容都是梅爾斯重複告訴警察自己不知道關於莫里森案的任何事，也不認識華特・麥可米利安。錄音檔中也出現警官威脅梅爾斯，以及梅爾斯抗拒陷害一名無辜男子為謀殺案罪犯的內容。錄音檔不止證實梅爾斯的撤回證詞與庭審的證詞之間的矛盾，還揭發了珀森的謊言——他向法官、陪審團和麥可米利安的訴訟律師表示，只有兩份梅爾斯的陳述紀錄。事實上，警方那裡至少有超過六份梅爾斯的陳述紀錄，基本上都吻合他在請願第三十二條聽證會的證詞——他對華特・麥可米利安謀殺容達・莫里森的事情並不知情。這些陳述紀錄一致指向華特・麥可米利安是清白的，依照法律規定，這些證據必須披露給麥可米利安的律師知道，然而他們沒有這麼做。

我曾致電麥可米利安的庭審律師布魯斯・伯恩頓與J・L・切斯納，詢問若持有被政府扣留的這些證據，他們有多大把握贏得無罪釋放的結果。呈現證據的流程結束之後，意外的是州政府方沒有提出反駁。我不知道他們可以拿出什麼反駁我們，但我以為他們起碼會拿出些什麼。法官看起來也和我們一樣驚訝，他停頓了一下，接著說他希望各方提供書面的簡短論述，讓他知道該做出何種判決。這是我們期望的結局，聽到法官願意給我們時間書面解釋這些重大的證據做為他的判決參考時，我鬆了一口氣。我希望他的判決會還給華特自由。緊湊的三天訴訟結束，在接近傍晚時分法官宣布休庭。

聽證會的最後一個早上，由於邁可與我太過匆忙，沒來得及在前往法庭之前辦理退房。我們向法庭內的親友們道別後回到旅館，累壞了，卻心滿意足。

舉行聽證會的地點在貝米內特，距離墨西哥灣的美麗海灘大約三十分鐘車程。我們開始一項傳統，在每年九月帶組織成員南下那片海灘，沉浸在乾淨溫暖的海水中。白沙與天然的海濱十分壯麗、療癒。雖然不遠處大規模的海上石油鑽井平台稍微破壞了景致，但若略去這美中不足的小瑕疵，彷彿置身天堂。這一區的海灣很受海豚歡迎，清晨時分可以看到牠們躍出水面的淘氣模樣。我常想著，我們應該要把辦公室搬來這片海灘上才是。

邁可提議回蒙哥馬利前先到這片海灘，我不確定這點子好不好，但氣候宜人，海又這麼近，令我難以抗拒。我們跳上車，趕在陽光還露臉的最後幾個小時前往位於阿拉巴馬州摩根堡（Fort Morgan）的美麗海岸。一到那裡邁可馬上換上泳褲衝進海裡，我累到無法在海中競逐，因此換上短褲後坐在沙灘上，太陽很快就要西下了，但熱度還在。我的腦中滿是在法院發生的情景：重複播放著證人的說詞，擔憂一切是否如預期順利。任何可能的失誤與每個細節都在我腦中流過，直到我回神。案子結束了，反覆想著除了把我自己搞瘋之外，並無太大意義。我決定縱身入海，起碼可以短暫地忘卻一切。

不久前，班機延誤受困機場時，因為手邊沒有書本或文件可以打發時間，我讀了一篇關於鯊魚攻擊的文章。看到摩根堡的海浪時，已經接近日暮時分，我想起鯊魚總是在清晨及黃昏覓食。看著游得離海岸很遠的邁可，我想著如果鯊魚出現的話，我應該會是比較容易被攻擊的目標，邁可是水中蛟龍，而我連漂浮都成問題。

邁可向我揮手吶喊：「人生勝利組，快下來！」我小心翼翼地試探著海水，我們距離遠到我無法跟他解釋我對於鯊魚的顧慮。他嘲笑我。溫暖的海水比想像中棒多了，魚群穿梭我的腿間，我好奇地盯著牠們看，直到意識到牠們可能是在躲避大一點的獵捕者後，我小心翼翼地走回岸上。

坐在沙灘上，我看著白色的鵜鶘毫不費力地在水面上滑翔尋找食物，小招潮蟹在我身邊爬來爬去，不敢靠我太近卻又好奇地在我身邊流連。我想著在回去霍曼路上的華特，他又一次地被銬在廂型車後面。我希望他抱持樂觀的態度，同時也做好心理建設，以承受法院的判決結果。我想著那些專程來法庭的華特親友團，從華特五年前被逮捕的那刻起，他們始終沒有放棄，如今他們終於有理由感到振奮、鼓舞了。我想到威廉斯太太，聽證會結束後，她過來找我，親吻我的臉頰。我告訴她我有多開心看到她回到法院，她興奮地說：「史蒂文森律師，你知道我會在這裡的，你也知道我不會讓任何人把我擋在外面的。」我被她的話逗笑了。

邁可自水中起身，一臉愁容。

「你是看到什麼了嗎？」我調侃他。「鯊魚？鰻魚？毒水母？刺魟？還是食人魚？」

他上氣不接下氣地說：「他們威脅我們，欺騙我們，還有人告訴我們說，有些人對我們做的事感到憤怒，打算殺了我們洩憤。你覺得他們知道我們掌握了這麼多足以證明華特清白的證據之後會怎麼做？」

我也想過這類的事，我們的敵人千方百計地要嫁禍給華特——目的是要處理掉他。他們不惜對我們撒謊，扭曲司法程序，不少人跟我們說社區裡有些憤怒的民眾威脅要取我們的性命，因為他們認為我們要把一個有罪的謀殺犯從死牢裡釋放出來。

「我不知道，」我告訴邁可，「但我們得繼續努力，老弟，我們得繼續努力。」我們坐對無言，看著太陽沒入黑暗之中。愈來愈多招潮蟹從洞裡跑出來，在更靠近我們的地方跑竄，天色漸漸暗去，我轉頭跟邁可說：「我們該走了。」

Just Mercy

CHAPTER

10

減緩刑罰

MITIGATION

美國的監獄已然變成堆放精神疾病患者的倉庫。大規模的監禁相當程度來自於錯誤的藥物管制政策以及過度量刑，不過數十萬窮苦且承受著精神疾病的患者仍是此監禁紀錄的主要驅動力。這現象創造了各種前所未有的問題。

首次與艾弗利・詹金斯（Avery Jenkins）產生交集是透過電話。他打給我，但相當語無倫次。他無法解釋自己被定罪的原因，連想要我幫忙什麼事都無法清楚描述。直到突如其來的想法讓他轉換話題，他才開始抱怨起自己的監禁環境。他也寫信，但是內容就跟電話談話一樣難以理解，因此我決定親自拜訪他，看是否能更了解該如何提供幫助。

超過一世紀的時間，管理美國境內重度精神疾病患者的照護機構擺盪於監獄與精神病院之間。十九世紀末期，由於警覺到遭受不人道對待的受刑人承受著精神疾病之苦，桃樂西亞・迪克斯（Dorothea Dix）和路易・杜萊特牧師（Reverend Louis Dwight）領導了一場成功的運動，讓精神疾病患者得以免除牢獄之災，患有嚴重精神疾病的受刑人人數因此大幅度下降，同時公私立精神治療機構紛紛林立，為這些患者提供照護。很快地，由國家設立的精神病院四處可見。

二十世紀中葉，精神治療機構中的凌虐現象引起各方關注，非自願的監禁成了重大的問題。數以千計舉止古怪但非罹患急性精神疾病，只是抗拒一般社會、文化或性別規範的人，被家人、師長和法院送進治療機構。違反世俗性別規範的同性戀者，或是譜出跨種族戀曲的人，都會在違反自主意志的情況下遭到監禁。莫煩（Thorazine）這類藥物的出現，使許多人得以從一些精神狀況失能的疾病中脫身，但是這種藥物被許多精神治療機構過度濫用，造成可怕的副作用及後遺症。在一些機構裡，具侵略性與暴力的治療方法衍生出恐怖的故事，也催生一起新的運動。這一次，受苦的人終於擺脫體制上規範的精神治療處置。

一九六〇與七〇年代[1]，透過法令的制定，強制住院治療的門檻提高許多。去機構化（deinstitutionalization）成為許多州的努力目標。關注精神健康的人士和律師合力在最高法院贏得一連串的勝利，使得許多州得將精神治療機構內的病患轉移至社區計畫。法律賦予發展遲緩的人擁有拒絕治療的權力，也為精神失能者創造權利，讓機構化變得更不普及。一九九〇年代，數個州的去機構化比例超過百分之九十五，也就是說，在這項計畫展開前曾待過公立醫院的病患之中，每一百名只有少於五名繼續留在醫院。一九五五年，每三百名美國人就需要一張精神病床；五十年後，比例降至三千分之一。

雖然這是迫切需要的改革，然而去機構化與大規模監禁政策——刑事法規的擴張以及量刑的嚴峻苛刻——交互影響之下，造成災難性的效果。對於承受精神疾病，從體制中解放出來的窮苦人而言，「自由世界」也變得危險。許多沒有能力的低收入族群，難以接受治療或取得必須的藥物，導致他們面臨牢獄之災的機會驟然提升。監禁成為國家處理因藥物濫用或成癮導致的健康危機的手段。因為輕微犯罪、藥物濫用，或只是出現居住社區所不能容忍行為的精神疾病患者，如潮水般湧入監獄中。

現今的美國，有超過百分之五十的監獄受刑人承受著精神病症之苦[2]，將近一般成年人的五倍。其中約五分之一的受刑人罹患重度精神疾病[3]，事實上，這個比例甚至高出醫院三倍以上[4]；在某幾個州，比例甚至高達十倍。對於精神疾病患者或是神經系統疾病患者來說，由未經訓練、不理解精神疾病的人管束的監獄是糟糕透頂的地方。

舉例來說，當我還在亞特蘭大工作時，我們辦公室起訴過在路易斯安那州臭名昭彰的安果拉監獄（Angola Prison）。因為他們拒絕修改一條規則：他們規定長官進到囚室、移動他們之前，隔離間內的人要把手伸出柵欄以便上銬。患有癲癇症的受刑人在囚室裡抽搐時需要他人的協助，但因為他們無法將雙手伸到柵欄上，獄警會重擊或使用滅火器制伏他們。

這些干預使得囚犯的健康問題惡化，有時甚至導致死亡。

大多數過度擁擠的監獄，都沒有能力為精神疾病患者提供照護與治療。缺乏治療使得許多病患沒有能力遵守由無數規則定義的監獄生活，造成一些人爆發精神失能症狀，導致激烈的暴力行為。心力交瘁的監獄員工經常以嚴厲處罰、關禁閉，或是各種可行的極端方式對付受刑人。許多法官、檢察官和辯護律師沒能看出精神疾病患者的特殊需求，導致誤判、刑期加長及高居不下的累犯率。

我曾經為關押在阿拉巴馬州死牢裡的精神疾病患者喬治．丹尼爾（George Daniel）辯護。在一場發生於德州休士頓的深夜車禍中，喬治的腦部受重擊而損傷，清醒時，他發現自己身處路邊倒翻的車體中。當晚他回家後，並未到醫院接受檢查。不久後，他的女友對他家人說，一開始他只有些微的異常，接著開始產生幻覺，並且出現各種古怪離奇的行為。他無法正常入眠，抱怨聽到奇怪的聲音，還兩度裸身跑出家門，因為他覺得身後有黃蜂追逐他。車禍後的一個星期內，他開始無法說出完整的語句。就在他定居蒙哥馬利的母親受託說服他就醫治療之前，喬治在半夜搭上灰狗巴士逃離，把所有的錢都帶上了。

迷失方向又失去溝通能力的喬治，被迫在阿拉巴馬州的赫茨伯勒（Hurtsboro）下車。因為他大聲地自言自語，還大動作揮趕著他想像飛在周圍的怪東西，驚嚇到其他旅客。這輛巴士開經喬治家人所在的蒙哥馬利，但他一直待在車上直到被攆下車。時值一月中，身無分文的他，身穿T恤與牛仔褲，打著赤腳在赫茨伯勒流連，最後停在一間房子前面。他敲了敲門，屋主打開門後，喬治未經許可直接進入屋內晃蕩，然後在廚房餐桌前坐了下來。警覺不對勁的屋主打電話給她的兒子，好不容易才把喬治趕出去。喬治又走向另一間屋子做了同樣的事，屋主是名年紀更大的老婦人。老婦人報警後，一名以凶悍聞名的員警用蠻力把喬治挪出屋外。喬治在被拉進警車之際開始抗拒，兩人開始角力並雙雙跌倒在地。這名員警拿出武器，槍枝在他們扭打的過程中擊發，射中員警的腹部，使他因而送命。

喬治遭到逮捕，以謀殺罪起訴。在拉塞（Russell）郡立監獄期間，他變得極度神經質。獄方表示他不願意離開自己的囚室，還觀察到他出現自食排泄物的行為。他的母親前去探訪，但他認不得她，他連句子都無法說得完整。政府指派兩名庭審律師給他，但他們最關心的是在可能判處死刑的案件中，阿拉巴馬州政府僅支付其中一名律師一千美元的庭外律師費。他們為此起爭執[5]，其中一人還因此向對方提出民事訴訟。於此同時，法官把喬治送到位於圖盧沙的布萊斯醫院（Bryce Hospital）進行精神鑑定。負責檢視喬治的醫生艾德·賽格（Ed Seger）得出離奇的結論，他認為喬治沒有精神上的異常，說他要不是「詐病」，就是偽裝成精神疾病的症狀。

基於這份診斷結果，法官繼續這起蓄意謀殺的審判。喬治的兩名律師彼此鬥得不可開交，既沒為他辯護，也未傳喚任何證人到場。公訴方傳喚了賽格醫生出庭，即使當時喬治不斷地吐東西到杯子裡並敲擊物品製造噪音，他仍向陪審團說明喬治沒有任何精神疾病。喬治的家人感到萬念俱灰。出車禍之前，喬治在休士頓的一號碼頭家具店工作，他把一張在離家前兩天到期的支票留在家裡，母親發現了這張支票，窮苦的他們是最能理解一塊錢價值的人，以至於認為這比任何其他事情都更能證明喬治的精神疾病。她把支票交給律師，希望他們用它證明喬治混亂的精神狀態，然而還在為錢爭執的兩名律師沒有把這張支票當作證據，還將它兌現，補貼自己的律師費。

最後喬治被定罪，處以死刑[6]。在我們司法平等倡議會介入此案時，他已在死牢裡關押多年，死刑執行的腳步無情地逼近。見到他時，他服用大量獄醫開立的精神科藥物處方，這起碼能讓他的行為穩定下來。喬治患有精神疾病是個再明顯不過的事實，因此當我們發現，當初在布萊斯醫院為喬治做精神鑑定的醫生是個未經過任何醫學專業訓練的騙子時，我們一點也不意外。「艾德．賽格醫生」偽造證件，他未曾自大學畢業卻成功愚弄醫院高層，讓他們相信自己是個訓練有素的精神科專家。在醫院冒充醫生的八年期間，他都在為罪犯進行精神鑑定，直到這場騙局被識破為止。

在聯邦法院的訴訟中，我出庭代表喬治。當時，公訴方得知賽格是個冒牌貨，卻不同意重新審判喬治的案子。最後，我們從聯邦法官那裡贏得我們想要的判決結果[7]，他的定罪及刑責獲得翻轉。因為精神疾病與失能，喬治的案子一直沒能重審或起訴，從那時起，他就一直待在精神治療機構中。然而，還有數百名受「賽格醫生」鑑定、關押在牢裡的人，他們的刑責從來沒有重新複查的機會。

許多關押在死牢裡的囚犯都有嚴重的精神疾病，但罹患精神疾病的時間明顯不總是早於服刑的時間，他們異常的病症可能是偶然出現的，也可能是因為經常承受壓力而導致。但艾弗利・詹金斯的親筆信字體非常小，我得用放大鏡才能閱讀。我相信他已經重病很長一段時間了。

我看了他的案件，把他的故事拼湊起來。他因為非常殘忍且暴力地殺害一名老先生而被定罪。詹金斯身上的多處刀傷指向他很可能患有精神疾病，但是法院的紀錄與文件從未引用過任何關於詹金斯失能的事。我認為應該親自去拜訪他才能了解更多細節。

把車子停進監獄停車場時，我注意到一輛看起來像是用來紀念舊南方[1]（the Old South）的貨車：貨車上貼滿了令人不太舒服的保險桿貼紙、聯盟旗的壓印和其他令人不安的圖象。聯盟旗標誌的車牌在南方隨處可見，但其中一些貼紙我是第一次見到。許多都是主張

1 譯註：指南北戰爭以前的南方。

槍枝與南方人的身分認同，其中一張貼紙上寫「如果我知道一切會變成這樣，他媽的我就會乖乖揀我的棉花」。儘管成長過程中我對於南方邦聯（Confederate South）的相關圖象一點都不陌生，也在美國南方工作了許多年，還是對於這些標語感到非常震驚。

一直以來，我對美國歷史上的後重建時期格外感興趣。我的外婆是奴隸之女，出生於一八八〇年代的維吉尼亞州；聯邦軍隊撤退後，迎來了暴力與恐怖的時代，社會上出現許多抵制非裔美國人參與政治或社會權利的方式。她的父親對她說過關於近期解放的黑人如何又被先前邦聯的長官和士兵奴役的故事，他們用暴力、恐嚇、私刑與勞務抵債等方式，逼迫非裔美國人繼續維持低下且邊緣的地位。外婆的雙親深受其苦，相當明白他們被允諾的自由與平等如何在南方民主黨白人透過暴力重取政權後，以回到奴隸身分作收。

像是三K黨這類的恐怖組織，會利用南方邦聯的標誌做掩護，恐嚇或加害數千名黑人。對於鄉下地方的黑人居民來說，沒有什麼比三K黨在附近活動的傳言更令人焦慮了。一百年來，任何能造成白人動作的南方黑人進展跡象，都得借助於邦聯的標誌與抵制的演講。世紀交替之際，白人重新頒布州憲法以保證白人至上的理念，不久後，邦聯紀念日（Confederate Memorial Day）成為阿拉巴馬州的州定假日[8]（這個紀念日至今仍是個州定假日）。二次世界大戰過後，當黑人老兵回到南方[9]，南方的政治人物顧慮服役的經歷會鼓勵其質疑種族隔離制度，因此成立「南方民主黨」（Dixiecrat），以保護隔離政策以及白人至上的理念。一九五〇及一九六〇年代，民權運動和新的聯邦法律同樣誘發了種族進步的抵制，再一次掀起邦聯意象的使用風潮。事實上，那是一九五〇年代[10]於〈布朗訴教育局〉（Brown v. Board of Education）一案中，政府宣布公立學校的種族隔離制度違憲之故。當時，南方許多州的州政府大樓還掛著聯盟旗。在民權時代，邦聯紀念碑、紀念館和圖象大量出現在南方各地。也是在這個時候，美利堅聯盟國的總統傑佛遜・戴維斯（Jefferson Davis）的生日定為阿拉巴馬州的州定假日。直至今日，銀行與政府機關在這一天都會放假，以紀念這位人物。

在審前聽證會上，我曾針對非裔美國人自陪審團候選名單排除一事表達抗議；在這個特別淳樸的南方鄉下，黑人人口約占百分之二十七，但非裔美國人在陪審團候選名單中的占比卻只有百分之十。我呈現了相關數據，敘述完對於排除非裔美國人的行為違憲的論點之後，法官開始大聲抱怨。

「史蒂文森先生，我會同意你的提案，但我必須誠實說，我實在受夠人們老是滿嘴少數族群權益。非裔美國人、墨西哥裔美國人、亞裔美國人、美國原住民……什麼時候會有人來我這個法庭倡議邦聯美國人的權利？」法官的反應真的讓我措手不及。我想問他如果生在南方或是住在阿拉巴馬州，我是不是邦聯美國人？但這應該不是個好點子。

我把車停在監獄的前院，想更靠近看那輛貨車，我無法不去讀那些帶有挑釁意味的貼紙。然後我轉身走向監獄大門，嘗試重新把注意力放回正事上，但在看過那些象徵種族壓迫的標誌後，我無法裝做若無其事。我經常來到這間監獄，所以和多名監獄管束人員都已相識，但進去時，我遇見的是從未見過的新面孔。他是個跟我差不多高的白人，約莫一百八十公分，身材相當結實，大約四十歲左右，頂著一頭軍隊裡常見的整齊短髮。他用那雙藍眼睛冷冷地盯著我。我走向通往探訪室大廳的大門，通常進入探訪區之前會有例行性的搜身再放行，然而那名獄警只是站在我面前阻止我進入。

「你在幹什麼？」他大吼。

「我來進行法律探訪，」我答道。「已經安排好了，這星期的事。典獄長辦公室的人有相關文件。」我對他微笑，盡可能用禮貌的語氣緩和這個場面。

「很好、很好、很好。但你得先接受搜身。」

他展現出的敵意很難讓人忽視，不過我已經盡力了。

「嗯，你是需要我幫你脫鞋嗎？」有時候，有些比較嚴苛的獄警會要求我進去前脫下鞋子。「如果你想進到我的監獄裡，你得去廁所把所有東西都脫下。」

這令我震驚，但我還是好言相應。「噢，長官，我想你可能誤會了什麼。我是一名律師，律師進行法律探訪不需要脫衣搜身。」

然而這番話非但沒讓他冷靜下來，還惹得他更加憤怒。「聽著，我不知道你以為自己是誰，不過你休想在沒經過安全協議的規定下進到我的監獄。現在你可以選擇到廁所脫下所有衣物裝備，不然的話，哪裡來的就回哪裡去。」

我也曾有過多次進監獄時受到獄警阻撓的經驗，大多是在郡立監獄或是第一次造訪的地方，這天的狀況真的很不尋常。

「我來過這間監獄很多次了，從沒被要求脫衣搜身，我不認為這是必要的程序。」我斬釘截鐵地說。

「這樣說吧，我不知道、也不在乎其他人怎麼做，但這是我採用的規範。」我思考是否該找副典獄長過來，但也明白這有點難，而且無論如何，副典獄長也不太可能在我面前糾正獄警說他是錯的。為了今天的探訪，我開了兩個小時的車才抵達這裡，而接下來的三週行程已經滿檔，也就是說如果此時不進去，最快也要三個星期之後我才有空過來。於是我進洗手間把衣服脫掉，獄警走進來，進行不必要但相當積極的搜索之後，喃喃說著檢查完畢。我穿回我的西裝走出去。

「現在我可以進到探訪室裡了吧？」我試著轉換說話的語氣以拿回我的尊嚴。

「噢，你要先回去簽一下那本簿子。」

他冷冷地說，顯然是故意要激怒我。那裡有一本監獄用來記錄家屬探訪的日誌，而非法律探訪。我已經簽過律師用的簿子了，沒道理還要再簽另一本。

「律師不用在那本簿子上簽名——」

「你到我的監獄來，就是要簽那本簿子。」他臉上露出了不懷好意的笑容，我努力讓自己保持鎮定。

我回身走到那本簽到簿的位置簽名，再走回探訪室等候。探訪室外有一道上鎖的玻璃門，得有人開鎖我才可以進到與當事人會面的地方。那名獄警終於拿出鑰匙開了門，我沉默地站著期望進去前別再有更多阻撓。當他打開門，我邁步向前，但他抓住我的手臂，壓低音量對我說話。

「嘿，你剛才有沒有碰巧看到停在探訪區外圍的那輛貨車？上面有很多貼紙、旗子跟一座槍架？」

「有，我看到了那輛貨車。」我謹慎地回應。

開口前，他的臉色變得僵硬。「我要你知道，那是我的車。」然後他鬆開我的手，讓我走進去。我對於那名警衛感到憤怒，更氣自己的無能為力。後方的門打開，詹金斯先生被另一名獄警領進來時，我還分心想著這件事。

詹金斯是名矮小的非裔美國人，他伸出雙手與我相握，坐下時笑得很開懷。看到我似乎令他異常開心。

「詹金斯先生你好，我是布萊恩・史蒂文森。在電話裡跟你談過——」
「你有沒有帶巧克力奶昔給我？」他快速地說。
「不好意思，你說什麼？」
他不停地笑。「你有沒有帶巧克力奶昔給我？我想要喝巧克力奶昔。」
這趟旅程，已經有那輛邦聯貨車和獄警的侮辱讓我大開眼界了，現在還有人要跟我要巧克力奶昔。今天真是太荒謬了，我難掩自己的不耐煩。
「不，詹金斯先生，我沒有幫你帶巧克力奶昔。我是個律師，來幫助你的案子取得重新審判機會，了解嗎？這才是我來的原因。現在我需要問你一些問題並試著了解事情發生的經過。」
笑容很快地從他的臉上褪去。我開始提問，但他都只用單詞回答，有時候只是咕噥著答是或不是。我理解到他一心掛記著巧克力奶昔，那個獄警耗去了我的心神，我差點忘記眼前是個心理受損傷的人。我暫停訪問，向前靠近他。
「詹金斯先生，我真的很抱歉。我不知道你想要我幫你帶巧克力奶昔，如果我知道的話，我肯定會帶的。我答應下次來的時候，如果他們允許的話，我一定幫你帶巧克力奶昔，好嗎？」
聽了這番話他的笑容又回來了，心情也開朗起來。從監獄紀錄上可以得知他時常精神病發作，連續大叫好幾個小時。我們的見面過程中，他都表現得很和善有禮，但明顯看得出他不太對勁。我不明白為何審訊紀錄上對於他的精神狀況隻字未提，不過經歷過喬治．丹尼爾的案件後，再離奇的狀況也嚇不倒我。回到辦公室後，我們對詹金斯先生的成長背景進行更深入的調查，都是令人心碎的故事。他的父親在他出生前就遭到殺害，母親則在他一歲大時因用藥過量死亡，從兩歲起他就在寄養家庭間流浪。他在寄養家庭的經歷有如噩夢一場，八歲時已經換過十九個寄養家庭了。在很小的年紀他開始出現智能障礙的症狀，研判他的認知障礙可能由腦部損傷導致，行為上的問題可能是思覺失調症（schizophrenia）及其他重度的精神疾病導致。

十歲時，艾弗利和有施暴傾向的寄養父母同住，他們訂下許多鐵律，導致他過著動盪不安的生活。由於他無法達到寄養父母的所有要求，經常被鎖在衣櫥裡、被罰禁食，遭受毆打及其他肉體上的虐待。寄養家庭的母親眼見他的行為沒有改善，決定拋棄他。她把他帶到森林綁在樹上，便自行離去。三天後，一名獵人發現奄奄一息的他。從這場被遺棄造成的傷病中慢慢恢復後，他被移交給相關單位，接著又被轉送到另一個寄養家庭。十三歲時，他開始服用藥物和酗酒。十五歲時，他出現癲癇與其他的精神病症。十七歲時，他被認定為喪失自主管理能力的人，並且流落街頭。二十歲之前的艾弗利多次進出監獄，而二十歲時，他在某次精神病症發作時跑進陌生人家中。他出現幻覺，以為魔鬼要攻擊他，在那戶人家裡殘忍地刺死了一個他認為是魔鬼的男性。詹金斯先生的律師在審訊前沒有調查過他的過去，而他也很快地被以謀殺罪定罪，判處死刑。

獄方不准我帶巧克力奶昔給詹金斯先生，我試著解釋給他聽，但每一次的探訪，他還是會問有沒有帶巧克力奶昔給他。我告訴他我會繼續努力——我必須這麼說，讓他轉移注意力。幾個月過後，終於排定開庭的時間，我們帶著他精神病症嚴重的證明——這早該在審訊時就提出。我們主張，他原本的律師未能在審判時提出有效的協助，既沒有說明艾弗利的經歷，也沒有在討論刑事責任與刑期時，提出他失去行為能力的事實。

當我到距離監獄三小時車程的法院參加聽證會時，我先去法院地下室的囚室探視艾弗利。例行的巧克力奶昔問答後，我試著讓他理解稍後在法院會出現的狀況，我擔心他會因為看到一些證人——曾經接待過他的寄養家庭父母——而情緒低落，那些精神科專家的證詞也會非常直接地描述他的失能和生病的狀況。我希望他明白為什麼我們要這麼做，他也和氣地表示同意，一如往常。

上樓要進法庭時，我認出那個在我第一次拜訪艾弗利時百般刁難的獄警，自從那次不堪的經驗之後我再沒遇過他。我向另一名獄方人員打聽他，他惡名昭彰，通常是輪夜班，多數人都會盡可能避開他。他想必是受上級指派把艾弗利移送過來的人，我真擔心艾弗利在途中又吃什麼苦頭，但他看起來還是那副慣常的模樣。

接下來的三天，我們在法庭上呈現了艾弗利背景的相關證據。負責診斷艾弗利的專家都覺得他的失能狀況簡直到了毀壞殆盡的地步。並非局部受損或是偏差，但如果細究腦部的損害程度、思覺失調症和躁鬱症，綜合起來確實可能造成嚴重的精神損害。他們解釋嚴重精神失常與其他重度的心理健康問題，使詹金斯先生承受著很大的負擔，很可能導致危險的行為，然而那行為是重症疾病的表徵，而非他人格特質的反映。我們提出進一步的證據說明寄養制度如何摧毀艾弗利，數對曾接待過艾弗利的寄養父母後來因為對寄養兒童性侵害及管理失當而遭到起訴。我們討論著艾弗利是如何度過一個接著一個不愉快的處境，直到走上藥物成癮、流落街頭一途。

數對寄養家庭的父母承認，艾弗利令他們感到很沮喪，因為他們並沒有做好準備承受他嚴重的心理問題。與法官辯論時，我說，若在審判時不將艾弗利的心理問題納入定罪考量，就像是告訴一個斷腿的人，「你必須靠自己爬上這些階梯，如果辦不到，你就是個懶蟲」這般殘忍；也好比告訴一個眼盲的人，「你要在沒有旁人的協助下，獨自穿越這條車潮眾多的州際公路，要是做不到，就說明你很膽小」。

有數百種協助肢體障礙者的方法，或至少理解他們。我們會因為別人沒有充分理解身障者的需求或體貼協助而感到生氣，但是心理障礙者的殘缺非肉眼可見，所以很容易忽視他們需要幫助的事實，而很快地推導出他們是頭痛人物或失敗者的結論。當然，殘忍地殺害他人者，應該受到國家的約束，以保護大眾，但是若在評估過錯、決定判刑結果時，完全排除這個人的失能狀態，是相當不公平的事。

聽證會後，我帶著滿足的心情返家，然而事實上，州層級的定罪後聽證會很少會得到有利的判決結果。司法救濟的機會，最可能在上訴的時候出現。我並不期待會出現任何奇蹟判決。大約在那場聽證會過後一個月，法官做出判決之前，我決定到牢裡探視艾弗利。聽證會過後我們沒有太多談話機會，我想要去確定他的狀況是否穩定。聽證會的過程中，座位上的他大多表現得神色自若，但當過去幾個寄養家庭的父母出庭時，我發現他變得沮喪。我想，或許聽證會後去探訪他會有幫助。

當我把車停進停車場時，又一次看到那輛滿是旗幟、貼紙和駭人槍架、令人作嘔的卡車，我擔心是否又要遇到那名獄警。果然向典獄長的祕書報到後，我走向探訪區時，看見他朝我走過來。我硬著頭皮做好跟他交手的準備，接下來卻發生令我驚訝的事。

「嗨，史蒂文森先生，你最近好嗎？」那名獄警問。聽起來是出於真心關懷，但我仍持保留態度。

「還不錯啊，你呢？」他看待我的態度與先前截然不同，既不銳利，而且感覺得出來是真心想要跟我互動，我決定奉陪。

「我會去洗手間準備好讓你搜身檢查的。」

「噢，史蒂文森先生，你不需要擔心這件事，」他迅速回答。「我知道你沒有問題。」

他的談吐舉止都與先前相差甚遠。

「這樣啊，好的。非常感激你。那麼我先回去簽那本簿子。」

「史蒂文森先生，你不需要這麼做。看到你走進來時，我就幫你簽好名了。我處理好了。」我發現他其實非常地緊張。

他態度的轉變著實令我困惑，向他道謝後，我走向探訪室的門前。那名獄警跟在我身後，他要解開門鎖我才進得去。在我正要走經過他進入探訪室時，他把手搭在我的肩上。

「嘿，嗯，我想要跟你說件事。」

我不是很確定他指的是什麼。

「你知道是我帶艾弗利去法院參加聽證會的，那三天我也都跟你們一起待在那裡。嗯，我，怎麼說呢，我希望你明白，當時我也有聽到聽證會的內容。」他把手從我的肩膀上移開，看向我身後的某處，彷彿我背後有什麼東西似的。「你知道嗎，我，呃，就是，我很感激你所做的一切，真的。要聽懂你們在法庭裡說的話對我來說也是頗有難度的，但你知道嗎，我是在寄養家庭裡長大的，我也是在寄養家庭長大的。」他的表情鬆懈。「老兄，我以前總以為，世界上沒有人像我這麼慘了，他們把我丟過來丟過去，像是沒有任何地方願意要我一樣，真的很坎坷。但聽到艾弗利的故事，我明白有其他人跟我的經歷一樣慘，或許還比我更糟。我要說的是，坐在那間法庭裡，真的讓我想起好多好多回憶。」

他伸手進口袋掏出手帕，拭去眉毛上已經成形的汗水。我第一次注意到他手臂上的邦聯旗刺青。

「你知道嗎，我想我只是要說，我覺得你在做的事很好。曾有過很多次，我真的非常生氣，真的很想要傷害別人，只是因為我很生氣。直到我十八歲，加入軍隊，然後像你看到的，我還好好的。但是坐在法庭裡的時候，這些回憶又回來了，我想我知道其實自己還有一些氣還沒有消。」

我微笑著，他繼續說：「那個你找來的醫生專家說，寄養家庭虐待小孩而造成的損害可能是永久的。這讓我有點擔心，你覺得這是真的嗎？」

「嗯，我認為只要我們想，就能變得更好。」我告訴他。「發生在我們身上的壞事並不能定義我們，只有在別人理解我們來自何處時，才顯得重要。」

我們都用柔和的語氣跟彼此說話，另一名獄警經過時一直盯著我們看。我繼續說：「你知道嗎，我真的很感激你對我說的這些話，這實在是意義重大，我說真的。有時候我也會忘記總會有些時候，我們都需要找到減緩壓力的出口。」

他微笑著看我。「你在法院時一直講到減緩。我對自己說『見鬼了，這傢伙到底哪裡有問題？他為何老是在說「減緩」？』一開始我不確定你說的意思，但我回家查了之後，現在我知道了。」

我大笑。「有時候在法院裡，我也不是很確定知道自己在說什麼。」

「不過，我覺得你做得很好，真的很好。」伸出手之前，他一直看著我的眼睛。我們握手，然後我再度走進那扇門。正要走進去時，他又一次抓住我的手臂。

「噢，等等。我還有別的事要跟你說。聽著，我做過一些可能不應該做的事，但我希望你知道這件事。法院最後一天的活動結束後，我們在回來的路上，嗯，你也明白我知道艾弗利是什麼樣的狀況。總之我帶他去一間溫蒂漢堡店，買給他一杯巧克力奶昔。」

我露出難以置信的表情，他突然爆出笑聲。接著退出門外將門上鎖。我還因獄警說的話處在驚嚇之中，沒注意到其他獄警把艾弗利帶進來的聲音，這才發現艾弗利已經在探訪室裡了。我轉向他打招呼，他沒有說任何話，讓我有點警戒。

「你還好嗎？」

「我很好啊。你呢？」他問。

「很好啊，艾弗利很好啊，我還真的滿好的。」我等著我們見面儀式開始。

他沒說任何話，我只好演出自己的部分。「嘿，我想帶巧克力奶昔給你，但是他們——」

艾弗利打斷我。「噢，沒關係的，我已經有奶昔了。」

開始討論聽證會時，他露出笑容。我們談了大約一個小時，直到我必須去見另一名委託人。艾弗利沒再問起巧克力奶昔，我們也為他贏得重新審判的機會，最後他成功脫離死刑的判決，進到一個可以讓他接受心理治療的單位。我沒有再見過那名獄警，有人跟我說，在那次見面之後不久，他就離開了。

Just Mercy

CHAPTER

11

準備起飛

I'LL FLY AWAY

這是近兩個月以來的第三次炸彈威脅。我們快速收拾辦公室，等待警察的到來，組織的成員們都很緊張。我們辦公室現在有五名律師、一名調查員和三名行政人員。開始前來短期實習的法學院學生，也為我們增添法律援助及需要大量協助的調查人手。炸彈威脅的包裹上沒有任何署名，讓人很想直接忽略它；但是兩年前，喬治亞州沙瓦納（Savannah）的非裔美籍民權律師羅伯特．「羅比」．羅賓森（Robert "Robbie" Robinson）就因為寄到他法律事務所的炸彈爆炸而喪命。差不多同一時間，一名聯邦上訴法院（federal appeals court）的法官羅伯特．萬斯（Robert Vance）也因炸彈包裹爆炸而命喪伯明罕。幾天後，第三顆炸彈寄到佛羅里達州的民權法律事務所，接著第四顆炸彈寄到亞特蘭大法院。炸彈客看來是蓄意要攻擊民權相關的法律專業人士，我們很警戒，我們很可能是攻擊目標。因此在那之後的幾個星期，我們都小心翼翼地把收到的包裹載運到聯邦法院進行X光檢查，沒問題才打開。

此後，炸彈威脅不再只是笑話。

我們討論著包裹實際爆炸的可能性時，每個人都飛快地逃離大樓。炸彈客在電話裡精準描述了我們這棟大樓的樣貌，接待員雪倫在電話中把炸彈客罵了一頓。成長於窮困的白人家庭，年紀很輕已經有兩個孩子的她，對人說話總是直率了當。

「你為什麼要這麼做？你嚇到我們了！」

她說男子的聲音聽起來像是帶有南方口音的中年人，但她無法給出更多的描述。「我在幫你的忙，」他語帶威脅地說。「我要你們全部停止你們正在做的事，我的優先選項是不要傷害任何人，所以你們最好馬上離開那裡！下一次，就不只是警告而已了。」

距離麥可米利安的聽證會已經過了一個月。辦公室第一次受到威脅時，是有人打電話進來，用滿是種族歧視的言語表示得教訓一下我們。大約同一時間，我也在家裡接到恐嚇電話，話筒那頭說：「如果你以為我們會讓你們幫殺了那女孩的黑鬼順利脫身，你們就等著瞧。我會送你們一起去另一個世界當黑鬼！」

當時我正在處理其他案件，但我很確定這通電話是在回應麥可米利安的案子。聽證會的籌備期間，邁可和我在門羅郡進行調查工作時就曾多次被跟蹤。當時我在深夜接到一通可怕男子的來電，他說有人付他一大筆錢來殺我，但他不打算這麼做，因為他很敬佩我們做的事情。我感謝他的支持，禮貌地道謝，卻也很難判斷到底該多認真看待這件事，這也確實令人不安。

我們全都從那棟建築撤離後，警方帶著警犬進入辦公室搜查，沒有發現炸彈。等了約莫一個半小時，那棟建築都沒有爆炸，我們就全都回到辦公室了，我們還有工作要做。

幾天後，我收到不同類型的震撼彈。這次是一通來自鮑德溫郡書記官辦公室的電話。書記官打來告知我，諾頓法官對麥可米利安的案子已經做出裁決，她需要我的傳真號碼，將判決結果傳真給我。我把號碼給她，焦慮地坐在傳真機旁等待。發現只有三張紙從傳真機跑出來時，我開始擔憂了。

這幾張紙的內容，是諾頓法官用簡短的命令拒絕我們的救濟請求。比起絕望，我更感到沮喪。我懷疑過他可能會如此回覆。在聽證會上，除了基本問題之外，他從未表現出對於基本問題——也就是華特清白與否——的重視。他彷彿被設定成維持大局的角色：他是整個系統的維護者，不太傾向推翻先前的判決，儘管眼前證明清白的證據很具說服力。

然而，最令人意外的是，這兩頁半的命令內容非常膚淺、單薄且避重就輕。法官只處理勞夫·梅爾斯證詞的部分，至於我們提出的其他法律要求，以及其他十多名證人的證詞一概沒有提及。事實上，整個命令都沒有援引判例法：

勞夫·梅爾斯站在此法庭前，曾宣誓所言屬實，且撤回大部分審訊時的相關證詞。顯然地，勞夫·梅爾斯若非在審訊時作偽證，就是在這個法庭上作偽證。

以下為考量判決的要點：證人的言行舉止；證人是否足以證明他在審判席上提供的證詞為真；基於證人一審時提供的證詞；基於被告方的撤回證詞；審判及撤回證詞之前後，證人承受的外在壓力之證據；證人的行為是否使其審判證詞值得信賴，以及證人的行為是否使其撤回證詞值得信賴；庭審時援引的證據是否與證人證詞的細部描述互相矛盾，以及基於本案特質，任何來源的任何相關證據，都無法說明證人具備能力知道自己在庭審時作證的內容是否為真。

由於本案是在巡迴法官R·E·L·凱伊閣下退休前審判的，本法院沒有機會把證人的行為舉止，與他庭審時的證詞以及他的撤回證詞交互比較。

基於上列因素並未提供充足證據說明證人勞夫·梅爾斯在原審時作偽證，而有充分證據說明勞夫·梅爾斯自庭審作證之後承受壓力，可能導致他的撤回證詞有待商榷。而審判紀錄或是撤回證詞，都無法提供證據說明案件發生當下，勞夫·梅爾斯不在犯罪現場。

本法院決定將案件發回，因為無論是否存在證據支持勞夫·梅爾斯聲稱自己在原審時作偽證的理論，本法院都認為支持此理論的證據不夠充分。特此宣判勞夫·梅爾斯的庭審證詞並未有作假的疑慮。

巡迴法官

托馬斯．諾頓二世

於一九九二年五月十九日

地區檢察官查普曼曾表示梅爾斯肯定是在壓力之下撤回證詞，但他無法提出任何實質證據來支持自己的說法，這也使得法官的判決令人難以理解。我提醒華特和他的家人，我們很可能需要透過上訴法院，尋求任何真正救濟的機會。儘管每個人對於聽證會的結果，都持相當正面的看法。

我樂觀看待我們所持有的證據在阿拉巴馬州刑事上訴法院呈現後的結果。現在我們定期將判決結果有爭議的案子在那個法院提出。第一次送呈麥可米利安的案子之前，我們已經送出二十多件死刑上訴案，法院也開始回應我們的訴求。一九九〇年，我們逆轉四個死刑案件，一九九一年又增加四件，直到一九九二年尾聲，我們又多為八名死刑犯爭取到減輕刑期的結果。法院經常因為他們受迫開啟新的審判或是給予減刑有所怨言，但儘管如此，判決結果往往對我們有利。短短幾年內，一些上訴法院的法官就因其死刑判決受到攻擊，在與政治黨派關聯度極高的法官選舉中被其他候選人取代。我們仍然堅持繼續補救重大案件的錯誤，督促法院檢核這些案件。若他們拒絕受理，我們再向阿拉巴馬州最高法院和聯邦法院尋求救濟機會。

基於近期的這些經驗，我認為我們可以在上訴時為麥可米利安贏得救濟的結果。即使法院不願意宣判華特無罪釋放，扣留的開脫罪證也絕對足以迫使法院正視要求重新開庭審判的判例法。雖然無法保證任何事，但我對華特解釋，我們將前往一個會慎重考慮我們主張的法院。

邁可如他所承諾的在我們事務所服務了兩年，如今計畫搬到聖地牙哥開始新工作，成為聯邦公設辯護人。他既留戀我們辦公室，卻也慶幸能離開阿拉巴馬州。

我指定新律師伯納德．哈寇特（Bernard Harcourt）接手華特的案子。伯納德與邁可有很多相似處，他很聰明、果決而且非常勤奮。就讀哈佛法學院時就曾與我共事過的他積極爭取這個職位，因此畢業後見習於聯邦法院時，他就問法官能否縮短兩年的見習時間，讓他到阿拉巴馬州加入我們。法官同意後，伯納德很快地在邁可離開前抵達。伯納德的父母來自法國，成長於紐約的他就讀位於曼哈頓的紐約法語中學（LFNY），一所對於其歐洲主義觀點教育毫無自省力的高中。從普林斯頓畢業之後，伯納德在攻讀法律學位前在銀行業工作過一段時間。在與我們遇見的那個暑假之前，他都在為傳統的法律職涯做準備，但後來便著迷於死刑案件的相關議題。他和女朋友米亞搬到蒙哥馬利，隨即愛上阿拉巴馬州的生活。很快地，伯納德一頭栽進麥可米利安的案子，這個案子使他經歷了一場超乎想像的文化冒險。

透過參加聽證會的社區居民傳播，關於證據的討論在群眾間發酵，這也鼓舞更多人主動提供我們有用的資訊。與我們聯繫的人形形色色，各種關於腐敗與行為失當的主張都有，儘管這些內容全都很有趣，但其中只有極小比例與協助華特回歸自由一事相關。伯納德和我持續追蹤，並訪問有見解的人跟我們分享在門羅郡的生活。

我們遭受的威脅，讓我擔心華特一旦出獄可能得面對的敵意。若是大家相信他是個危險的殺人犯，我不確定他能否安然無恙地在社區裡生活。我們開始討論該如何找到能協助公開宣揚麥可米利安先生遭誤判的人，將此做為迎接可能獲釋的他的階段準備工作。倘若大眾如我們一樣理解這起案件，就能讓華特重返自由之路少一些負擔。我們想要人們理解這個簡單的事實：**華特並未犯下那起謀殺案**。他的自由並非奠基於鑽法律漏洞或卓越的辯護技巧，而是極簡單的正義之理——他是個無辜者。

另一方面，我沒想到媒體的關注會有助於我們贏得這起正在刑事上訴法庭審理的案件。事實上，該法院的首席法官約翰·派特森還是阿拉巴馬州州長時，曾因控告《紐約時報》對於民權運動的報導而聲名大噪。這是民權運動時期南方政客慣常使用的手段：一旦報導中表露對運動分子的同情，或撰寫對南方政客與執法人員不利的言論，他們便控告全國性媒體誹謗。南部的州法院法官，以及清一色為白人的陪審團也都很願意順從地方官員提告「誹謗」之意，讓地方當局贏得數百萬美元的賠償。更重要的是，這類的誹謗訴訟使得大家對民權運動的同情冷卻下來。

一九六〇年，《紐約時報》刊了一篇全版廣告，標題為「請傾聽他們的吶喊」（*Heed Their Rising Voices*），試圖為在阿拉巴馬州因偽證罪遭控的馬丁・路德・金恩博士籌錢辯護，南部官方則以控告報社的行動強勢回應。時任公共安全局局長的L・B・蘇利文（L. B. Sullivan）與州長派特森提出誹謗告訴，當地陪審團判予五十萬美元的賠償金額，這起案件上訴到聯邦最高法院。

《紐約時報》訴蘇利文〉（New York Times v. Sullivan）一案的判決中，要求原告提出對方惡意的證明，改變了對於誹謗與侮辱的標準；也就是說，他們得提出確實的證據證明報業媒體的敘述內容為假。這次判決成為新聞自由勝利的里程碑[1]，讓媒體及出版業者可以更誠實地論述民權抗議活動。然而在南方，這卻使得大眾更加鄙視全國性媒體，這份敵意從民權時代以來就一直徘徊不去。毫無疑問地，我認為媒體對於華特一案的報導，並不會在上訴到刑事上訴法院這件事上有所幫助。

假使我們成功翻案，我確實認為讓大眾更加了解華特的事件及這起謀殺案，會讓他出獄後的生活更安全。我們覺得應該要把握機會，把故事完整呈現。當地社區並沒有合適的管道，讓大家理解事情的真相。除了華特獲釋後得面對的各方敵意之外，我們還得擔心新的審判結果。要那些先入為主、抱持偏見的媒體公正報導有如天方夜譚，門羅郡及莫比爾的地方媒體早已妖魔化華特，並且相當篤定定罪的可靠性，認為死刑的執行勢在必行。

當地報紙把華特描繪成一名危險的藥頭，很可能殺害過數個無辜的青少年。門羅維爾和莫比爾的報紙恣意斷言華特是個「毒梟」、「性侵犯」和「黑幫老大」。他第一次被捕時[2]，當地頭條強力指控他性侵勞夫．梅爾斯。「麥可米利安遭控雞姦」這類標題無所不在。報導聽證會時，《門羅日報》（*Monroe Journal*）把焦點放在華特的危險性：「在整個麥可米利安訴訟的過程裡，進到法庭的人都要通過金屬感測器的檢查[3]，整個法庭都駐紮著警力。」儘管我們在聽證會上提出的所有證據都指出[4]，華特與彼特曼的謀殺案毫無瓜葛，當地媒體仍舊穿鑿附會，藉此塑造華特的可怕形象。布魯頓（Brewton）的早報頭條：「通緝東布魯頓的劊子手」[5]；在我們聽證會後，《莫比爾新聞紀錄報》（*Mobile Press Register*）以「容達．莫里森不是唯一遭到殺害的女孩」為頭條，接續報導：「根據執法人員指出[6]，梅爾斯跟麥可米利安都是搶劫、竊盜、偽造文書及毒品走私組織的成員。他們的活動範圍遍布好幾個南阿拉巴馬州的城市，而麥可米利安是這個組織的首腦。」這些報導把重點放在他入獄審判前的所作所為，以及對他出庭時格外森嚴的戒備。媒體想表達的意思再清楚不過：這個人極度危險。

人們對於這起案件的真實性似乎並不那麼在意，在最近一次於鮑德溫郡召開的聽證會上即可得知。官方的當地支持者寧願走出法庭，也不願意見到證明華特清白的證據呈現。雖然有點風險，但我們仍希望全國性的媒體來報導我方的故事，藉此改變輿論風向。

《華盛頓郵報》記者沃特・哈靈頓（Walt Harrington）曾聽過我講述麥可米利安的案例，他在一年前曾造訪阿拉巴馬州為我們做一則報導。他提供這項資訊給一位記者朋友皮特・厄利（Pete Earley）。皮特・厄利與我聯繫，旋即表達對這個案件的興趣。他讀了審判紀錄及我們提供的文件之後，便開始追蹤這個案子，花時間理解一些相關人士，很快地他也跟我們一樣，震驚於華特的定罪竟然奠基在如此薄弱的證據上。

今年早些，我曾經在耶魯法學院演講，當時哥倫比亞廣播公司（CBS）熱門調查節目《六十分鐘》（*60 Minutes*）的製作人也在場，之後他也打電話給我。過去幾年來，我們接到來自各種新聞雜誌節目的電話，他們都表示希望能報導我們的工作，我總是謹慎看待。一般來說，我覺得媒體報導很少真的能幫上我們的當事人。在南方一帶，反媒體的情緒很普遍，對死刑的態度更是趨於兩極。這是個充滿政治色彩的議題，哪怕只是對死牢裡的受刑人表達同情，在地方上造成的迴響都會對當事人及案件帶來更多麻煩。儘管委託人有時候會希望能獲得媒體關注，但對於還在訴訟階段的案子，我相當抗拒媒體訪問。我知道太多受到媒體青睞的案例，都導致加快處決或者不當報復的後果，只讓事態變得更嚴重。

那年夏天，我們向刑事上訴法院遞交上訴申請，由於沒有太大的把握，我決定接受《六十分鐘》節目的採訪。資深記者艾德・布拉德利（Ed Bradley）和他的製作人大衛・蓋博（David Gelber）從紐約市來到門羅維爾。在溫度高達攝氏三十八度的炙熱七月天，他們訪問了許多在聽證會上作證的人，也和華特、勞夫・梅爾斯、凱倫・凱利、達奈爾・休斯頓、克萊・卡斯特、吉米・杭特[1]、華特的家人以及伍卓・伊克納等人會談。他們也在比爾・胡克斯上班的地方找到他，並且對湯姆・查普曼進行深度訪談。很快地，新聞界名人艾德・布拉德利造訪鎮上還為當局造成困擾的消息便傳開了。《門羅日報》這麼報導：

> 太多這樣（外地來）的寫作者公開表達他們對在這裡遇見的人與機構的輕蔑，對於釐清真相這只是很表層的幫助。糟糕的是，其中有些資訊明顯不正確。沒有博得任何「大牌記者造訪鄉下小鎮」這類的新聞版面，我們也不會在意。[7]

新聞片段播出之前，地方媒體似乎鼓吹居民不要相信他們所聽到的關於此案的任何

1 譯註：原文標記為Jimmy Williams，應為誤植。

報導。在〈CBS調查謀殺案〉這則新聞中，《門羅日報》的地方記者如此描述：「門羅郡地區檢察官湯姆．查普曼表示，他認為CBS的研究員來到這裡之前，就已經決定好他們的電視新聞雜誌節目《六十分鐘》要怎麼呈現了。」查普曼用華特被逮捕時的照片，說他的頭髮長而濃密，蓄著一臉大鬍子，顯然是個危險罪犯。「他們在霍曼監獄裡訪問的那個人，跟塔德警長逮捕的根本不是同一人。」查普曼解釋。這篇報導還說，查普曼提供「正牌」麥可米利安的照片給CBS[8]，但他們「不感興趣」。阿拉巴馬州規定受刑人都要把鬍子刮乾淨，所以在鏡頭前受訪時，華特的模樣當然不同於被逮捕的時候。

《六十分鐘》節目播出兩個月後，當局很快開始詆毀其中的內容。《莫比爾新聞紀錄報》的頭條寫道：「地區檢察官表示，電視台對於麥可米利安定罪的報導是種『侮辱』」；文章裡引述查普曼的意見：「一個維持良好聲譽的新聞節目，竟然令人如此難以置信，不負責任。」輿論更加重傷害容達．莫里森父母的形象，地方上的評論者抱怨[9]，莫里森一家得承擔並面對「許多人認為麥可米利安是無辜的」的新輿論氛圍。

地方媒體都迫不及待地加入批評《六十分鐘》的行列，他們的影響力也因大媒體造訪而下降，因此僅大篇幅地報導公訴方的說法、描繪華特的特徵及犯罪。但是地方上的居民很常收看《六十分鐘》，並且普遍予以信賴。儘管地方媒體反應激烈，CBS依然為觀眾把我們在法院提出的證據做一簡要整理，對於華特的犯罪嫌疑提出問題與質疑。一些地方上舉足輕重的領袖也認為此一報導讓門羅維爾看起來很落後，可能讓當地貼上種族主義的標籤，影響當地形象或生意。因此商業界的領袖紛紛開始對查普曼及執法人員提出質疑，想知道這起案件究竟是怎麼回事。

黑人社區的居民看到案件的忠實報導都十分興奮，華特遭到誤判早已是他們談論多年的議題。這起案件重創這個黑人社區，大家都非常重視每一次開庭的進展與判決，我們經常接到民眾純粹想更新消息的來電。有些人在理髮店或其他眾人聚集的場合嚴肅討論過後，來電尋求釐清案件的爭議點。對於這區域裡的許多黑人而言，看到我們在法庭上提供的證據能於全國性電視媒體上播出，是相當療癒的事。

查普曼在接受《六十分鐘》的訪問中，斥責那些質疑華特・麥可米利安的起訴案受到種族偏見影響的言論很愚蠢，他平靜地宣稱自己十分有信心且篤定麥可米利安是犯人，認為應該盡快處決他。他表露出對華特律師以及「預測陪審團的那些人」的鄙視。

不久後我們私底下發現，儘管查普曼面對地方媒體及《六十分鐘》訪談都表現出信心滿滿的樣子，他卻開始擔心起訴華特證據的可信度。他無法忽視這起案件在聽證會上顯現出的問題。從過往我們在死刑案件上的成功紀錄來看，他肯定會擔心上訴法院很可能逆轉局面。查普曼已是人人知曉的公訴方代表，他也明白自己的信譽端賴地方調查員的工作表現——目前看來幾乎可說是個貽笑大方的瑕疵。

聽證會後，查普曼曾致電塔德、伊克納和班森，找他們短暫會面討論，表達自己的顧慮。當他請地方調查員解釋我們提出的證據為何與他們的主張矛盾時，他並不太記得自己聽到什麼答覆。不久，他就正式請求位於蒙哥馬利的阿拉巴馬州調查局員開始另一起針對這件謀殺案的調查，以確認麥可米利安先生的罪行。

查普曼從來不曾主動通知我們有新的調查案啟動，儘管兩年多來，我們都在尋找重新檢核證據的機會。接到新派任的阿拉巴馬州調查員湯姆・泰勒（Tom Taylor）和葛瑞・柯爾（Greg Cole）的來電時，我迫不及待地想與他們分享案件檔案和資訊。會面過後，我對於調查結果又更具信心了。他們兩位看來都是明辨是非的人，經驗豐富，而且工作態度妥當、可靠。

幾個星期後，泰勒與柯爾似乎開始質疑麥可米利安的定罪實情。他們尚未和南阿拉巴馬州的任何其他人聯繫；我們將文件、備忘錄，甚至一些原始證據交給他們，我們沒什麼好隱瞞的。我很緊張，假使我們贏得逆轉得以重審案件，透露這麼多資訊給政府的調查員可能會使我們陷於劣勢——他們因而得以準備得更充分，模糊或破壞我們的證據——但我還是很有信心，我認為任何合理、忠實的調查，都會揭露起訴華特一事有多荒謬。

一月時，距離我們向刑事上訴法院提出上訴申請已經過了六個月，裁定到期的日子就是這星期了。此時我們接到湯姆・泰勒的來電，他與柯爾要再前來拜訪我們一次。調查期間，我們曾有過幾次對話，但這一次我們將會討論他們的調查發現。他們抵達時，我、伯納德和他們一起坐在辦公室裡討論，他們直切正題。

「華特．麥可米利安根本不可能是殺害容達．莫里森的凶手。」湯姆．泰勒相當直白地說。「我們打算呈報總檢察長、地區檢察官以及任何詢問的人，說明麥可米利安與這些謀殺案根本無關，完全是無辜的。」

我盡可能故作鎮定，畢竟我可不想把這個好消息給嚇跑。「這太棒了，」我努力保持冷靜態度。「很高興聽到這個消息。我萬分感激你們這麼徹底又忠實地調查這起案件。」

「其實要確認麥可米利安與這樁謀殺案無關，並沒有這麼困難，」泰勒回答。「一名毒梟怎麼可能像他一樣，過著每天工作十五個小時，在地勢險峻的地方鋸木頭的生活？地方執法人員對麥可米利安的描述不太合理，而梅爾斯在審判時絕對是胡扯，我至今仍不敢相信陪審團居然會定他的罪。」

柯爾接著開口。

「你們會很有興趣知道一件事，胡克斯和海陶都承認他們在審判時說的證詞是假的。」

「真的嗎？」我難掩驚訝。

「是的，奉命調查這起案件時，上面告知我們也要調查你。因為胡克斯曾說，如果他願意改掉證詞，你就會付他一筆錢以及一幢位於墨西哥的房子。」泰勒異常嚴肅。

「位於墨西哥的房子？」

「我想大概是蓋在沙灘上吧。」柯爾滿不在乎地補充一句。

「等等，你是說我？如果比爾．胡克斯更改此案的證詞，我就會給他一幢海邊的房子？」我實在難掩我的震驚。

「嗯，我知道你聽起來可能會覺得很不可思議。但相信我，就是有人卯足了勁想要起訴你。我們找了胡克斯談話，沒多久就識破他不僅不認識你，甚至沒跟你說過話，你也沒有賄賂他。他還承認自己針對麥可米利安的證詞全都是編造的。」

「原來如此，我們一直都覺得胡克斯是在說謊。」

柯爾笑了。「我們對這些人測謊，很快就水落石出了。」

伯納德問了一個答案再明顯不過的問題，「那麼，現在情況怎麼樣？」

泰勒看向他的夥伴，再看看我們。「嗯，還沒完全結束。我們想要偵破這起案件，並且鎖定了一名嫌疑人，我不確定你們是否願意幫助我們。我知道你正努力不讓任何人進到死牢中，但我們猜想你起碼願意協助找出真正的凶手。如果知道犯下這起案件的真凶是誰，他們就更能接受麥可米利安先生無辜的事實。」

華特的自由居然要靠另一個人被逮捕歸案才能獲得，這個想法儘管荒謬，但我也想過，或許這是一起成功調查的必經過程。而且也不能否認，儘管州立調查局的調查結果宣稱華特是清白的，在確定誰是真正的凶手之前，大家還是會把華特跟謀殺案聯想在一起。我們在很早之前就明白，找出真凶是釋放華特最有效率的方法，但若沒有公權力介入，依我們的能耐，能找到的事物很有限。

我們有一套頗可信的理論。數名證人曾透露在案發前後看到一名白人男子離開那間洗衣店。我們知道容達·莫里森死前曾接過騷擾電話，有名男性過度熱切地追求她，他會突然現身洗衣店，甚至可能跟蹤過她。當時我們無法確認這名奇怪男子的身分。

但我們確實有過懷疑。一名白人男子曾經與我們聯繫，表露出對這件案子的強烈興趣。他總希望能和我們暢談我們正在調查的事，暗示他持有對我們有幫助的情報，卻無法提供任何實質資訊。他只是不斷重複說自己知道麥可米利安是無辜的，他會幫我們證明這件事。經過多次通話，數小時的溝通後，他終於宣稱自己知道尚未被尋獲的凶器可能的所在地。

我們盡可能從他身上獲得資訊，也調查他的背景。他告訴我們，他和鎮上的另一名男子有些過節，他說得愈多，就愈表露出他對那名男子殺害莫里森一事的譴責之意。我們依此說法著手調查，並沒有獲得顯著突破。那名男子既不吻合目擊證人的描述，也不像來電的這名男子有跟蹤、對女性施暴的前科，他對莫里森的謀殺案也不感興趣。我們開始揣測打電話來的人是謀殺容達·莫里森的凶手。我們跟他通了數十通電話也碰過幾次面，愈來愈不相信他指稱的男子涉入此案的說法。某次，我們問起較為直接的問題，譬如案發當天他身在何處，想必驚動了他。因為在那之後，我們就很少接到他的電話了。

在我提供這些資訊給調查局探員之前，泰勒就率先開口：「我們猜想你們訪問過我們懷疑的對象，從這傢伙身上取得了一些有用的資訊。希望你允許我們取得訪問及相關資訊。」他指的是我們的懷疑對象。

我告訴他們，我們會把收集到的資訊給他們。其中並沒有任何資訊受到律師／當事人守密特權（attorney-client privilege）的保護；我們從未在法律上代表過這名男子，或者透過任何祕密管道取得任何資訊。我請泰勒跟柯爾給我們幾天時間整理資訊，整理完就會交給他們。

「我們想要讓華特出獄，愈快愈好。」我強調。

「嗯，我想總檢察長和公訴方的律師會傾向再維持現狀幾個月，直到我們把真正的凶手逮捕歸案。」

「好吧。但是你應該理解，現狀對我們來說也是個問題，對吧？華特已經為一樁與他無關的案件，待在死牢裡將近六年了。」

泰勒和柯爾不安地互看彼此。泰勒回答，「我們不是律師，我無法完全理解為何演變至此。倘若我因為自己沒做過的事蹲在牢裡，而你是我的律師，我絕對希望你盡快幫助我脫離那鬼地方。」

他們離開後，伯納德和我都很振奮，但我們還停留在「維持現狀」的困境之中。我決定致電總檢察長辦公室，看看他們是否會在等候上訴期間承認法律錯誤，這能確保我們在上訴法院提出救濟，或許能讓華特早一點獲釋。

此次上訴由總檢察長辦公室一名叫肯恩·努納利（Ken Nunnelly）的律師負責處理，在過去其他的死刑案件中，我曾有過數次與努納利交手的經驗。我告訴他，我和州立調查局的探員見過面了，也知道案情的進展有利於麥可米利安先生。顯然地，這些公訴方的律師早已討論過這次的案件。

「布萊恩，一切終究會真相大白，但你們需要再多等幾個月。他已經在牢裡蹲好幾年了，多幾個月不會有太大差別。」

「肯恩，如果你被關在死牢裡，而且是冤枉的，多一天都是煎熬。」我試著要他承諾，但他無法做到。我請求與總檢察長或任何有權力做出最終裁決的官員見面，他表示會盡量幫忙。幾天後，州政府提交一份詭異的訴狀到刑事上訴法院。總檢察長提出暫緩訴訟且不做出判決的請求[10]，因為他們「可能尚有未披露而對麥可米利安先生有利的證據，這會使他有權要求重新審判。」但他們需要更多時間調查。

對於州法院設法拖延任何授與華特救濟的命令，我相當憤怒；這跟過去六年發生的所有事沒有兩樣，只是這次更令人憤怒罷了。我們很快送出一份文件，反對政府的請求。我們告訴法院，已有大量證據表明華特的權利遭受侵犯，他有權立即提出救濟申請。延緩救濟只會對這個遭受錯誤定罪且關押在死牢裡的人造成更多傷害。我們敦請法院拒絕政府的請求，並且盡快裁決。

這段期間，我每個星期都與米霓及其家人通話，繼續為大家更新當局調查的進展。

「布萊恩，我覺得就要有好事發生了。」米霓對我說。「他們關了他這麼多年，該是時候放他走了。他們得放他走。」

我很慶幸她這麼樂觀，同時也有點擔憂。過往我們太常得到失望的結果了。「米霓，我們要保持希望。」

「我總是對別人說『沒有謊言是永遠不會被揭穿的』，而這句話一直以來都是個大謊言。」

我不確定如何回應這個家族的期待。我認為自己應該扮演謹慎的角色，為大家做最壞的打算，儘管我一直激勵他們要期待好結果。隨著我處理的案件數增多，看過無數案件出錯的方式後，這課題就愈加複雜難解。但我也日漸培養出成熟的體認，理解到成就正義的過程中，保有希望是多麼重要的事。

我開始進行主題為「懷抱希望」的小型演講。我喜歡引用捷克的偉大領袖瓦茲拉夫．

哈維爾（Václav Havel）的話，他曾說，「希望」是蘇聯統治時期，在東歐努力的人唯一需要的東西。

哈維爾曾說，努力爭取獨立的人想要金錢和其他國家的認同；他們想要西方給予蘇聯帝國更多批評及外交壓力。哈維爾說[11]，這是他們想要的，但他們唯一需要的，就是希望。希望不是天上掉下來的餅，也不是要人擁抱樂觀、戰勝悲觀，是「精神的方向」。這種希望會使得一個人在絕望中仍願意尋找自己的定位，並且願意當個見證者；會使得一個人即使遭受強權凌辱，仍然能夠相信未來會更好。這種希望使人強大。

哈維爾的見解正好就是我們的工作所需要的，華特的案子比大多數的案子都更需要它。因此我沒有對米霓說洩氣話，我們得一起懷抱希望。

二月二十三日，距離州立調查局的報告將近六週後，我接到一通來自法院書記官的電話，通知我們刑事上訴法院已經審理完麥可米利安的案件，我可以領取判決意見報告書了。

「你會喜歡這個的。」她說得很含糊。

我直奔法院，坐下來閱讀那篇三十五頁的判決時還氣喘吁吁。那名書記官說的沒錯，那份判決書廢止了華特的定罪與死刑判決，雖然法院沒有做出他是無辜、必須釋放的結論。但除此之外，判決結果有利於我們的每一項主張，也下達重啟審判的命令。直到贏得想要的結果時，我才明白自己有多害怕可能會輸。

我跳進車裡疾速駛往死牢，親自向華特傳達這個好消息。華特聽到好消息時，他身體往後傾，用那熟悉的笑聲回應我。

「這樣啊，」他緩慢地說，「你知道的，這很好，很好。」

「很好？簡直太棒了！」

「是啊，太棒了。」他笑得相當自在，我從未看過他這種表情。「呼，老兄，我不敢相信，我不敢相信……呼！」

他的笑容逐漸褪去，開始慢慢地搖著頭。

「六年耶，六年就這樣過去了。」一臉愁容的他別過頭去。「過去這六年像是五十年一樣漫長，六年就這樣流逝了。我很擔心他們會殺我，我甚至從未想過失去的這段時間。」

他苦惱的神情使我清醒。「華特，我知道，我們也還沒完全釐清。」我說。「那份判決只是讓我們重啟審判。根據州立調查局的說辭，我不相信他們會再次起訴你，只是誰也不能保證那些群眾的行為。不過我會盡我所能讓你盡快回家。」

提到家，華特的心情稍微開朗起來。我們開始談論一些過去見面時不敢提及的話題，他說，「我想要和蒙哥馬利每一個幫助過我的人見面，我還想要和你一起四處巡迴，對全世界說他們對我做了什麼。還有其他跟我一樣無辜的人被關在這裡。」他停頓並再次露出笑容，「夥伴，我還想要吃些美食。我已經很久沒有吃過真正美味的食物了，甚至忘記那是什麼滋味。」

「不管你想吃什麼，都算我的。」我自信地說。

「從我聽到的情報看來，你可能沒有能力負擔我想要吃的那種大餐，」他調侃我。「我要吃牛排、雞肉、豬肉，也許再來一些精心烹調的浣熊。」

「浣熊？」

「噢，別裝了。你也喜歡烤浣熊吧，我知道你和我一樣是在鄉下長大的，別坐在那兒跟我說你從未吃過美味的浣熊。好幾次我和表弟開車出去，看到浣熊穿越馬路，他會說『停車、快停車！』接著，他跳下車跑進樹林裡，幾分鐘後便帶著他抓到的浣熊現身。我們把牠帶回家，剝皮，炸或烤牠的肉。我的好兄弟，你剛剛的話不是認真的吧？那真的是人間美味啊。」

「你在開玩笑吧。我在鄉下長大，但從來沒有為了要帶回家烹煮而跑進樹林裡追捕過任何野生動物。」

我們很放鬆，時時大笑。以前我們也會這樣大笑，儘管關押在死牢裡六年，華特卻從未失去他的幽默感。而且這個案子給了他很多笑料的來源。在討論與此案相關的情況或人帶給我們多大的傷害時，這些荒謬怪誕也常惹得我們大笑。不過，今天的笑聲與過往相當不同，這是解脫的笑聲。

開車回蒙哥馬利的路上，我思考著該如何加快華特獲釋的速度。我打電話給湯姆・查普曼，告訴他鑒於上訴法院的判決，我打算提交要求撤銷所有對華特的指控。我希望他能考慮一起合作申請，或起碼不阻撓這件事情。他嘆了口氣，「整件事情結束後，我們應該好好談談。一旦你送出申請，我就會讓你知道我是否加入，我們當然不會阻撓這件事。」

聽證會的請求已經獲得批准，事實上，州政府也加入我們撤銷指控的請求。我想這最後一場聽證會應該不用花太多時間就能結束。前一晚，我驅車南下拜訪米霓，為華特準備一套聽證會穿的西裝，他終於可以以自由人的身分步出法院了。抵達米霓家時，她給我一個很長的擁抱。她看起來一直在哭，也還沒就寢。我們坐下來，她再次表達自己對華特終於能夠獲釋一事有多開心。但她看起來很困擾。最後，她抬頭看著我。

「布萊恩，我覺得你要告訴他，也許他不應該再回來這裡。這些壓力、閒言閒語、謊言，一切都太沉重了。他們強加在他身上的那些事不是他應得的，也會讓我一輩子傷心。不止我，還有我們每一個人。我不認為我有辦法回到事情發生前的狀態。」

「我想，你們應該等他回家後好好討論。」

「等他出獄，我們想要把大家都找來，煮一些好吃的食物，每個人都會想要慶祝的。但在這之後，也許他應該跟你一起去蒙哥馬利。」

我已經和華特討論過，基於安全考量，出獄後的頭幾天不要留在門羅維爾。在我們觀察當地對於他出獄這件事的反應期間，或許他應該先跟佛羅里達州的家人暫住。但我尚未與米霓討論他的未來。

我繼續敦促米霓在華特返家後和他談談，但顯然她無心這麼做。我開車回到蒙哥馬利，難過地了解到儘管我們已然站在勝利的邊緣，光榮獲釋的時刻就要到來，可是對華特及其家人來說，這個噩夢卻可能永遠無法完全擺脫。我第一次認真估算著定罪、死刑，以及威力強大且令人心碎的誤判所創造的永久創傷。

隔天早上我抵達法院時，看到地方和全國性媒體都擠在法院外頭，華特的親友也來了數十人，想在他出來時跟他打招呼。他們製作了一些看板跟牌子，如此簡單的舉動卻讓我深深感動。牌子上的字對著群眾傳達著無聲的訊息：「強尼D，歡迎回家」、「上帝從未放棄你」、「終獲自由，感謝全能的主，我們終獲自由。」

我走下囚室，把西裝拿給華特，告訴他聽證會後要在他家舉辦慶祝會。由於獄方拒絕承認華特可能獲釋的事實，不允許他打包個人物品帶到法院，所以在他返家之前，我們還得回霍曼監獄收拾他的東西。我也告訴他，我已經為他在蒙哥馬利的飯店預訂了房間，接下來的幾個晚上，那裡可能是最安全的地方。

我不太情願地與他談及我和米霓的對話，他看起來驚訝又受傷，但並未沉溺在這種情緒太久。

「對我來說，這真的相當值得開心的日子。沒有任何事可以澆熄重返自由的好心情。」

「是啊，不過你們應該也好好談談。」我敲著邊鼓。

上樓時，我發現湯姆·查普曼在法庭裡等我。「事情結束後，我想跟他握手，可以嗎？」他告訴我。

「我想他會很感激的。」

「這起案件教會了我一些我甚至不知道自己應該學習的事。」

「湯米，我們都從中學到很多。」

四處都已布滿警力。伯納德抵達後，我們在律師席上簡短地討論，直到事務官請我們回到法官室。諾頓法官在刑事上訴法院判決的幾個星期前退休了，新任法官帕米拉·巴舍（Pamela Baschab）熱情地招呼我。簡單寒暄過後，我們開始討論聽證會的流程。詭異的是，每個人似乎都很愉悅。

「史蒂文森先生，如果你們只是要提出申請並給出重點概述，我不需要任何論證或說明。我打算馬上批准申請，你們就都可以回家了。我們可以很快結束流程。」我們走進法庭。這場聽證會上，警方的黑人人數比我過往在此出庭的任何一次都還要多。沒有金屬探測器，沒有兇惡的狗。法庭裡都是華特的親人和支持者，而法院外還有更多無法進來的黑人鄉親在歡呼。一大堆攝影機與記者擠滿法庭。

他們終於把身穿黑西裝白襯衫的華特帶進法庭，他看起來英俊挺拔，煥然一新。警方並未將他帶上手銬或腳鐐，他進場時一邊和家人朋友揮手。從六年前的審判後，他的家人就沒看過他穿白色囚衣之外的服裝了，在他穿著西裝走進法庭時，許多人倒抽了一口氣。這些年來，華特的親友與支持者在開庭過程中表達一些發自內心的觀點時，總得面對凶狠的目光與被驅逐的威脅；但是今天，警方在他們興奮表達觀點時相當靜默。

法官就座後，我站向前說話，簡短講述這起案件的原委，以及辯護及公訴雙方都希望法院駁回起訴。法官很快地批准請求，並詢問是否還有任何意見。突然間，我沒來由地焦慮。我應該是要興高采烈的；眾人皆沉浸在如此歡愉的情緒之中，法官和檢察官突然間也都變得慷慨寬容，彷彿每個人都想要確保沒有憤怒或嫌隙存在。

華特當然欣喜若狂，但我對自己突如其來的憤怒感到困惑。離開這間法院時，我開始回想這些日子以來，華特及其家人和整個社區承受著多麼巨大的痛苦與折磨。我想著，當初若非羅伯特・李・凱伊法官拒絕採用陪審團對華特的終身監禁不得假釋的判決，而判他死刑，我們也不會注意到這個案子，華特很可能在監獄裡終老一生。我想著究竟有多少像華特這樣無辜的人，沒有機會獲得需要的幫助。數百人？還是數千人？我知道這不是適合演講或抱怨的場合，但我必須做出最終結論。

「庭上，我想在休庭前說一些話。你們太輕易就把一個被錯認為謀殺案嫌犯的人定罪、關進死牢，而要在證明清白後為他贏回自由卻是如此困難。這個州存在著一些嚴重的問題，我們有許多重要的工作要完成。」

我坐下來，法官宣布華特可以自由離席了，像個自由人一樣。

華特緊緊擁抱我，我遞給他一條手帕讓他擦拭流下的淚水。我領著他去見查普曼，他們握了手。在我們附近徘徊的黑人警員指引我們走向後門，下樓後，只見一大票記者等著。其中一名警員拍拍我的背，對我說：「這真是太棒了，老兄，這太棒了。」我請伯納德去告訴華特的親友，我們會在正門處和他們碰面。

回答媒體問題時，華特站得非常靠近我，我可以感覺到這個壓力有點超出他的承受範圍，幾分鐘後我中斷訪問，帶他走向法院的前門。電視台的攝影機隨之在後，走出大門時，數十人笑著揮舞著看板。華特的親人們跑過來擁抱他，也擁抱我，華特的孫子緊緊抓著他的手。過去未曾謀面的幾名長輩也和我擁抱。華特無法相信這麼多人都是為他而來，他擁抱每一個人，即使有些人只是想跟他握手，他也一樣熱情地回以擁抱。我告訴大家，伯納德和我要帶華特回監獄一趟，然後會直接到他家與大家會合。我們花了將近一小時，才通過人群進到車裡。

開往監獄的路上，華特告訴我，獄友們在他離開前的最後一晚，為他舉行了一個特別的儀式。他們走到他身邊為他祈禱，輪流給他最後的擁抱，華特說他對於把他們留在那裡感到愧疚。我要他別這麼想，他們知道他能回家，都很為他高興。他的自由也象徵著絕望之處的希望。

儘管我保證我們很快就會帶華特回家，眾人仍執意和我們一同前往。不論是媒體、當地電視台的工作人員、他的家人，或是其他每一個人。抵達霍曼監獄時，一大群媒體和善意的群眾跟在我們後頭，形成大陣仗的長龍。我停車走到大門向獄警解釋我和這些人的到訪並沒有不良意圖，他們只是等著要跟華特一起回家——我知道典獄長的規定很嚴格，非公務因素不准在監獄逗留。那名獄警招手要我們進去，沒人嘗試驅離群眾。

我們進到監獄整理華特的物品，包括與我往來的法律資料及信件、來自家人和支持者的信、一本《聖經》、他被逮捕時戴的天美時腕表，以及一九八七年六月噩夢開始時，他放在後口袋裡的皮夾；那只皮夾裡還放著二十三塊錢。華特把電風扇、字典和餐具留給獄友。整理東西時，我看到典獄長從他辦公室偷偷窺探，但並沒有走出來。

幾名獄警目送我們走出監獄大門。外頭仍聚集著大批民眾，威廉斯太太也在其中，華特走向前擁抱她。她看向我，對我眨眨眼，我忍不住笑出聲來。

關在囚室裡的人看得到外頭的群眾，華特離去時，他們開始呼喊激勵他。我們無法從監獄外看到他們，但穿透出來的聲音滿是興奮與希望之情。我們最後聽到的聲音之一，是有個人大喊「要堅強，兄弟。要堅強！」

華特呼喊回去：「好！」

華特走向車子時，張開雙臂緩緩地上下拍動，像是準備起飛一樣。他看著我說：「我覺得我是一隻鳥，我覺得我好像一隻鳥。」

Just Mercy

CHAPTER

12

母親啊母親

MOTHER, MOTHER

涼爽的三月中旬傍晚，身著一襲高雅寶藍色禮服的瑪莎．柯畢（Marsha Colbey）和丈夫漫步在紐約市的街道，這是她夢寐多年的場景。行走在繁忙的人行道上，周遭的景物、動靜都使她滿懷好奇，遠處的巨大建築直聳入天，車水馬龍的交通在格林威治村的街道上呼嘯著。他們穿越華盛頓廣場公園時，和成群的紐約學生與工匠擦肩而過，她留意到公園角落有個業餘爵士三重奏正在賣力演出，表現頗具水準。眼前的一切就像是電影場景般。

瑪莎是名來自阿拉巴馬州貧困鄉村的白人女性，過去從未到過紐約的她，即將在有兩百名賓客的晚宴上接受褒揚。這很令人興奮，然而在前往宴會場地的途中，她有著不同以往的感受。很快地，她察覺到這感受究竟為何，是自由。她正和丈夫漫步在全世界最閃耀的城市街道上，而且，她是自由的。這感覺真是太美好了。獲釋的這三個月以來，一切都宛如魔幻一般，對她來說，全然超越遭判處終身監禁不得假釋、關押在茱莉亞．圖偉勒女子監獄時所能想像的。

當伊凡颶風襲擊阿拉巴馬州沿岸，將混亂和災難帶到瑪莎的生活中時，她覺得這一切糟到不能再糟了。伊凡颶風催生了一百一十九個龍捲風，造成的損失超過一百八十億美元。由於還得照顧六個孩子，瑪莎可沒時間去害怕房屋毀壞或身邊一切事物所受到的重創，瑪莎擔憂的是充滿不確定的未來。她和丈夫可以在哪裡找到工作？孩子們多久後才能重返校園？錢從哪裡來？食物呢？面對不確定的未來，墨西哥灣的居民無不感到脆弱無助。二〇〇四年夏天，熱帶風暴和颶風一波波襲來，威脅路易斯安那州、阿拉巴馬州、密西西比州和佛羅里達州沿岸，把他們輕鬆寫意的南部海濱生活翻轉成像是末日為生存掙扎的景象。

瑪莎與格倫．柯畢（Glen Colbey）和孩子們住在擁擠的拖車裡，他們知道每當颶風警報發布時，自己就會身陷危險之中。他們不是特例；還有許多家庭也面臨同樣的狀況，這讓他們稍加寬慰。但是當九月的伊凡颶風重創家園時，她排在上千人的隊伍中等候聯邦緊急災難管理署（Federal Emergency Management Agency, FEMA）協助，可就不覺得好過了。終於輪到柯畢一家，他們從FEMA分配到一部露營拖車做為臨時居所，將它安置在原先家園所在處，這麼一來，孩子們還是可以到附近的學校上課。初夏時，瑪莎與格倫找到屋頂修繕的工作，但距離重建的工程動工還有幾個星期。

隆起的肚子讓人不用多問也看得出瑪莎懷孕了。已經四十三歲的她，無意再添個孩子。她腦中所想的，就是幾個月後這個肚子將會約束住她，使她無法上工。有時候，她的擔憂會轉換成更深的焦慮，誘使她去尋求過往的慰藉：毒品。然而，孩子與家計等諸多負擔迫使她讓步。五年前，護士在她體內驗出古柯鹼反應時曾通報警方，當時她正懷著小兒子約書亞，她對當局的指控與刑事起訴、監禁及剝奪孩子扶養權的威嚇驚嚇不已，決定不再冒此風險。

瑪莎和格倫一貧如洗，她總是歉疚於自己無法給予孩子們物質上的滿足，而傾盡全心地付出。她為孩子們朗讀，陪他們聊天、遊戲，時常擁抱、親吻他們，總是把他們帶在身邊。儘管生活艱困，她仍用滿滿的愛灌溉出一個珍貴的家。她的大男孩們都與她很親近，就連高中畢業後外務繁多的十九歲大兒子也不例外。瑪莎很喜歡母親這個身分，這也是她不會為養育太多孩子而煩惱的原因。她並不期待或傾向懷上第七個孩子，但必然會愛他如愛她其他的孩子那般。

冬天來臨之際，他們在鮑德溫郡的生活總算安定下來。職缺紛紛開出，格倫終於找到更穩定的工作，雖然家裡的財務狀況仍舊吃緊，但是孩子大多順利回到學校，他們看似已撐過最艱困的時期。

瑪莎知道在自己這個年紀懷孕的風險極高，但她沒有餘錢可支付看診費用。有了過去的六次生產經驗，她知道會發生什麼狀況，也自認在沒做產檢的情況下能盡力照顧好胎兒。雖然此次懷孕有些陣痛和問題是她不記得之前曾有過的，但她試著不要過度擔憂。她有出血的情況；倘若她負擔得起產檢費用，醫生就會發現她有胎盤早期剝離的狀況。

他們的舊拖車置於新的FEMA露營車旁，已不堪居住，不過水管線路尚且完好，還有一個浴缸，能讓瑪莎偶爾圖個片刻清靜。一天，她覺得不太舒服，試圖洗個熱水澡紓緩狀況，於是在劇烈陣痛開始的前幾分鐘在浴缸注入熱水。一切都發生得太突然，在她意會過來時，已經產下一個夭折的孩子。她拚命地想讓嬰兒甦醒過來，他卻完全沒了呼吸。

儘管這次懷孕打從一開始就困擾著瑪莎，她仍為了孩子的死哀傷不已，堅持為他起個名字，並以家人的名義埋葬。他們為他取名為堤莫西，將他埋在露營車小屋旁的墓地，相當顯眼。若非好管閒事的鄰居對柯畢一家起疑，這就只會是瑪莎和她的家人才知曉的悲劇。

黛比．庫克（Debbie Cook）留意到瑪莎．柯畢不再挺著孕肚，卻沒看見孩子，引起她對這起死胎事件的好奇。瑪莎不信任黛比，迴避著打探消息的她。於是，任職於柯畢孩子就讀的小學[1]的庫克說動一名在學校餐廳工作的同僚將嬰兒消失的事訴諸警方。肯尼斯．盧埃林（Kenneth Lewellen）警官在與庫克談過之後，便前往柯畢家，然而那時仍陷於喪子之痛的瑪莎對於警方的介入感到厭煩，應訊時也答得很糟。一開始她為了保護隱私，還嘗試誤導警方和調查員，此舉不甚明智，但她已為其咄咄逼人的態度所激怒。待盧埃林注意到他們住所旁醒目的墓地時，瑪莎這才承認那裡埋葬了她近期誕下、夭折了的孩子。

在州政府服務的法醫凱斯琳・恩斯泰絲（Kathleen Enstice）受命前來堪驗這具嬰兒屍體。瑪莎非常震驚，不敢相信執法人員會在毫無正當理由的情況下，做出這麼令人難過的舉動。屍體被挖掘出來後，尚未經過正規檢查，恩斯泰絲便對一名調查員表示，她認為嬰兒出生時尚有氣息。後來她坦承這樣的意見毫無根據，未經驗屍的程序，無從判定嬰兒出生時的生命狀態。恩斯泰絲過去也曾有過在沒有充分證據支持的情況下，錯誤宣告某案件為他殺的紀錄[2]。

她隨後前往莫比爾的法醫實驗室驗屍[3]，不僅得出瑪莎・柯畢的孩子出生時是活著的結論[4]，還斷言倘若及時送醫，孩子就會活下來。儘管多數專家都同意，大多時候都在檢驗屍體的法醫並不具備評估存活率的能力，但政府仍准許檢方提起刑事告訴。

令人難以置信的是，數星期前才產下夭折男嬰的瑪莎・柯畢因而遭到逮捕，被以蓄意謀殺罪起訴。允許將殺害十四歲以下孩童的行為判處死刑的州政府不斷增加，阿拉巴馬州也名列其中。因殺害兒童進入死牢的年輕母親與青少年的數量大幅成長，關押在阿拉巴馬州死牢裡的五名女性，皆因無法合理解釋孩子的死因，抑或虐待配偶或男友致死而入獄。事實上，全國關押死牢中等待執刑的女性[5]，大多是涉及虐待兒童或與男性伴侶有關的家庭暴力遭到起訴。

開庭審判時，凱斯琳．恩斯泰絲作證表示，堤莫西出生時還活著，是因溺斃而亡。她表示活產的結論是透過「排除診斷」（diagnosis of exclusion）而得[6]，也就是說，做出此結論是因為她無法找到嬰兒出生時是死胎的證據，亦無其他能解釋死因的方法。她的證詞受到公訴方本身的專家證人丹尼斯．麥可納利（Dennis McNally）醫生的質疑[7]，這名婦產科醫生在柯畢太太產下死胎的兩星期後為她做過檢查，他發現由於年紀因素與缺乏產前護理，柯畢太太此次懷孕導致不明原因胎兒死亡（unexplained fetal death）的風險甚高。恩斯泰絲的結論同樣受到沃納．史畢茲（Werner Spitz）醫生的質疑[8]，恩斯泰絲的法醫病理學訓練即依據他的醫學著作。史畢茲醫生作證時表示，以此案例的情境，他「絕不會」宣稱活產，更遑論謀殺。

由於缺乏可靠的科學證據說明犯罪事實，檢方引用頗具煽動性的證據指出，具毒品前科且未尋求產前護理、窮困的瑪莎顯然是個失職的母親。警方的調查員進到她家[9]，拍攝未沖的馬桶與地板上啤酒罐的照片，並在陪審團前揮舞著，做為疏於管教的證據。

在多次審訊中，柯畢太太始終堅稱嬰兒出生時即是死胎[10]。她告訴調查員，孩子一出生便死亡，儘管她極力想讓他甦醒，孩子卻連一口氣也沒能呼吸。柯畢太太拒絕政府提出的控辯協議（plea agreement）[11]，該協議將致使她被判處十八年的刑期。她拒絕了，她認定自己沒做錯任何事。

瑪莎・柯畢的起訴案引起媒體的關注，又一個逗引著媒體的「危險母親」故事。這起案件透過地方媒體造成轟動，對手無寸鐵的嬰兒伸出援手的警方和檢察官受到群眾的褒揚。瑪莎的審判排定之際，將不負責任的母親妖魔化的舉措正在媒體熱潮上，母弒子的悲慘故事在全國各地鬧得沸沸揚揚。德州的安德烈亞・葉茨（Andrea Yates）在二〇〇一年淹死她的五個孩子，這起悲劇傳遍全國。南卡羅來納州的蘇珊・史密斯（Susan Smith）把孩子的死嫁禍給隨機指認的黑人男性，隨後又承認自己犯下謀殺案，這起事件深深吸引著美國的犯罪迷。隨著時間過去媒體對這類故事的興趣成為全國焦點。佛羅里達州的凱西・安東尼（Casey Anthony），是名在兩歲女兒的死亡案件中最終獲判無罪的年輕母親，她的訴訟案在經過有線電視台不斷報導後，被《時代》雜誌稱為「社群媒體的世紀審判」[12]。

孩子遭父母毒手的案件非常駭人，多是嚴重的精神疾病所致，葉茨和史密斯的案子便是如此。只是，這些案件也創造出扭曲及偏差的現象。檢警雙方皆受到媒體報導的影響，致使上千名孩童意外死亡的婦女遭有罪推定，特別是那些在艱困環境求生的貧窮女性。儘管美國為已開發國家之翹楚，嬰兒死亡率仍居高不下，遠高於其他多數已開發國家。許多貧窮女性無法獲得足夠的醫療照護，包括產前及產後護理，數十年來，一直是這個國家的嚴重問題。儘管近期情況有所改善，但對於醫療支出高於世界任何一個國家的美國來說，嬰兒死亡率仍是一項尷尬的紀錄。嬰兒死亡的定罪及對於喪子的貧窮婦女的迫害，構成這個國家二十一世紀的新課題[13]，由全國各地的監獄開始見證。

社區群起揪出應當被送進監獄的壞心母親。約莫在瑪莎遭起訴之際，布莉姬・李（Bridget Lee）在阿拉巴馬州皮肯斯郡（Pickens County）產下一名死胎。她被以蓄意謀殺罪起訴，並遭到非法監禁。李是教會鋼琴師、銀行簿記員，也是兩個孩子的母親，一段婚外情的親密關係使她懷了孕。這名既害怕又沮喪的三十四歲女性隱瞞懷孕的事，預計祕密生下孩子送養，然而在預產期五週前的產前陣痛後，她產下了死胎。她未向丈夫提及此事遂成了疑點。在如此不名譽的背景因素下，李的懷孕足以影響法醫的驗屍結果，得出孩子是活產且遭悶死的結論。李遭逮捕，並以蓄意謀殺罪起訴；幾個月後，另外六名法醫相驗一致認為新生兒肺炎（neonatal pneumonia）才是真正的死因，也是典型常見的死胎成因。這項資訊促使檢方撤銷告訴[14]，也讓李躲過極可能遭判死刑的謀殺案審判。儘管這名聲譽掃地的法醫離開了阿拉巴馬州，但仍繼續在德州執業。

還有其他數百件因為女性無從獲得必要的鑑識協助所導致的誤判案例。替瑪莎・柯畢辯護的幾年前，我們接過一起黛安・圖克（Diane Tucker）與維多莉亞・班克斯（Victoria Banks）的案件。班克斯居住在阿拉巴馬州喬克托郡（Choctaw County），這名心智遲緩的黑人女性被以殺害自己的新生兒罪名起訴，儘管警方連能說明她懷孕事實的可靠依據都付之闕如。班克斯曾在別起案件中為躲避牢獄之災而謊稱自己懷孕，幾個月後警方發現她沒並未分娩，便以殺害嬰兒的罪名將她起訴。失能又未能得到充足法律協助的班克斯，被迫承認與姊妹圖克共同殺害一名根本不存在的孩子。眼見蓄意謀殺的刑責很可能導向死刑，她因而妥協接受二十年的有期徒刑。執法人員拒絕調查她在入獄前的無辜陳述，直到我們發現她早在遭逮捕的五年前便已接受輸卵管結紮手術，根本不可能受孕，更遑論生子，才為她贏回自由[15]。

除了貧窮女性照護的嬰兒不明原因死亡所構成的犯罪外，其他「教養失當」的類型也會構成犯罪。二〇〇六年，阿拉巴馬州通過一項「孩童的化學危害法令」，將造成孩童暴露於毒品觸手可及的「危險環境」中視為重罪；這條法令的通過，表面上是為了保護居住在製毒或販毒活動熱絡環境裡的孩童，然法律的適用範圍遠大於此，很快地，數千名住在毒品與藥物成癮猖獗而遭邊緣化的貧窮社區的母親，便承擔著被起訴的風險。

隨著時間過去，阿拉巴馬州最高法院釋義[16]，將子宮納入「環境」一詞的範圍內，也將胎兒列入「孩童」的範圍。也就是說，若存在任何證據說明女性在懷孕期間使用毒品，便能將之起訴，把她們送進監獄關上數十年。近些年來，已有數十名女性在缺乏必要協助的情況下入獄。

在這歇斯底里撻伐「壞母親」的社會氛圍下，瑪莎．柯畢想獲得公平審判極為困難。陪審團遴選過程中，許多陪審員聲稱他們無法公正地對待柯畢太太。某些陪審員表示，殺害孩子的行為令他們毛骨悚然[17]，因而無法支持無罪推定。幾名陪審員透露[18]，他們和一名特別致力於辨識「壞母親」的公家調查員私交甚篤，對於自己認識的執法人員的說法，信任程度達到「相信所有他們說的」這般程度。一名陪審員坦承[19]，他對於自己所認識的執法人員的說詞，信任程度達到「相信所有他們說的」這般程度。

儘管辯護方抗議，審判法院仍讓所有的陪審員幾乎留在候選的陪審團名單中。最後，被選定決定瑪莎．柯畢命運的，就是這個帶有先入為主與偏見的陪審團。

陪審團做出一項蓄意謀殺罪的判決。提交此判決之前，陪審員表達出柯畢女士可能遭判處死刑的顧慮，因此法院也同意即便認定有罪，也不會求處死刑。這項讓步促使法官加快做出裁決，判處柯畢太太終身監禁不得假釋，不久後，她便被押進囚籠，送往茱莉亞．圖偉勒女子監獄。

圖偉勒監獄建造於一九四〇年，坐落在阿拉巴馬州威屯卡（Wetumpka）。這座以提倡受刑人教育與擁護人道監禁條件的女性之名命名的監獄，如今變成一座過度擁擠的監獄，是女性受刑人的危險噩夢。法院一再發現這座監獄的違憲情況，它關押了幾乎是當初設計可容納人數的兩倍之多。在美國，一九八〇至二〇一〇年期間，關進監獄的女性人數成長了百分之六百四十六，為男性受刑人人數成長率的一點五倍。有將近二十萬名女性被關在牢裡，超過一百萬名女性受到刑事司法系統監控，女性的監禁人數達到破紀錄的水準。

圖偉勒的受刑人被塞進囚室與臨時的生活空間裡，瑪莎對於此處的過度擁擠感到震驚。由於圖偉勒是該州唯一的女子監獄，因此無法將這些女性依其狀況區隔，分配到合適的囚室。與嚴重的精神疾病搏鬥或情緒控管能力不足的女性和其他受刑人關押在一起，使得受刑人的監獄生活無不充滿了混亂與壓力。瑪莎一直未能適應這些獄友在擁擠囚房中徹夜莫名的尖叫與吼叫。

大多的女性受刑人（將近三分之二）都是因為非暴力、輕微毒品罪或財產犯罪而入獄。毒品法尤其造成女性受刑人人數大幅增加；《三振法案》[1]（*three strikes laws*）也起了巨大作用。一九八〇年代中期，我還是個於SPDC服務的年輕律師時，便開始對圖偉勒的監禁條件提出挑戰。我最初見到的女性受刑人之一相當年輕，她因為簽下存款不足的支票購買給三個年幼孩子的聖誕禮物而入獄，已關押很長一段時間。與維克多．雨果小說中虛構人物極為相似的她，聲淚俱下地向我訴說自己的故事。我對於她所說的難以置信，直到我查閱檔案證明其所言屬實：她簽下五張自己無支付能力的支票而被判處超過十年徒刑，其中三張的開立對象是玩具反斗城，每一筆金額都不超過一百五十美元。她並非特例，數千名女性都因為觸犯強制最低刑期的罪行，如開立空頭支票或是輕微的財產犯罪，而長期關押

1 譯註：美國聯邦層級與州層級的法律，要求州法院提高犯下三次以上重罪累犯的假釋門檻。

在監獄裡。

女性監禁的附加效果相當顯著，有未成年子女的女性受刑人比例約佔百分之七十五至八十[20]；被捕時，孩子與其同住的比例近百分之六十五。母親遭到逮捕使得孩子的處境更加脆弱、危險，不僅對他們往後的人生造成影響，甚至在母親返家後亦然。一九九六年，國會通過一項福利改革法案，包括一項授權州政府禁止藥物成癮者取得公共救助及福利的無理規定。受這項錯誤政策影響最大的族群，是曾經被關押且有孩子的女性，她們大多因毒品犯罪而入獄。因為這項法令，他們無法再居住公共住宅，不能領取食物津貼，也不能取得任何基本服務。過去二十年來，美國社會創造了「賤民」的新階層，而組成分子是我們當中最脆弱的母親和她們的孩子。

到圖偉勒的第一天，滿懷戒心的瑪莎四處徘徊，見到其他和她一樣因誕下死胎而入獄的女性。來自阿拉巴馬州歐佩萊卡（Opelika）的未成年黑人少女艾弗妮亞・麥克林登（Efernia McClenton）高中時隱瞞父母懷孕的事實，在懷孕五個月時分娩，把死去的孩子棄留在排水溝。儘管這般早產狀況的存活率微乎極微，但事情暴露後，她在警方不斷盤問之下，承認自己無法百分之百保證嬰兒一出生便已死亡。在死刑的威脅下，她成為這個「茁壯中」的女性社群的一員，因意外懷孕且判斷能力低落的女性受刑人所組成的團體。

在圖偉勒，她們的生活與折磨都攪和在一起。瑪莎很難忽視那些從未有人探訪的女性。一開始，她試著無視於那些承受著急性壓力者的舉動，有的人頻繁哭泣，也有人掛心著自己丟下的孩子或父母，還有些人就是看起來特別地沮喪或低落，然而這無視的狀態沒能維持太久。她們的生活如此緊緊相織，以至於一個人的驚魂無可避免地牽動每一個人，而這種狀態唯一的寬慰，就是大家也會共享歡樂時光。有人的假釋申請通過、一封充滿希望的信件送達、久無音訊的家人到訪，都會點亮每一個人的心。

如果在圖偉勒的日子最大挑戰是這些獄友的問題，雖然難熬也還過得去。然而，更大的危機來自於監獄的職員。在圖偉勒的女性受到獄警強暴，承受著無數來自男性職員的性騷擾、剝削與虐待。身為男性的典獄長，允許男性獄警點名時進到淋浴間，他們色瞇瞇地看著裸體女性，做出粗鄙的評論與暗示性的威脅。在這裡，女性連上廁所的隱私都沒有，男性獄警看得到她們如廁的模樣。許多的黑暗角落與長廊，是關押在圖偉勒的女性遭受毆打與性侵害的恐怖場域。司法平等倡議會曾要求獄政局在監獄安裝監視器，但遭到拒絕。性暴力的風氣氾濫到連監獄的牧師都在女性受刑人到教會時性侵她們。

瑪莎抵達圖偉勒後不久，我們為黛安．瓊斯（Diane Jones）打的官司勝訴，她得以獲釋。她因為一起自己並未涉入的案件而遭判終身監禁。官方錯誤認定她參與一起她男友涉入其中的販毒活動，多項罪名成立使她被判處強制終身監禁，不得假釋。我們對她的定罪和判刑提出質疑，原遭判終身監禁最終贏得獲釋的結果，為圖偉勒遭判終身監禁的所有人帶來了希望。多名素未謀面的女性來信答謝我對黛安．瓊斯的幫助。經手此案期間，我曾到圖偉勒與黛安碰面，她告訴我那裡的女性有多需要幫助。

「布萊恩，她們託我帶給你的文件大約有九份。因為太多了，可能過不了獄警那關，所以我沒帶出來。但她們希望你能幫忙。」

「好的，不過不要嘗試偷帶文件，她們可以寫信過來。」

「可是有些人說她們曾經寫過。」

「我們快被各種文件給淹沒了，我很抱歉，黛安，但我們會嘗試回信。」

「我最擔心那些被判終身監禁的人，他們會死在這裡。」

「我們會努力——這也是我們唯一能做的了。」

「我明白，我也這麼對她們說。她們只是很灰心罷了，就像你們來幫助我之前那樣心灰意冷。瑪莎、艾胥莉、莫妮卡、派翠莎都不斷催促我讓你找人來幫忙。」

在那之後不久，我們就和瑪莎．柯畢碰面，開始著手替她上訴。我們決定要向政府援引的案例以及陪審團的遴選方式提出挑戰。獲得羅德學者（Rhodes Scholar）頭銜的夏洛蒂．莫里森（Charlotte Morrison）是我以前的學生，如今已是司法平等倡議會的資深律師，她與畢業自哈佛法學院、曾在華盛頓特區的公設辯護機構服務的專職律師克里斯汀．尼爾森

（Kristen Nelson）時常探視瑪莎。華盛頓特區的單位是全國公設辯護機構中最頂尖的。瑪莎向他們陳述關於案件的情事、服刑期間家人無法團聚，以及種種其他問題。不過她最常在訪視期間提及的，是圖偉勒的性暴力問題。

一名女性在圖偉勒遭受強暴後，提起聯邦民事訴訟，夏洛蒂和我接手這起案件。過去她未能獲得法律協助；因為她的訴狀和陳述內容存在瑕疵，我們僅能保證她能獲得小額的和解補償。然而過往經驗的細節令她太過痛苦，以至於我們無法還原那些暴力行為。我們著手訪問超過五十名女性，調查後著實為性暴力氾濫的程度震驚不已。當中幾名女性因為被強暴而懷孕，縱使透過DNA鑑定確認獄警是孩子的父親，因此付出代價的人也極為少數。上層處理這些多次被投訴性侵事實的獄警的方式，只是暫時更換他們的職務或調派至其他監獄，而這些作為僅為了掩人耳目，他們日後仍得以回到圖偉勒繼續這些獸行。最後，我們向美國法務部提起訴訟，公開多篇指出此問題的報告，獲得媒體大篇幅刊載。獨立媒體《瓊斯夫人》（*Mother Jones*）列出了全美最糟糕的十大監獄排行榜，圖偉勒是這恥辱榜上唯一一座女子監獄。隨後促成立法聽證會的召開及政策的改變，如今男性獄警不再被允許進到盥洗區域及廁所，這座監獄也換了新的典獄長。

無懼重重挑戰，瑪莎開始為一些更年輕的女性發聲。刑事上訴法院確定了她的定罪和判決，令我們洩氣。我們尋求阿拉巴馬州最高法院的審查，基於庭審法官拒絕排除帶有偏見且不公正的陪審員此項瑕疵，我們贏得了重啟審判的機會。瑪莎和我們都激動不已，鮑德溫郡的地方官員則不然，他們揚言要重新起訴。我們協同病理專家說服地方當局，將瑪莎以謀殺定罪的基礎並不充足。二〇一二年十二月，瑪莎終於獲釋。在此之前，我們費時兩年處理法律問題，又花了一年和獄政部爭吵，以為瑪莎取得服刑時間的充分證明，因誤判入獄的瑪莎就這樣在監獄裡待了十年之久。

我們開始於每年三月在紐約市舉辦為司法平等倡議會籌募款項的慈善晚宴，通常在晚宴上，我們會頒獎給一位為公共服務的名人，以及一名委託人。過去，我們曾頒獎給英勇的人權律師，同時也是兒童保護基金會（Children's Defense Fund）創立人瑪莉安・萊特・埃爾德曼（Marian Wright Edelman）。二〇一一年，我們頒獎給聯邦最高法院的退休法官約翰・保羅・史蒂文斯（John Paul Stevens）。當我還是個菜鳥律師時，曾在一個小型研討會見過史蒂文斯法官，他極為友善，他在退休之際，已是聯邦最高法院中批判量刑過重及大規模監禁聲量最大的人。二〇一三年，除了瑪莎之外，我們還決定頒獎給極富個人魅力的全國有色人種協進會法律保護基金會前任理事長伊蓮・瓊斯（Elaine Jones），以及前衛的冰淇淋品牌班傑利（Ben & Jerry's）創辦人班・柯恩（Ben Cohen）和傑瑞・葛林菲爾德（Jerry Greenfield）。創作型傳奇歌手蘿貝塔・弗萊克（Roberta Flack）答允演出，在我們頒獎給瑪莎之前，她演唱了喬治・哈里森（George Harrison）的〈豈不遺憾〉（Isn't It a Pity）。

介紹瑪莎出場時，我向觀眾講述她出獄那天的趣事。那天瑪莎的丈夫和兩個女兒前去圖偉勒接她，然後她到我們辦公室向每個人一一致謝，她那約莫十二歲的小女兒為我們大多同仁省去眼淚，因為她全程都黏在媽媽身上，環抱瑪莎的腰，緊抓瑪莎的手臂，靠在瑪莎身上彷彿不想讓任何人再次把她們分開一樣。我們和瑪莎還有幾位同仁拍了些合照，張張都有她那緊黏著的女兒的身影。這讓我們很清楚知道瑪莎・柯畢是個什麼樣的母親。穿著一襲可愛的藍色禮服的瑪莎走上台。

「我想要謝謝大家對我以及我所經歷的事給予肯定。你們都對我非常好，我真的很開心能夠重獲自由。」她冷靜、沉穩地對著廣大的群眾說話，口齒便給，魅力四射。惟有談及尚在監獄裡的女性時，才忍不住激動起來。

「我很幸運。我獲得了大多數女性沒能得到的幫助。現在我最擔憂的事，就是我回到家了，她們卻都還在裡面。我希望我們可以做更多事情、幫助更多人。」她的華服在燈光的照耀下閃爍，台下的觀眾用掌聲激勵，而思及她丟下的獄友，瑪莎潸然淚下。

她說完後，輪我接話時，我腦中一片空白。「我們需要更多的希望。我們需要更多的仁慈。我們需要更多的正義。」

接著我介紹伊蓮・瓊斯出場，她劈頭就說，「瑪莎・柯畢——真是個美麗的化身啊，是吧？」

Just Mercy

CHAPTER 13

恢復

RECOVERY

華特獲釋後的幾週內，各種始料未及的事件接續發生。《紐約時報》在頭版刊載華特豁免及返家的故事，大量媒體訪問的要求湧入，華特和我不僅接受地方和全國性的電視節目訪問，連國際媒體都爭相報導。儘管我通常不太願意讓未決的案件登上媒體版面，但我相信，倘若門羅郡的居民接收到夠多關於華特無辜獲釋的事實，他們就比較容易在華特返家後接納他。

華特並不是第一個因為證明自身清白而從死牢中獲釋的人。在他之前，有數十個人因誤判而被關進死牢，最後獲得釋放。根據死刑資訊中心（Death Penalty Information Center）的報告，華特是現代時期[1]（modern era）第五十名洗刷冤屈者。不過，其中大多數都未能

1 譯註：指二戰後的時期，即一九四六年至今。

獲得媒體關注。一九九〇年德州的克拉倫斯・布蘭特利（Clarence Brantley）獲釋時，曾吸引一些媒體報導，他的案例同樣上了《六十分鐘》節目。藍道・戴爾・亞當斯（Randall Dale Adams）的故事啟發埃洛・莫里斯（Errol Morris）拍攝一部備受矚目、獲獎的紀錄片《正義難伸》（*The Thin Blue Line*）。這部影片也幫助亞當斯洗刷冤屈；紀錄片上映後不久，他便從德州的死牢中獲釋。然這些案例的受關注度都遠不如華特案。

一九九二年，也就是華特獲釋的前一年，美國處決了三十八名死刑犯。這是自一九七六年、當代恢復死刑以來，處決人數最多的一年。到了一九九九年，數目攀升至九十八人。華特的獲釋適逢媒體對死刑議題的興趣提升，促使死刑執行的腳步加快。對於慣用華麗辭藻談論公平與信賴、希望提高死刑執行效率的政治人物和執法人員來說，華特的故事是一組反敘事（counter-narrative），他的案例生動搬演著這場死刑的激辯，也使爭論變得更加複雜。

華特和我前往法律研討會，談談他的經驗以及死刑。美國參議院司法委員會在華特獲釋後安排了關於無辜及死刑的聽證會，我們皆出庭作證。皮特・厄利（Pete Earley）在華特獲釋的幾個月後，出版了《間接證據》（*Circumstantial Evidence*）一書，書中詳述了這起案例。儘管華特不喜歡對公眾說話，這趟行程與所獲得的關注仍讓他樂在其中。政治家有時候會語帶挑釁，好比他的獲釋證明這個系統運作良好，這激怒了我。但華特仍舊保持著冷靜、愉悅且認真的態度，而這很有效——看著華特如此幽默、機智而真誠地述說自己的故事，提升了聽眾的恐懼感，彷彿國家是以我們所有人的名義決定處決這個男人。他的表現說服力十足。我們共度了些許愉快時光，偶爾華特會和我們分享自己依然憂慮著那些死牢裡其他受刑人的案子，他視他們為友。在溫和的外表下，現在的華特變得強烈反對死刑，他承認自己從未想過這個議題，直到得面對它。

華特獲釋後幾個月，我對於他重返門羅郡一事還是感到緊張。在家人為他接風的盛宴上，有數百人共襄盛舉，一起慶祝他重獲自由，然而我知道不是每個人都被喜悅沖昏頭。直到華特獲釋後，我才把我們收到死亡及炸彈威脅一事告訴他，對他說我們都該小心戒備。在蒙哥馬利待了一週後，他便搬到佛羅里達州和妹妹同住幾個月。我們還是幾乎天天保持聯繫。他接受了米霓希望不跟他一起過生活的想法，而他看起來也很開心、樂觀，但這不代表監禁的經驗並未對他後續的生活造成影響。他開始告訴我愈來愈多關於長時間待在死牢裡持續受處決威脅有多麼難以忍受，他也首度談及監禁帶來的恐懼與質疑。服刑期間，經歷六名獄友因為處決而離開的他，用和其他受刑人相同的方式度過這些難受時刻——透過象徵式的抗議，以及私人時刻的煎熬。不過他告訴我，自己直到離開監獄後，才明白那些經驗有多麼驚悚。他很困惑，不明白為何他都獲得自由了，這些事仍持續糾纏著他。

「為什麼我會一直想著這件事？」

他有時會抱怨他的噩夢。聽到朋友或親戚談論著他們支持死刑的理由時——並非針對華特——他會開始顫抖。

我只能對他說，一切會好轉的。

幾個月過後，華特表示很想回到他生活了一輩子的家鄉，這讓我緊張，但他還是回去了，他放了一輛拖車在門羅郡境內私人的土地上，重新回到那裡定居。我們準備向將他錯誤起訴、定罪的每個人提起民事訴訟，於此同時，他也做回原本的伐木工作。

大多洗刷冤屈而從監獄獲釋的人，都未能獲得金錢、協助或諮商等支援，誤將他們關押的政府也未做出任何賠償。華特獲釋時，全美只有十個州及華盛頓特區給予冤獄受刑人法定賠償。愈來愈多的州政府開始訂定相關規定，但時至今日，仍有將近半數的州政府（二十三個）尚未制定賠償冤獄受刑人的制度。許多州嚴格限制賠償金額的上限，不論無辜者在牢裡虛度多久光陰都一樣，新罕布希爾州的賠償金額上限是兩萬美元；威斯康辛州的賠償金額上限是兩萬五千美元；奧克拉荷馬州和伊利諾州則限制賠償總額不得超過二十萬美元，縱使在牢裡待了數十年亦然。有些州別的賠償金額上限超過百萬美元，有些州別未設定額度，也有些州別的資格要求很繁瑣。在某些區域，若未能得到錯誤起訴的檢察官支持，冤獄者的賠償申請就會被拒絕。

華特獲釋時，阿拉巴馬州尚未在會賠償冤獄者的名單內，雖然阿拉巴馬州議會有權通過特別法案賠償冤獄受刑人，不過這幾乎未曾發生。一名地方上的議員提出一項議案，要為華特案索賠，促使地方媒體刊載華特索賠九百萬美元的報導。這項華特事先並不知情的議案沒有任何進展，但媒體對於賠償金額可能高達九百萬美元的揣測激怒了門羅維爾那些仍質疑華特清白的人，也讓華特的部分親友開始積極開口借錢。一名女性甚至謊稱華特是她孩子的父親，提起生父確認訴訟，但事實上那孩子在華特出獄後不到八個月就出生，而DNA鑑定結果亦確認華特並非親生父親。

華特難免沮喪，大家並不相信他其實沒有獲得任何賠償。我們仍努力透過訴訟為他爭取，然而阻礙重重。我們向檢警雙方及法官提起的民事訴訟，與他們在刑事司法方面民事責任的特殊豁免權相牴觸。查普曼和其他與此案有所牽連的官員已然知道華特無辜，卻不願意接受任何將他錯誤起訴與定下死罪的責任。塔德警長是華特於審判前便被押入死牢的重要關鍵，而他帶有種族歧視的威脅及恐嚇策略看來是提起民事訴訟最可能的著力點，但他在華特出獄時即表明接受華特無辜的事實，隨後卻又對其他人說自己仍堅信華特有罪。

我在密西西比州傑克遜（Jackson）的老友羅伯特．麥可德夫（Robert McDuff）同意加入我們提起民事訴訟的陣線。羅伯特是白人與原住民混血的密西西比人，他那南方人特有的魅力和儀態為他在阿拉巴馬州法院展現的傑出訴訟技巧增色不少。前陣子他請我協助一起涉及執法失當的阿拉巴馬州民權案件，在那起案件中，警方突擊錢伯斯郡（Chambers County），非法拘禁、虐待黑人居民，卻拒絕負起任何執法失當責任。我們一路告上聯邦最高法院，最後得到理想的判決結果。

華特的起訴案也將告上聯邦最高法院。我們起訴十餘位州政府及地方政府的官員和機構，一如預期地，被告皆對華特的錯誤定罪主張豁免權，而檢察官與法官的民事責任豁免權甚至比執法人員所受到的保障來得更大。所以儘管事實擺明，起訴華特的檢察官泰德·珀森非法扣押能直接證明華特清白的證據，我們也很可能無法透過民事訴訟的途徑成功控告。他是將華特錯誤起訴及定罪的最關鍵人物，整起事件中他的功過很難相抵，但我們所能做的卻很有限。州法院及聯邦法院皆堅持將檢察官排除在嚴重執法失當、造成無辜者被關壓死牢的責任之外。

二〇一一年，聯邦最高法院再次加強對檢察官免責的保護。路易斯安那州的死刑犯約翰·湯普森（John Thompson）的犯罪實驗室報告在行刑日期排定的前一個月出爐，由於與政府於十四年前以搶劫殺人罪將他起訴存在衝突，因此州法院推翻其定罪與死刑的判決，並撤銷所有告訴。他提出民事訴訟，一名紐奧良法官發現他的地區檢察官老哈利·康尼克（Harry Connick Sr.）非法扣壓能證明湯普森無辜的證據，讓他平白為一起與自己無關的案件在牢裡待了十四年，決議予以一千四百萬美元的賠償。康尼克對此判決提出上訴，而聯邦最高法院以相當接近的投票結果五比四扭轉了賠償的判決。基於豁免法，法院認為儘管檢察官刻意違法扣押能證明清白的證據，也不能追究其在刑事案件中錯誤行為的責任。最高法院的這項決定引來學者和法院觀察家強烈批評，大法官露絲・拜德・金斯伯格（Justice Ruth Bader Ginsburg）為此寫了一篇不同意該判決的文章，鏗鏘有力，然湯普森仍未能獲得任何賠償。

華特的案例也面臨到類似的阻礙。在歷時一年的書面證詞、聽證會和審前訴訟後，我們終於與大多數被告達到和解的共識，華特會拿到數十萬的賠償金。但華特對門羅郡塔德警長的過失提告一直沒能成功，所以我們將案件呈至聯邦最高法院。一般來說，執法官員無法負擔因行為失當而使人受害的損害賠償，因此其所任職的城市、郡縣或機構才是典型民事訴訟索賠的對象。這也是我們向門羅郡尋求警長行為失當的救濟之因。然而，儘管警長的轄區只在門羅郡境內，且由該郡縣民選舉產生，薪資也由該郡支付，但門羅郡主張警長非其轄下，反而聲稱他是阿拉巴馬州的職員。

州政府大多都能規避職員行為失當的責任，除非該職員的隸屬單位為可控告的標的。塔德若是州政府職員，那麼門羅郡便無義務為其失當的行為負責，我們也無法自阿拉巴馬州獲得賠償。對華特來說，不幸的是，最高法院裁定阿拉巴馬州的警長為州政府職員，也再次以五比四的接近票數，讓我們無法在這起極其嚴重的行為失當案例中請求損害賠償。

最後我們與各方達到和解，只是無法為華特爭取到更多，令人感到沮喪。更糟的是，連任警長的塔德至今仍穩坐在辦公室裡；他已經連續當了二十五年的警長。

雖然賠償金額不如預期，但已足夠華特重啟他的林業工作。很享受回到森林伐木生活的華特告訴我，這份從早到晚都在戶外勞動的工作，讓他覺得自己又變回了一般人。某天下午，悲劇突然降臨。當時華特正在砍伐一棵樹，一段掉落的樹枝擊中他，重創他的頸部。由於沒有人能撥出時間與精力給予照護，所以他搬來蒙哥馬利與我同住幾個月，直到復原。儘管這起意外終止了他的伐木以及從事困難造景工作的生涯，但所幸他仍能回復到行動自如的狀態，而他對這般處境泰然自若的態度，令我訝異不已。

「只要能夠靠自己站起來，我就能找到其他可以做的事。」他說。

幾個月後，他回到門羅郡，開始收集汽車零件，以便之後再二手出售。他有塊可以置放拖車的草地，也採納朋友的建議，經營回收事業，收集廢棄的汽機車零件轉賣。這項工作不像伐木這麼繁重，而且他仍能待在戶外。不久後，他的土地上都是散落的廢棄車體和廢金屬。

一九九八年，華特和我受邀前往芝加哥參加一場全國研討會，這場會議讓曾被誤判死刑的人齊聚一堂。一九九〇年代末期，ＤＮＡ證據的演進已協助數十名受刑人洗刷冤屈。

許多州洗刷冤屈的人數已超越死刑執行的人數。這個問題在二〇〇三年，共和黨員喬治・萊恩（George Ryan）擔任伊利諾州州長時，因其援引死刑的不可靠性、更改一百六十七名待決死刑犯的判決，而引起注目。大眾對於冤罪以及死刑的關注度漸升，民意調查也顯示死刑的支持率開始下降。這讓支持廢除死刑者對於死刑改革或延期執行抱以厚望。在芝加哥與這些曾遭誤判死刑的人交流的經驗讓華特變得更堅強，他比以往任何時刻都更願意分享自己的經歷。

約莫與此同時，我開始在紐約大學法學院授課，教完課後，還得飛回蒙哥馬利維持司法平等倡議會的運作。我每年都會請華特到課堂上和學生談話，每次他走進教室時，總是讓全場感受到他強大的力量。在他的案例中，我們可以從這位倖存者身上直接驗證到這個刑事司法體系是多麼的殘酷不公，而其人格、風範與見證，展現了人性在受到體制凌虐的影響後，還能成就如何非凡的表現。這些冤罪者們困境的第一手觀察，對學生來說意義重大，他們時常為華特的話語所懾服。他的發言通常很簡單扼要，對於提問的回答也很簡短，卻仍對那些和他見面的學生造成深遠影響。他會半開玩笑地告訴他們，其實自己不覺得憤怒或痛苦，只感激終能重獲自由。他也分享自己的信仰如何幫助他度過數百個死牢裡的夜晚。

有一年，華特在前往紐約的途中迷了路，他打給我，告訴我說他到不了，他聽起來很迷惘，無法有條有理地解釋在機場發生了什麼事。回到家後，我去探視他，他看起來一如往常，只是有點失落。他說回收廠生意經營得不太理想，講到財務狀況時，顯然我們替他擔保的那筆錢支出的速度比想像中更快。他買了一些更便於工作的工具，卻未能獲得足夠的利潤來支撐開銷。經過一、兩個小時的對談後，他才稍微放鬆，回到那個我熟悉、開朗的華特。我們約定往後任何需一同出席的活動，都一起前往。

華特不是唯一面對新的財務壓力的人。一九九四年，保守派成為國會上的多數勢力後，對於死刑犯的法律援助遂成為政治鎖定的目標，聯邦基金很快便遭到砍除。全國大多數的死刑代表資源中心（capital representation resource）被迫關閉。我們從未從州政府獲得幫助，若少了聯邦政府的金援，我們將會面臨重大的財務難關。我們勉力維生，尋找足夠的私人資助以維持日常營運。教學與增加中的募資責任排在一長串訴訟清單之前，不過一切在不知不覺中有了進展。我們的成員皆擔負著過量的工作，儘管如此，這些一起共事的律師和專家們在工作上的傑出表現在在令人懾服。我們協助在死牢裡的人，替過度量刑者提出質疑，幫助失能的受刑人，協助監禁在成人監獄裡的兒童，也尋找讓種族偏見、歧視窮人及權力濫用事實曝光的方式。這些責任重大無比，卻也令人滿足。

一天，我接到一通喜出望外的電話，瑞典駐美國大使告訴我，司法平等倡議會獲得奧洛夫・帕爾梅國際人權獎（Olof Palme International Human Rights Award），他們邀請我前往斯德哥爾摩領獎。還在讀研究所的時候，我研讀過瑞典如何積極再教育罪犯，長久以來對於他們的體制慎重看待權利的恢復感到驚豔。他們的處罰人道，政策制訂者相當認真看待罪犯的自新，使我對這座獎項及這趟旅程興奮不已。獎項是以一位備受愛戴的首相之名命名，他曾為死牢裡的受刑人發聲、發揚其價值，然最後不幸遭到一名精神錯亂的男子殺害。前往斯德哥爾摩的計畫排在一月，他們在頒獎前的一、兩個月派拍攝小組前來採訪，希望也能和幾位當事人談談，我安排他們採訪喬治。

「我可以為這次訪問跑一趟，」我對華特說。

「你不用這麼麻煩，我又不用出遠門，只是和他們談談而已，沒什麼大問題，你用不著大老遠開車來這裡。」

「你想去瑞典嗎？」我半開玩笑地問。

「我不太清楚那在哪裡，但如果飛很久才到得了的話，我不怎麼感興趣。我想我最好從此刻起就停留在地面上。」我們笑了，他聽起來狀況不錯。

然後他變得靜默，掛上電話前問了最後一個問題：「也許你回來之後可以來看看我？我很好，但我們可以出去晃晃。」

這項請求不太尋常，所以我立刻就答應了。「當然，這聽起來很棒。我們可以去釣魚，」

我自嘲說著。我這輩子從來沒釣過魚，華特知道這件糗事，不斷拿來調侃我。一起外出時，我從未點魚來吃，他很肯定我不吃魚是因為我從未抓到過魚。我試圖套用他的邏輯，並做出承諾，然而我們的釣魚之旅始終未能成行。

瑞典的拍攝小組相當積極地尋找華特那輛在南阿拉巴馬荒野地帶的拖車位置，我告訴他們如何抵達。雖然華特接受媒體採訪時，我總是在場，不過我覺得這次應該不會有什麼意外才是。

「他不會長篇大論，通常都很直接、簡潔，」我告訴採訪者。「只要問題對了，他是個很棒的受訪者。能在室外訪問的話會比較好。」他們備感同情地點點頭，但似乎對我的焦慮感到不解。出發去瑞典前，我打給華特，他告訴我訪問很順利，令我心安。

儘管氣候凜冽又一直下雪，仍不減斯德哥爾摩這座城市的魅力。我到幾個地方演講，也赴了幾頓晚餐約。這趟旅程雖然短暫且寒冷，但大家盛情以待，他們對於我們工作的熱情響應令我驚訝，也覺得滿足。幾年前，我曾受邀前往巴西講述關於懲罰及一些不受裁判者喜愛的人所遭受的不公對待。我大部分的時間都待在當地的社區，多半是位於聖保羅（São Paulo）外的貧民窟，數百名絕望又窮困的當地人都很希望能和我談話。在好幾個小時與各式各樣的人對談的過程中，我見到在困境中求生存的母親，還有吸食強力膠的窮困孩童，這些人都希望我能幫助他們解決飢餓和警察暴力的問題。與這些文化不同、生活經歷及困境卻和我在美國的委託人有諸多相似處的人對話，對我造成巨大影響。而我在瑞典所遇見的人也同樣有趣、互動良好，儘管他們沒有亟需援助或與濫權的司法體系對抗的經驗。這個國家的人民似乎很積極，皆懷抱著旺盛的同情心讓自己和這些人與事連結在一起。

主辦方邀請我到位於斯德哥爾摩郊區的Kungsholmens Gymnasium高中演講，這所學校座落在一處特別美麗的區域，一座十七世紀建築遍處可見的小島上。身為一個對國外世界見聞極有限的美國人，這些建築的悠久年歲和華麗雕飾讓我驚嘆不已。經受帶領之下，我步入這所學校，爬上扶手欄杆以手工雕琢的階梯，階梯狹窄且彎曲，通往大禮堂。到了禮堂後發現，已有數百名高中生在現場等候著我的到來。大禮堂的圓形穹頂布滿了精細的手繪圖及以書寫體構成的拉丁片語，飛翔的天使和舞弄著喇叭的孩童在壁面和穹頂四處跳舞。上層的大包廂也擠滿了許多學生，彷彿優雅地盤旋在畫作上。

雖然這座建築的歷史悠久，音效卻很好，空間既平衡又完美到位，像是有魔力一般。介紹我出場時，我望向台下數百名斯堪地那維亞的青少年，對他們好奇與渴求的神情印象深刻。我對這群出奇安靜且專注的青少年演講約莫四十五分鐘，雖然明白英文不是他們的第一語言，也懷疑他們能聽懂多少，但當我說完時，爆出如雷掌聲，切切實實把我嚇了一跳。儘管他們如此年輕，卻對千里之外的受刑人所遭遇的困境如此感興趣。校長到台上和我站在一起，向我致謝，並建議學生以一首歌曲做為答謝。這所學校的音樂學程及學生合唱團享譽國際，校長請在禮堂各處的合唱團團員們起立，簡短唱首曲子。大約有五十名孩子起身，相視而笑。

約莫經過一分鐘的騷動，一名有著草莓金髮的十七歲男孩站到椅子上，不知用瑞典語向合唱團團員說了什麼，引得學生們哄堂大笑，然後全場恢復安靜，接著男孩用美麗的嗓音哼出一個音，音高得很完美，然後慢慢揮舞手臂，示意這些傑出的孩子一起唱。他們的聲音在這古老殿堂的空間裡迴盪，化作一種我從未聽過的壯麗和聲。帶領團員一起合唱後，男孩站回原來的位置和他們共同譜出一首完美的旋律。我無法聽懂任何一個瑞典詞，但曲調聽起來彷彿只應天上有。不和諧音與和聲張力慢慢轉為溫暖的和弦，聲音表現得極為精湛，每一句吟唱都美好無比。

我站在校長身旁、小歌者們前方的舞台上，眺望天花板的雄偉畫作。來這裡的幾個月前，我的母親過世了，她一生中多數時間都在教會裡擔任鋼琴師，帶領由數十名孩童組成的合唱團。望著穹頂畫作時，讓我想到她；我很快明白自己不會因為抬頭仰望而恢復平靜，所以轉而望向孩子們，勉強擠出笑容。他們唱完後，其他同學報以熱烈掌聲，我也加入其中，試著讓自己融入。下了講台後，學生們走上前來感謝我的演講、提問以及合照。我完全沉醉其中。

這雖然是漫長又疲累的一天，卻很美好，我回到旅館稍作休息，準備兩小時後趕赴另外一場演講。不知是什麼原因促使我打開電視，但離家四天以來我沒看過任何一則頭條新聞。當地新聞在房裡播送，從陌生的瑞典電視主播的熱切討論中，我聽到自己的名字。這是攝影小組來拍攝我的新聞；熟悉的景象出現在畫面中。我看著自己和記者走進馬丁·路德·金恩博士位於蒙哥馬利德克斯特大街上的教堂，然後沿著街道一路來到人權紀念碑。接著鏡頭轉向門羅維爾的華特，穿著工作服的他站在一堆廢棄的車輛之中。

開始回答記者的問題時，華特輕輕地把手上的一隻小貓放下。曾提過他收集的廢棄金屬已然成為貓的避風港的華特，說了些我聽過不下數十次的話，然後我發現他的表情改變，談話開始變得比以往都來得生動且激昂。

他變得異常地情緒化。「他們把我關押在死牢裡六年！他們威脅了我六年，用要把我處決的話威脅了我六年。我失去了工作，失去了妻子，失去了名聲，還失去……還失去我的尊嚴。」

他大聲激動地說著，淚水就要奪眶而出。「我失去了所有東西。」他繼續說道。他試圖讓自己冷靜下來而強顏歡笑，但沒有成功。他嚴肅地看著鏡頭，「很草率，這很草率，老兄，這很草率。」我憂心忡忡地看著蹲到地上開始痛哭的華特，鏡頭依然對著哭泣的他。畫面切回到說著一些抽象、哲學論調的我，然後就結束了。我嚇傻了，想要打給華特，但不知道怎麼從瑞典撥電話給他，但我知道是時候該返回阿拉巴馬州。

Just Mercy

CHAPTER

14

殘忍與不尋常
CRUEL AND UNUSUAL

一九八九年五月四日早上，十五歲的麥可．古力（Michael Gulley）和十七歲的奈森．麥克肯茲（Nathan McCants）說服十三歲的喬．蘇利文（Joe Sullivan）和他們一起闖進一間在佛羅里達州彭薩科拉（Pensacola）的房子。三名男孩早上進到雷娜．布魯納（Lena Bruner）的家，當時屋內空無一人。麥克肯茲拿了一些錢與珠寶，三名男孩就離開了。那天下午，七十出頭的白人女性布魯納女士在家中遭到性侵。布魯納女士聽見有人敲門，前去應門時，被另一名從後門溜進她家的人從背後抓住。這起強暴事件相當的暴力駭人；布魯納女士始終都未能看清攻擊者的面孔，只記得是「髮色很深的鬈髮男孩」，而古力、麥克肯茲和蘇利文都是非裔美國人。

這起性侵案發生後沒多久，古力和麥克肯茲便雙雙遭到逮捕。麥克肯茲手中握有布魯納女士的珠寶。面對嚴重的重罪指控，有過不少前科且至少涉及一起性犯罪的古力把性侵害的罪行推給喬。未在事發當天遭逮捕的喬，隔日在得知古力和麥克肯茲將他供出的消息，便主動到案。喬承認自己協助兩名年紀較大的男孩進屋行竊，但堅決否認知悉或參與任何與性侵相關的環節。

檢察官決意在成人法院以性侵害和其他罪名起訴十三歲的喬・蘇利文。然而，沒有任何檢核機制判定喬的起訴案應當在青少年或成人法院審理。佛羅里達是少數讓檢察官決定是否要因犯罪的特殊性在成人法院起訴孩童的州別，並且沒有將孩童視為成人的最低年齡限制。

審訊時，喬坦承自己參與了稍早的入室竊盜，但並未涉及性侵害案。檢方的主要依據來自於麥克肯茲和古力出於自我袒護的故事，包括古力聲稱喬審訊前在拘留所曾招認自己的強暴罪行。供出喬涉案後，麥克肯茲被視為成人犯，判刑四年半，但僅服刑六個月；而有二十多項前科紀錄和一項性犯罪紀錄的古力被裁定視為青少年起訴，僅在青少年拘留所待了很短暫的時間。

唯一能指證喬的具體證據，是鑑識人員採集到符合他的不明顯局部掌紋，這與喬承認自己在強暴案之前進過寢室的證詞吻合。警方採集了精液與血液，但公訴方決定不在法庭上提出，並在辯方驗證前便已銷毀。檢方還提出一項指證，一名警官「瞥見」有個非裔美籍年輕人從受害者家中跑走，然後他注意到性侵案後被留在警局接受訊問的喬・蘇利文，指認他正是奔離案發現場的青年。

最後，檢察官提出被害人的證詞，儘管她在開庭前、沒有陪審團在場的情況下接受指導，演練過證詞，她仍無法確切肯定喬・蘇利文就是作案者。喬被要求在法庭上說出被害人印象中襲擊者對她說過的話[1]，然後她指認喬的聲音「很可能是」那名作案者。

喬在僅為期一天的審訊後，便由六人陪審團定罪。開庭時，宣讀案由的時間是在上午九點過後，而陪審團交出裁斷的時間是下午四點五十五分。喬的指派律師不久後便被吊銷在佛羅里達州的執業資格，且不得復職。辯護律師沒有提交任何書狀，審判期間的發言也不到二十句話。該案存在著許多值得列舉卻未提出的疑點。

一九八九年，喬・蘇利文被捕時，只是個心智遲緩、閱讀障礙程度一級，經常受到父親暴力相向且遭嚴重忽視的十三歲男孩。他的家庭分崩離析，州政府官員以「虐待和混亂」來形容。從十歲起到被逮捕為止，喬一直居無定所；這三年間，他的住址不下十處，大多數時間都在大街上遊蕩，常因與哥哥和其他年紀稍長的青少年犯下非法侵入、偷竊單車或財產犯罪等違法行為，在路上遭警方攔查。

喬十二歲時，曾被送交法院裁決。指派給喬的青少年緩刑監督官如此形容他的行為：「他很容易受影響，還跟一幫不法分子廝混。」她觀察到「喬是個非常不成熟、幼稚的人，比起領導者更像是個跟班」，以及他有「成為正當、對社會有貢獻的個體」的潛力。

喬的犯罪紀錄大多是輕微等級的青少年犯罪，幾乎是非暴力且不應判處超過兩年徒刑的事件。然而審判法官用不一樣的角度看待他的犯罪紀錄，做出「青少年系統已全然無法對蘇利文先生起任何作用」的結論。法院對喬的結語是：「已給予一次又一次改過自新的機會，而他也用掉第二及第三次犯錯的機會了。」事實上，喬未曾獲得第二次，更別說第三次「改過自新」的機會了，即便他只有十三歲，檢方仍將他視為「連續作案」或「暴力慣犯」。法官判處他終身監禁、不得假釋。

儘管存在著諸多值得上訴的爭議點[2]，喬的委任上訴律師仍提出安德斯訴訟摘要[1]（Anders brief），說明他認為不具有合理的上訴基礎，亦無可信的依據得以抱怨其判決結果，並請求撤下委任律師一職。喬只體驗了一年青春期便被送進成人監獄，開始長達十八年的噩夢。在監獄裡，他不斷地遭到強暴和性虐待。他多次自殺未果，還罹患了多發性硬化症，最後不得不坐輪椅。醫生後來得出他的神經系統疾病可能是在監獄裡受到的創傷所引發的結論。

和喬同住的獄友寫信給我們，形容他失能及遭受可怕的虐待，而且從十三歲起，就因為一起冤枉的非殺人罪行而必須老死在監獄。二〇〇七年，我們寫信給喬，發現他未曾獲得法律援助，在監獄關了十八年，沒有人協助他質疑他的定罪或判刑。喬的回信是一張有著孩子般稚嫩筆跡的便條紙，儘管已經三十一歲，他的閱讀能力仍停留在小學三年級的程度。他在信裡告訴我，他「過得還可以」，接著寫道，「如果我什麼都沒做，我應該現在就能回家了吧？布萊恩先生，如果這是真的，你可以回信給我，然後來接我嗎？」

我寫信給喬，告訴他我們會研究他的案件，而且我們也相信他主張自己無辜的說法可信度很高。我們嘗試透過提請DNA鑑定證明他的清白，但因為州政府已將相關的生物跡證銷毀，這項請求遭到回駁回。灰心的我們決定挑戰喬的終身監禁判刑，這是殘忍的違憲行為，也是不尋常的處罰。

我從蒙哥馬利開經南阿拉巴馬到佛羅里達，然後沿著一條蓊鬱的蜿蜒小路抵達位於米爾頓（Milton）鎮的聖羅沙監獄（Santa Rosa Correctional Facility），準備和喬第一次碰面。聖羅沙郡在佛羅里達走廊（Florida Panhandle）最西側與墨西哥灣相接，長久以來以農業聞名。一九八〇至二〇〇〇年間，該郡人口成長了兩倍，沿海地帶吸引了想在海濱置產的家庭和觀光業者。許多原本住在彭薩科拉（Pensacola）的富裕家庭搬至聖羅沙郡，由於鄰近埃格林空

1 譯註：律師認為上訴理由不足時，可在該訴訟摘要中羅列上訴基礎，提請上訴法院法官獨立檢視案件。

軍基地（Eglin Air Force Base），在此服務的軍人家庭亦定居於此。然而，這裡還有另一項特色——監獄。

佛羅里達州獄政局於一九九〇年代建蓋這座可容納一千六百名受刑人的監獄，當時，美國正以人類歷史上前所未有的速度興建獄所。一九九〇年至二〇〇五年間，每十天就有一座新監獄啟用。監獄數的成長和由此產生的「監獄產業複合體」（prison-industrial complex）——投資興建監獄所能產生的商業利益——讓監禁成為一項利潤豐厚的事業，業者願意花費好幾百萬美元遊說立法者繼續擴大監獄的適用範圍，各種問題都以「監禁」解決。像是藥物成癮之類的健康照護問題、因貧困而開出空頭支票、兒童的行為障礙、管理心智遲緩的窮人，甚至是移民議題，立法者的因應方式都涵括了將人送進監獄。過去二十五年來，美國未曾有過如此大量用來鼓吹擴張監禁人數的遊說金額、抵制量刑改革、創造新的犯罪類別，以及維持社會的恐懼與憤怒以助長大規模監禁。

抵達聖羅沙時，我發現儘管監禁在此超過百分之七十的受刑人都不是白人，卻沒有任何非白人職員。這有點不尋常，因為在其他監獄，黑色或棕色皮膚的獄警很常見。他們要求我通過嚴密的入內檢查程序，然後給我一個呼叫器，讓我可以在監獄裡受到威脅或遇上任何麻煩時使用。我被領到一個四十平方呎大的房間，超過兩打喪氣的受刑人銬坐著，身著制服的獄警們忙進忙出。

有三個六呎高的鐵籠放在角落，大小不超過四平方呎。在這些年探監的經驗裡，我從未看過在一個安全牢固的監獄裡有如此小關押受刑人的鐵籠，我很好奇這些人到底有多危險，以至於必須被關在籠子裡，不能和其他受刑人同樣銬坐在長椅上。前兩個鐵籠分別站著兩名年輕人。第三個鐵籠固定在角落，裡頭是一名坐在輪椅上的瘦小男子。由於輪椅面向牆壁，所以他無法看到這空間裡發生了什麼事。我看不見他的臉，但我確定這位就是喬。

一名獄警走進來唱名，一名被喊到的男子站起身來，隨獄警步出長廊，去見助理典獄長或是被安排會見的人。終於，獄警喊道：「喬．蘇利文，法律探訪。」我趨前表明自己是來法律探訪的律師，他吩咐兩名職員去打開喬的鐵籠。由於鐵籠太小，當他們準備把喬的輪椅推出來時，輪軸與鐵籠卡住，動彈不得。

多名獄警前來合力把喬的輪椅移出窄小的鐵籠，我站在那裡看了好一會兒。他們把輪椅往上抬高，又把它往下推，翹起前輪，但都沒有用。他們拖行著輪椅製造吵鬧聲響，想用蠻力分離它與鐵籠，卻完全卡死。

兩名正在拖地的模範受刑人停下手邊工作，看著奮力與輪椅和鐵籠奮戰的獄警。儘管沒人開口，他們還是加入支援行列。獄警默許他們的協助，但他們都沒能成功解決問題。無法把喬移出鐵籠而覺得洩氣的獄警，討論要用鉗子和弓鋸來破壞它，或讓鐵籠側倒，儘管喬還在裡頭。有人建議把喬從輪椅上抬起，先把他抬出來，可是喬跟輪椅和鐵籠間的空隙太小，沒人能進去移動他。

我詢問獄警他被關進鐵籠裡的理由，未料得到唐突的回應：「被判無期徒刑。所有無期徒刑者都要施以較高等級的安全機制。」

在這過程中，我看不到喬的臉，但可以聽見他在啜泣。他有時會發出嗚咽聲，肩膀上下抽動著。當獄警提出側倒鐵籠的建議時，喬哀號了一聲。最後，由模範受刑人把這沉重的鐵籠微微扛起並傾斜，三名獄警猛力地拉喬的輪椅，才終於解開。獄警們互相擊掌，模範受刑人悄聲走開，而喬動也不動地坐在置於這空間中央的輪椅上，低頭瞅著自己的腳。

我走向前自我介紹。他的臉上沾滿淚水、雙眼紅腫，但看向我時，開始有點瘋癲地拍手。「耶！耶！布萊恩先生。」他微笑向我伸出雙手，我握住他的手。

推著喬的輪椅到狹小的辦公室進行法律探訪。他繼續默默笑著，興奮地拍手。我向獄警爭論了好一會兒，希望能和喬個別談話，獄警才終於讓步。關上門後，喬看起來很放鬆，儘管這次探訪一開始有點嚇人，但他現在樂不可支。我真心覺得自己在和一個孩子對話。

我向喬解釋，在得知政府已摧毀或許能透過DNA鑑定證明他清白的生物跡證時，我們有多麼氣餒。我們也發現受害者和其中一名同案被告已經過世，另一名被告則不願透露任何關於真相的隻字片語，使得挑戰他的定罪之路十分艱巨。隨後我提出一個新的想法，挑戰他的量刑違憲的主張，可能是另一條能讓他回家的路。在我解釋的過程中，他的臉上堆滿了笑意，雖然這也表示他沒完全理解我說的話。他的腿上放了一本拍紙本，我說完話後，他告訴我，自己也準備了一些問題要問我。

整個探訪期間，我不斷思考他為何如此活力充沛，更甚於我所想像的狀態。當他表示準備了問題要問我時，情緒更加沸騰。他解釋說，如果能出獄，他想要成為一名記者，這樣「我就能告訴大家到底發生了什麼事」。宣告自己準備好要問問題時，他的語氣相當得意。

「喬，我很樂意回答你的問題。你問吧。」

他不甚流暢地讀著。

「你有小孩嗎？」他一臉期待的看著我。

「沒有，我沒有小孩。但我有好幾個姪子、姪女。」

「你最喜歡的顏色是什麼？」他再度投以熱切的神情。

我笑出聲，因為我沒有最喜歡的顏色。但我想要回應他。

「棕色。」

「好的，最後一個問題是最重要的問題。」他用一雙水靈的大眼睛和笑容瞅了我一下，然後開始認真地讀他的問題。

「你最喜歡的卡通人物是誰？」看著我的時候，他臉上散發著光芒。

「拜託，要說實話，我真的想知道。」

我想不到任何角色，但還是勉強掛著笑容。「哇嗚，喬，我得誠實說我不知道。我可以想一下再回答你嗎？我會把我的答案寫在信裡給你。」他熱切地點點頭。

接下來的三個月，喬的信件如潮水般湧進我的辦公室，幾乎一天一封。信件內容通常是簡短的敘述，好比他那天吃了什麼或看了哪一齣電視節目，有時是兩三句從《聖經》抄寫下來的經文。他總是不忘要我回信給他，讓他知道自己的字有沒有進步。偶爾信件裡只有短短幾個字，或是一個像是「你有沒有朋友」這樣的問題。

我們提出挑戰喬的量刑的申請，主張他的量刑殘忍且處罰不合常理。儘管在他已入獄近二十年後提出申請會有程序上的爭議，但我們認為最高法院近期禁止將未成年人判處死刑的決定可以做為此救濟的基礎。二〇〇五年，法院認為依據憲法第八條修正案（Eighth Amendment），應將孩童與成年人區分開來，保障孩童得以免於死刑。我和組織成員一起討論要如何將憲法禁止判處孩童死刑的事實，用來做為挑戰不宜判處未成年人終身監禁的法理依據。

過去我們也曾在其他幾起孩童的案件中，向終身監禁的判決提出挑戰，伊恩・曼努就是其一。當時伊恩還被關在佛羅里達州的獨囚室中。此外，我們也在密蘇里州、密西根州、愛荷華州、密西西比州、北卡羅來納州、阿肯色州、特拉華州、威斯康辛州、內布拉斯加州及南達科他州提出申請案。我們也曾協助賓州遭縱火罪起訴的女孩翠娜・賈奈特（Trina Garnett）提出申請，當時她仍在女子監獄裡掙扎求生，但對於我們可能有機會幫助她更改量刑而感到興奮。我們還為加州的安東尼奧・努涅茲（Antonio Nuñez）提出申請。

我們也提出兩件阿拉巴馬州的申請案。十四歲的愛胥莉・瓊斯（Ashley Jones）被控告在她較年長的男友幫她逃家時，殺害兩名家人。愛胥莉長久以來都活在受虐、冷落，夢魘般的生活之中。當她還是個青少年、關押在圖偉勒女子監獄時，她開始寫信給我，詢問一些在報紙上讀到的法律判決。她從未向我尋求法律協助，僅單純就閱讀的內容提出疑問，並表達自己對於法律和我們工作內容的興趣，之後也在每一次我們上訴成功、扭轉死刑判決時，寄訊息來祝賀我及司法平等倡議會。當我們決定要挑戰施加於孩童身上的終身監禁判決時，我告訴她，我們終於能對她的量刑提出挑戰，令她激動不已。

另一名在阿拉巴馬州遭判終身監禁的是伊凡・米勒（Evan Miller），這名十四歲男孩來自北阿拉巴馬一戶貧窮的白人家庭。他在七歲時，還在讀小學年紀曾自殺未遂，開啟他顛沛生活的篇章。他的父母有虐待行為及吸毒問題，致使他不斷進出寄養家庭，而犯罪時他正與母親同住。一天晚上，中年鄰居柯爾・坎農（Cole Cannon）前來找伊凡的母親購買毒品，十四歲的伊凡和他十六歲的朋友便跟著到這男人的家裡玩牌。坎農讓這兩名青少年嘗試毒品、玩灌酒遊戲，玩到一半時，還讓他們去買更多毒品回來。當男孩們返回時，由於天色過晚而決定留下過夜。後來這兩名男孩以為坎農昏了過去，便試圖偷取他的皮夾。此舉促使坎農驚醒過來，並跳到伊凡身上。另一名男孩見狀便拿球棒毆打坎農的頭；他們開始痛扁他，放火燒他的拖車，致使柯爾．坎農死亡。伊凡和他的朋友被以蓄意謀殺罪起訴。較年長的男孩和檢察官達成共識，獲判得以假釋的終身監禁，而伊凡則遭判處終身監禁，不得假釋。

在伊凡的審判確定之後，我馬上介入此案，儘管蓄意謀殺的罪犯應求處死刑，他是因為年紀太小才得以躲過死劫，但是我仍送出減輕刑責的申請。在聽證會上，我請求法官考量伊凡的年紀重新量刑。檢察官表示：「我認為他應該被處決。他罪有應得。」接著他為了法律不再授權判處孩童死刑而感嘆，因為他迫不及待看這名十四歲男孩坐上電椅。最後，法官否決了我們的請求。

每次到監獄探視伊凡，我們都會聊上許久。他喜歡漫天閒聊任何想得到的話題，拖延探訪時間。我們聊體育、聊書、聊他的家庭，我們也談音樂，談他長大後想做的事。通常他會對某些事表現出熱情與興奮，儘管已經一段時間沒有家人的消息，而仍得面對監獄裡一些惱人的事的他，有時也會陷入極度沮喪。他對於一些從其他受刑人和周遭的人身上看到的惡意與暴力的行為感到匪夷所思。有一次他告訴我，他曾經因為詢問吃飯時間，胸口挨了獄警一記重拳，說起這件事的時候他開始哭泣，他不明白為什麼獄警要這麼做。

伊凡被送到最高戒備規格的聖克萊爾成人監獄（St. Clair Correctional Facility）後不久，便遭到另一名受刑人攻擊，整整刺傷九次。雖然傷口復原後，沒在身體留下嚴重的後遺症，但那次經驗使他心靈創傷，對暴力的認知很混亂。有一次，他和我談及自己的犯行時深感困惑，不明白自己怎麼有辦法做出殺傷力如此大的事。

大多我們經手的遭判無期徒刑的青少年個案都與伊凡的感受相似，他們對於自己莽撞的行為感到疑惑不解。許多人在成為大人的成熟過程中，變得深思熟慮、懂得反思，如今已有能力做出負責且適宜的決擇。幾乎所有被這些荒謬悲劇烙上印記的個案，都不再是當年犯下暴力案件的那個孩子，他們都在某些層面上產生了顯著的改變。而這也使得他們和我受理的成年後犯罪的大多當事人相當不同。不過，我參與協助這些青少年暴力犯罪的案件這件事本身也很諷刺。

十六歲時，我和家人居住在達拉瓦州南部。一天正要出門時，家中的電話響起，就在母親回頭接聽的一分鐘後，屋內傳來尖叫聲。我跑回家裡，看見母親癱軟在地，啜泣地喊著「爸爸、爸爸」，話筒從基座脫離，懸在半空中。我拾起話筒，另一頭是阿姨的聲音，她告訴我，外公被殺死了。

我的外祖父母分開多年，外公獨自在南費城的公共住宅住了一段時間。他被幾名闖入公寓偷黑白電視機的青少年攻擊，然後刺死。當時他八十六歲。

我們的大家庭受到這般無謂謀殺摧毀，我那已和外公分居多年的外婆尤其對於這起事件感到精神緊繃。我的一名表哥在執法單位工作，他找尋犯下這起罪行的幾名男孩的信息。在我的印象中，與其說他們是想報復這些不成熟又沒有分辨是非能力的青少年的行為，更多的反應是震驚。我們只是不斷地說著和想著同一件事：**他們沒有必要殺他**。一個八十六歲的老人不可能有辦法阻止他們拿走戰利品，我母親一直對此感到不解，我也一樣。我知道學校裡有些人就是會出現失控的暴力行為，卻仍困惑於怎麼有人能犯下如此無謂的暴行。外公的死為我們留下了許多疑問。

如今，幾十年過去，我開始漸漸理解。在為這些孩子提出訴願的準備期間，我們發現如果沒有先理解他們生命中被迫忍受的痛苦，就無法確實評估這些震驚社會、不合理的犯罪行為。而禁止判處青少年死刑，也促使最高法院必須更加關注青少年發展與腦科學的醫學研究，及其與青少年犯罪和過失的關聯性。

現代神經學、心理學及社會學的證據在在說明不成熟的判斷力、未發展健全的自律能力和責任感、對於負面影響和外在壓力的脆弱程度，以及缺乏對自身衝動和環境的掌控能力等因素，都會對孩童造成負面影響。一般認為，孩子在十二至十八歲的青春期會出現劇烈改變，包括常常使人苦惱的明顯外在變化（像是身高體重的增加、性徵改變等），以及在理智、判斷、衝動控制和自主能力的顯著進步。如我們後來向法院解釋專家所得出的結論：

「青春期期間，社會情緒系統內的多巴胺活動會快速且劇烈地增加」，驅使青少年追求感官的刺激與冒險；「這會使得尋求獎勵的渴望，優於認知控制系統的結構成熟及與社會情緒系統連結區塊的發展速度。成熟的過程是漸進的、展現青春期的種種歷程，然後獲得更進階的自我掌控及衝動控制的能力……社會情緒系統的喚醒（青春期早期階段的發展）和認知控制系統的發展成熟之間，兩者的時間差所造成的後果，使得青春期中期的青少年因為勇於冒險，而更可能暴露在危險之中。」[3]

這些生物及心理社會層面的研究，向父母、師長或任何回想自己青少年時期的成年人清楚解釋：青少年缺乏成年人所具備的成熟度、獨立自主能力，以及對未來的方向感。在法院解釋關於童年的基本問題有點詭異，然而由於對於犯罪孩童的懲治過於嚴苛且保守，使我們不得不闡述這些基本事實。

在法院，我們提出相較於成年人，幾乎從可觀察到的各種面向都能看出青少年的判斷能力尚有缺陷：青少年缺乏生命經驗和背景知識幫助他們做出選擇；他們仍處於努力產出選項、想像各種後果的階段；而且，他們有足夠理由缺乏做出合理判斷並堅持的必要自信。我們也指出，精神科學及新近的腦部化學變化研究皆支持青少年所展現的判斷能力往往並不完備的論點[4]。而當這些所必須面對的基本弱點與成長經驗——虐待、暴力、失能、忽視及缺乏關愛——相結合時，可能使這些孩子更加容易做出會導致悲劇、暴力，糟糕至極的決策。

我們能提出鏗鏘有力、足以說明孩童與成年人之間差別的論述，但這並非救濟的唯一阻礙。前述的憲法第八條修正案要求提請上訴的量刑，必須是與「風俗標準的演變」牴觸且「不常見」的案例。過往最高法院依從第八條修正案予以救濟的案例中，挑戰判決的案數全國加總低於一百件。二〇〇二年，在法院禁止對心智遲緩者判處死刑之際，死牢中約有一百名受刑人智能遲滯（mental retardation）。二〇〇五年，法院宣布禁止將孩童判處死刑，死牢中的未成年受刑人不超過七十五位。而在法院禁止將犯下非殺人罪行者判處死刑時，關入死牢中的受刑人數甚至更少。

基於美國有超過兩千五百名兒童遭判終身監禁不得假釋的事實，使得我們的訴訟策略變得複雜許多。因此，我們決定先聚焦於兩個子類別的孩童，以便讓還沒準備好禁止將所有青少年判處終身監禁不得假釋的法院能先予以救濟。我們鎖定最年幼的孩童，把年齡限縮在十三至十四歲；十五歲以下的這個年齡區間，遭判處終身監禁不得假釋的孩童不到一百名。我們也鎖定像是喬・蘇利文、伊恩・曼努及安東尼奧・努涅茲這樣犯下非殺人罪行的孩子。大多數遭判處終身監禁不得假釋的青少年，都是殺人的犯行所致。我們估計，因為非殺人罪而遭判終身監禁不得假釋的青少年不超過兩百人。

我們主張，死刑的禁止有更深層的含義，因為老死在監獄的選項等同於宣告一個人的人生通往盡頭、無從改變，也形同宣告他或她永遠不適合再成為公民社會的一員。我們請求法院理解，這樣的判決對於一定年齡以下的孩子來說並不合理，他們還是未成品，還在生命中特別脆弱的階段，而未來成長與改變的潛力相當大。幾乎所有人的成熟度都會超越當年的犯罪行為，我們也無法預先辨識出哪些是無法做到的少數人。就如同我們在訴訟摘要中所寫的，他們是「自己無從控制的環境下的產物，也是經由窄道來到一個他們從未想像的世界的過客」[5]。

我們強調不能讓孩子抽菸、喝酒、投票、自由駕駛、捐血、買槍，以及一大堆禁止孩子從事的行為，因為他們還不成熟，沒有足夠的判斷力，但於此同時，我們卻在刑事司法系統中，將一些處在最危險環境、不受重視又有缺陷的孩子，以完全成熟的大人看待。

一開始，這樣的主張並不成功。喬・蘇利文的法官裁定我們的聲明「無價值」，我們也在其他州遭遇類似的懷疑及阻力。最後，我們受夠了佛羅里達州在喬・蘇利文的案子中所提供的選項，上訴至聯邦最高法院。二〇〇九年五月，最高法院同意審理此案，感覺像是奇蹟降臨一般。最高法院同意受理已經夠罕見了，然而法院可能因此釋憲救濟這些遭判老死在監獄的孩童，讓這難得的機會更令人感到興奮，這是個可能改變全國法律的機會。

法院給予喬的案件，以及另一起佛羅里達州的十六歲青少年因非殺人罪而遭判處終身監禁不得假釋的案件重審的機會。來自佛羅里達州傑克遜維爾（Jacksonville）的特倫斯．葛拉罕（Terrance Graham）當時遭控試圖搶劫一家商店而處於緩刑期間，因此再次被逮捕時，法官撤銷特倫斯的緩刑，判處他無期徒刑。喬和葛拉罕的案件都屬於非殺人的犯罪，倘若我們從法院贏得判決，很可能只能讓因非殺人罪而遭判處終身監禁不得假釋的青少年受惠，但這也夠振奮人心了。

這些案件吸引了眾多全國性媒體的關注，當我們向聯邦最高法院遞交訴訟摘要之際，許多全國性組織也加入我們的陣營，並提交非當事人意見陳述（amicus brief），敦請法院做出我們期望的判決結果。我們接收到來自美國心理學會（American Psychological Association）、美國精神病協會（American Psychiatric Association）、美國律師協會（American Bar Association）、美國醫學會（American Medical Association）、前任法官、前任檢察官、社工、民權團體、人權團體，甚至是受害者權利團體的聲援。也有一些曾在青少年時期犯罪，後來成為家喻戶曉的公眾人物的人填寫文件支持我們[6]，包括非常保守的政治人物，如懷厄明州的前參議員艾倫．

辛普森（Alan Simpson）。辛普森在參議院待了十八年，其中十年位居共和黨黨鞭，也是黨內地位第二高的參議員。他過去曾是青少年重罪犯，十七歲時，因為縱火、竊盜、加重的企圖傷害罪[2]（aggravated assault）、槍械暴力及襲警等多項罪名遭到起訴，判定為少年犯。他後來坦承：「當時的我真是個怪獸。」直到又遭逮捕，他發現自己泅泳於「嘔吐物與尿液之海」時，人生才開始改變。辛普森參議員切身體會到，不能從一個人在青少年時期的錯誤行為來衡量他的一切潛能。還有一份意見陳述來自前童兵代表，他們曾被迫加入非洲民兵，做出許多殘暴舉動，他們的行為比起我們當事人來得嚴重許多。如今這些曾為童兵的人在受到他們的軍隊拯救之後，恢復了正常生活，並且在美國的大學校園有不錯的發展。

二〇〇九年十一月，填好喬與葛拉罕兩案的訴訟摘要申請之後，我前往位於華盛頓的聯邦最高法院出席口頭辯論。這次事件吸引了大批媒體，登上許多版面，關注度之高是我過去的案例所未曾有過的。法院裡被擠得水泄不通，而外面還有幾百個人進不來。為孩童權利聲援的人、律師和精神科專家等各方人馬，都緊盯著向法院主張將孩童判處終身監禁不得假釋違憲的我們。

辯論期間，法院方爭強好勝，很難預測將導向什麼結果。我告訴法院，美國是世界上

2 譯註：指意圖犯下殺人、重傷、搶劫、強姦等犯罪，或是使用致命、危險的武器所造成的傷害未遂行為。

唯一將終身監禁不得假釋的刑罰施加在孩童身上的國家，而此舉也違反了國際法，國際法禁止對孩童處以這樣的刑罰。我們告訴法院，在被施加這般刑罰的孩童中，有色人種的比例異常地高；此外，施加在孩童身上的終身監禁判決，主要是設計來束縛成年罪犯一輩子的嚴苛處罰，其用意從未是用來懲處孩童，以致錯置在像是特倫斯．葛拉罕或喬．蘇利文這樣的青少年身上的刑罰不尋常。我也告訴法院，要對任何一名十三歲小孩說，他只適合老死在監獄裡，相當殘忍。我無從得知法院是否被我說服了。

喬的名字和案件頻繁地成為電視上的討論話題，我向他承諾，最高法院的辯論結束後就會去探視他。一開始，喬對於自己受到矚目相當興奮，但不久後，獄警和其他受刑人開始揶揄他，對他益加刻薄。他愈受到矚目，他們對他的憎恨就愈深。我告訴他辯論結束了，一切都將恢復平靜。

幾個星期以來，他一直致力於記起一首他聲稱自己寫過的詩，我問他是否真的寫過，他承認是在另一名獄友從旁協助下完成，但他對於這首詩的興奮感受未曾消退。他一再保證自己會在我結束辯論後造訪時想起。抵達監獄時，輪椅上的喬順利地被推進探訪區，我向他說明在華盛頓的辯論，不過他對於讓我聽他讀詩的事更加感興趣。我看得出他很緊張，不確定自己是否做得到，因此我長話短說，好聽他讀詩。他閉上眼睛，聚精會神，然後開始吟出以下的詩句：

玫瑰是紅色的，紫羅蘭是藍色的。
我很快就能回家和你同住。
我的生活會更好，我會更快樂，
你會像我的爸爸、我的家人。
我們會和朋友一起玩樂，其他人會發現，
我是一個好人……嗯……我是一個好人……我……是……一個……好……人……
嗯……

不記得最後一句是什麼的他，抬頭看看天花板，然後再低頭望向地板，努力地想要記起。他擠眉弄眼，逼迫自己想起，但就是沒輒。我非常想要給出個句子讓他完成這首詩，像是「所以請為我高興」或者「現在大家就會知道」，但我知道這麼做不應該，所以我只是坐在那裡。

終於，他似乎能夠接受自己無法想起句子的事實，我猜他應該很洩氣，但明白自己無法想起最後一句時，他只是開懷大笑。我看著他微微笑，心上石頭落了地。不知什麼原因，他愈來愈覺得自己想不起來最後一句詩很有趣，笑了一會兒，然後突然斂起笑容看著我。

「噢，等一下，我想最後一句應該是，嗯，我想最後一句應該是我剛才說過的，就只是『我是一個好人』。」

他停頓了一會兒，我狐疑地看了他幾秒，然後未經思考就直接問道：「真的嗎？」我應該要停下來的，但卻繼續說：「我們會和朋友一起玩樂，其他人會發現，我是一個好人？」

他用嚴肅的表情看了我一眼，然後我們同時大笑起來。我不是很確定自己是不是應該笑，但喬也在笑，所以可能還好吧，而且老實說，我也克制不住，我們倆陷入歇斯底里的狀態幾秒鐘。他從輪椅上的一側晃向另外一側，笑著拍手，而我也無法停止不笑，嘗試止住笑但是卻失敗了。笑的時候我們互看著對方，笑得像個小男孩般的喬，臉上有細紋，頭上還有些許早發的白髮。儘管在笑著的當下，我明白他的童年是由不愉快的事一件件串起，在監禁生活中從青春期走進青年期。然而突然間我覺得現在的他還笑得出來真是個奇蹟。我想著這個世界是如何錯誤地對待喬．蘇利文，也想著自己有多麼想要為他贏得訴訟。

終於我們兩人都平復了下來，我盡可能展現真摯態度地向他說：「喬，這真是一首非常、非常棒的詩。」我頓了一下。「我覺得它很優美。」

他神采飛揚地笑著對我拍手。

Just Mercy

CHAPTER

15

破損 BROKEN

華特的狀況惡化得很快，他感到困惑的時間愈來愈長。他開始忘記幾個小時前才做過的事，商業上種種細節也從腦袋中溜走，他漸漸無法理解工作上的許多事，這讓他心情低落。某次我和他一同檢視檔案，發現他一直用遠低於物品價值的價格銷售商品，因而蒙受不少損失。

一支來自愛爾蘭的攝影團隊前往阿拉巴馬州拍攝紀錄短片，預計以華特的案例以及另外兩名阿拉巴馬死牢中的受刑人為主要拍攝對象。其中一名是詹姆斯‧「老布」‧柯赫朗（James "Bo" Cochran）[1]，他在死牢裡待了將近二十年後獲釋；在聯邦法院裁決重啟審判後，因陪審團遴選過程中的種族歧視而獲得定罪扭轉的契機。重新開庭時，種族多元化的新陪審團認為他並未犯下謀殺罪，終使他獲釋。第三名拍攝對象是羅伯特‧塔弗（Robert Tarver），他同樣堅稱自己的清白。檢察官後來承認，他的陪審團在遴選過程中涉及違法的種族歧視，法院卻拒絕重審，且在辯護律師無法提出充足的異議根據之下，使得塔弗遭到處決。

我們在辦公室為這部紀錄片舉辦首映會，我邀請華特和老布出席與觀眾座談，約莫有七十五名來自社區的人聚集在司法平等倡議會的會議室裡觀賞這部影片。華特看起來很不自在；他的話比平常簡短，一有人問他問題，他便焦慮萬分地看著我。我告訴他，以後不需要演講了。華特的妹妹告訴我，他開始會在傍晚時外出晃蕩，偶爾迷路，甚至開始酗酒，而這些過去從未發生。他告訴我自己經常感到焦慮萬分，而酒精能讓他的情緒鎮定下來。直到有一天他倒下了。他躺在莫比爾的醫院裡，當他們通知我時，我人在蒙哥馬利。我驅車南下，詢問醫生他的情況，才知道華特罹患了失智症，這很可能是創傷所致，或許會需要全天候的照顧。醫生還表示，失智症會逐漸惡化，最後華特可能會成為無行為能力人。

我們和華特的家人約在辦公室碰面，討論後認為他應該搬到杭茲維爾（Huntsville）與得以提供全天照護的親戚同住。這狀態維持了一陣子，後來華特的情緒變得非常不穩定，加上他的錢也用罄，只好搬回門羅維爾。他的妹妹凱蒂・李（Katie Lee）願意看顧他。他在門羅維爾時，狀況漸漸好轉，然過了一段時間，病情又開始惡化。

很快地，華特需要住進專門照護年長虛弱者的機構，但由於他過去重罪犯的身分，多數機構都不願收留他。儘管我們解釋他是被錯誤定罪，後來也證明清白，仍然沒有地方願意收留。司法平等倡議會目前聘請了一名專職社工馬利亞・莫里森（Maria Morrison），設法為華特及其家人尋找合適他的歸所。這過程令人洩氣不已，最後馬利亞在蒙哥馬利找到一處願意短暫收留華特的機構，但他至多只能待九十天。我們在釐清下一步該怎麼走之前，決定先讓華特待在那裡。

一切的一切出乎意料地讓我覺得難受。我們的工作量增加的速度太快了。我才剛在聯邦最高法院爭辯完喬・蘇利文的案子，焦慮等候判決結果的同時，又得知阿拉巴馬州最高法院剛訂下七名已跑完所有上訴流程的死刑犯的執刑時間。我們一直很擔心會有什麼事降臨在這些已窮盡一切上訴機會的受刑人身上。考量到近期阿拉巴馬州的風向，以及聯邦法院審理死刑案件的數量限制，我們知道，若那二十多名死刑犯的行刑日期確定，便非常難以凍結死刑執行。我和組織成員們碰面，做出艱難的決定，決心要為所有被排定行刑日期但沒有律師的死刑犯辯護。

幾週後，我發現自己深陷焦慮與苦惱之中。我擔心著阿拉巴馬州每隔一個月執行死刑的日子；擔心著聯邦最高法院是否會認同判處孩童終身監禁的法律，這是該議題的關鍵時刻；擔心著我們的資金，還有組織成員及資源是否趕得上案件量擴增的速度；擔心著正在掙扎求生的委託人。華特在蒙哥馬利的療養中心一週後，我前去探視，那時我覺得自己已經擔心了一整天。

華特和一些年長且重度倚賴藥物的人待在一間普通廳房裡看電視。看到穿著住院服的他屈就且孱弱地混在人們當中，實在突兀。我駐足在門口注視著他，他沒留意到我出現，放鬆地躺在塌陷的椅子裡，將頭靠在手上，看起來疲倦又苦悶。他盯著電視的方向，但不像在看電視節目。他的鬍子沒刮，不知吃了什麼在下巴留著殘渣，眼神流露出我從未見過的悲傷。看著他，我覺得自己的心往下沉；心底冒出了想逃離的念頭。一名護士見我坐在廳房外，問我要找誰，聽完之後，同情地對我笑了笑。

護士領我進去後，我走向華特，將手搭在他的肩上。他抖動了一下，然後抬頭，看到我後燦爛地笑了。

「嘿，這傢伙來了啊！」他語氣很開心，瞬間變回我熟悉的他。他開始大笑地站起身來。我擁抱他，也鬆了口氣；最近才聽說他已認不得某些家人了。

「你最近怎樣？」我問著輕靠在我身上的他。

「嗯，你知道的，我還過得去。」我們走向他的房間，好單獨說說話。

「有沒有覺得好一點？」

這問題不是很明智，但我看到華特這種情況有點緊張。他消瘦不少，住院服後面的綁帶沒繫好，他也沒注意到。我請他停下腳步。

「華特，我幫你繫一下。」

把綁帶繫好後，我們繼續朝他的房間走去。他步伐緩慢且謹慎，小心翼翼地在地板上滑動拖鞋，彷彿自己已經忘記如何抬起腳來。走下大廳沒幾步後，他就緊抓著我的手臂，輕靠著我，彷彿我們正在緩慢地開路一樣。

「我告訴他們，我有很多輛車，很多很多。」他特別強調，我很久沒聽他如此興奮地講一件事情了。「各種顏色、形狀、大小都有。那個人說，『你的車都壞了』，我告訴他，我的車都可以發動啊。」他看著我。「你要記得去跟那個人談談我的車，好嗎？」

我點點頭，想到他的回收事業。「你的確有很多車——」

「我就說吧！」他打斷我，開始大笑。「看吧，我告訴他們，他們都不相信。我跟他們說過了。」他咯咯笑著，但神情困惑，很不像他。「那些人以為我不知道自己在說什麼，我當然知道。」他略帶挑釁地說。我們終於抵達他的房間，我挪動椅子的時候，他往床沿坐下，靜默一陣，然後突然焦慮了起來。

「我覺得我好像回到死牢，」他重重嘆了口氣。「他們成功把我關了回去。」

他的聲音相當哀戚。

「我試過了，試了又試，但他們一直說不可以。」他看著我的眼睛。「他們對我做的事，我永遠也無法理解。怎麼會有人這樣對待別人呢？我只管好自己的事，沒有傷害任何人。我始終照著規矩做事，但不知怎的，他們就來了，把我關回死牢裡……我沒做壞事，沒做任何壞事。我沒對任何人做壞事，我沒有，沒有啊。」

他煩躁起來，我伸手放在他的手臂上。

「嘿，沒事了，」我盡可能溫柔地說。「事情沒有看起來這麼糟。我覺得——」

「你會想辦法把我弄出去的，對吧？你會再一次幫我脫離這監牢吧？」

「華特，這裡不是監牢。你的身體不太好，待在這裡會讓你好起來，這裡是醫院。」

「他們又逮到我了，你要幫幫我。」

他開始驚慌，我不確定該怎麼做比較好，接著他開始哭泣。「請帶我離開這裡，求求你，好嗎？他們找不到正當理由就要處決我，我不想要死在電椅上。」他聲嘶力竭地哭著，使我感到不安。

我坐到床邊，伸出手臂摟著他。「沒事的，沒事的。華特，一切會好轉的。會好起來的。」

他顫抖著，我站起身好讓他躺平。他躺到枕頭上時停止哭泣。我輕聲對他說，我會試著安排把他接回家，看看怎麼尋找支援，但問題在於讓他單獨一人並不安全。他聽著聽著，眼皮漸漸沉重，沒幾分鐘後就睡著了。我只跟他相處不到二十分鐘。我為他蓋好被毯，靜靜看著熟睡的他。

在走廊上，我向一名護士問起他的情況。

「他相當體貼，」她說。「我們很喜歡他。他彬彬有禮，對這裡的工作人員都很好。有時候他會陷入低潮，開始說些與監獄和死牢有關的事。一開始我們不知道他在說什麼，直到有個女孩上網查詢，我們才知道他之前發生了什麼事。有人說這樣的人不應該在這裡，但我告訴他們，我們的職責就是幫助任何需要幫助的人。」

「不過，政府已經承認他沒做錯任何事，他是無辜的。」

那名護士理解地看著我。「史蒂文森先生，這我明白，不過很多這裡的人都會覺得，一旦你坐了牢，不管應不應該坐牢，你就是個危險人物，他們不想跟這樣的人有瓜葛。」

「這真是丟臉。」我只能擠出這樣的回答。

我離開那棟騷亂不斷的建築物，一踏出門口，手機便響起。阿拉巴馬州最高法院又排定好一名死刑犯的執刑日期。司法平等倡議會最好的律師之一，是我們的副主任藍迪．蘇斯坎（Randy Susskind）。他就讀喬治城大學法學院時，便已在我們這裡實習，畢業後成為正職律師。從工作表現上來看，他不僅是相當出色的訴訟律師，還是極有效率的專案經理。我打電話給藍迪，討論該如何凍結死刑的執行，儘管我們都知道在這個階段要推延流程頗為困難。我向與藍迪提到探望華特的事，也談到他的狀況多麼令人難受。我們倆在電話上沉默了一會兒，這很常發生在我們的談話中。

阿拉巴馬州執行死刑的比例攀升與全國趨勢不符。媒體對於冤獄受刑人的所有報導，影響著美國宣判死刑的比例，而該比例從一九九九年開始下降。然而，二〇〇一年九月十一日，恐怖分子攻擊紐約市的事件過後，恐怖主義與全球衝突帶來的威脅擾亂了廢除死刑的態勢。幾年後，執行與判處死刑的比例再度下降[2]。二〇一〇年執行死刑人數不到一九九九年的一半[3]。廢除死刑與否這議題在許多州展開了激烈爭辯。紐澤西州、紐約州、伊利諾州、新墨西哥州、康乃狄克州及馬里蘭州都宣布廢除死刑[4]。而二戰後以來，全美近一千四百名處決案件中，就占了近四成的德州判處死刑的人數也大幅減少[5]，處決的速度終於趨緩。九〇年代後期以降，阿拉巴馬州判處死刑的比例也在下降[6]，但數字仍居全國之冠。截至二〇〇九年年底，阿拉巴馬州的人均死刑執行率為全國最高。

每隔一個月，就有人要面臨死刑執行，而我們只能狼狽追趕。吉米・卡拉罕（Jimmy Callahan）、丹尼・布萊德利（Danny Bradley）、馬克斯・佩恩（Max Payne）、杰克・查維克（Jack Trawick）和威利・麥可奈爾（Willie McNair）都在二〇〇九年執行死刑。我們很積極地想要凍結死刑的執行，多從處決方式的疑點提出批判。二〇〇四年，我在聯邦最高法院提出問題，質疑特定的處決方式是否合乎憲法。基本上，許多州都已經放棄諸如電刑、毒氣室、槍斃等執行死刑方式，改採用注射死刑。一般認為，注射死刑相對來說是乾淨且安詳的方式，因此也成為最常見的執行死刑方式，然而注射死刑的無痛及效能問題正浮上檯面。

在先前與法院爭論的那起案例中，我們挑戰了阿拉巴馬州協議採用注射死刑的合憲性。大衛・尼爾森（David Nelson）的靜脈受損嚴重，當時他六十多歲，受早年施打毒品之累，要找到他的靜脈注射藥物非常困難。獄方人員無法在沒有其他併發狀況的前提下，成功在他的手臂上注射完成死刑的執行，而曾以希波克拉底誓詞（Hippocratic oath）宣誓的醫生及醫療人員無法參與死刑執行，所以最後阿拉巴馬州的官員決定，由未經訓練的獄方人員在尼爾森先生的手臂或鼠蹊部用刀劃出兩吋大小的切口，好讓他們找到血管以成功注入毒素致死。我們認為，這個沒有麻醉、讓當事人承受無謂痛苦的過程相當殘忍。

阿拉巴馬州聲稱，因為程序規則，尼爾森先生不能挑戰此協議是否合憲。聯邦最高法院出面干預。法律問題在於，受刑人針對死刑執行的違憲性，是否可以主張公民權利，提出挑戰。大法官珊卓拉・歐康諾（Sandra Day O'Connor）在這次的口頭辯論中尤其活躍，問了我許多關於獄方人員在醫療過程中的行為適當性問題。法院無異議地做出對我們有利的判決[7]，判定即使是死刑犯，仍可針對死刑的違憲性提出公民權利的挑戰。我們贏得此項救濟的一年後，大衛・尼爾森因自然原因死去。

尼爾森的訴訟案之後，絕大多數實施注射死刑的州別都浮現藥物配方的問題。許多州使用了安樂死禁止使用的藥物做為注射藥物[8]，這些藥物遭到禁止是因其使死亡的過程飽受折磨。由於美國尚無法取得這些藥物，許多州是直接向歐洲的製造廠進口。當美國在死刑執行時使用這些藥物的新聞傳開[9]，歐洲製造商開始停止供應，藥物短缺的情況促使州獄政當局鋌而走險，透過非法的途徑獲取，此項行為違反了美國食品藥物管理局（FDA）對於藥物的跨州販售及轉讓的規範。州獄政當局橫掃藥品的超現實現象[10]，是為了完成執行死刑的目的而導致的異常結果。隨後，聯邦最高法院在〈巴澤訴里斯〉（Baze v. Rees）一案中[11]，認為無論是處決協議或藥物配方，本質上都沒有違憲性，因此恢復死刑執行。

對於阿拉巴馬州的死刑犯以及司法平等倡議會的成員來說，這決議意謂著在三十個月內會執行十七起死刑。與此同時，我們還忙著為遭判終身監禁不得假釋的孩童辯護。過去幾個月，我飛到南達科他州、愛荷華州、密西根州、密蘇里州、阿肯色州、維吉尼亞州、威斯康辛州及加州，代表這些受刑孩童出庭，不同的案件有不同的法院、程序及參與的人員，我簡直累壞了。我們依然積極為密西西比州、喬治亞洲、北卡羅來納州、佛羅里達州及路易斯安那州等本來就由我們經手的南方數州代表訴訟，而阿拉巴馬州案件堆得比以往都高。在兩週的時間內，到上訴法院為安東尼奧．努涅茲辯護之前，我先到加州中部的偏遠監獄探視他，同時也努力為賓州的翠娜．賈奈特及佛羅里達州的伊恩．曼努爭取救濟措施。我到佛羅里達州監獄探望伊恩和喬．蘇利文，他們倆在裡面過得很辛苦。獄方人員經常不允許喬使用輪椅，這使得他經常跌倒、受傷。伊恩單獨監禁。翠娜的健康狀況不斷惡化。

要兼顧所有事對我來說實在難上加難。同時，華特待在蒙哥馬利療養院的期限也到了，我們在一陣忙亂中為他處理好返家事宜。他的妹妹會盡力照顧好他，這情況讓他和他的家人，以及我們所有人憂心不已。

阿拉巴馬州排定吉米·狄爾（Jimmy Dill）死刑執行日期之際，司法平等倡議會的成員皆已疲憊不堪，這執刑日期的時間實在不能再糟了。我們之前沒有參與到狄爾先生的案子，所以得在他死刑執行前的三十天內快速消化所有資料。這起犯罪案不太尋常，狄爾先生在一起毒品交易爆發口角後朝某人開槍，因而遭到起訴。槍擊被害人沒有死；狄爾先生則遭到逮捕，以重度企圖傷害罪罪名起訴。等待審判前，他在監所裡待了九個月，在這段期間，被害人出院且復原狀態良好。不過，被害人的妻子在照顧他幾個月後棄他而去，隨後他又陷入重病。他過世後，州檢察官把對狄爾先生的指控從重度企圖傷害罪改為蓄意謀殺。

吉米·狄爾是一名心智遲緩者，他的童年在性侵和肢體暴力中度過，而且直到他被逮捕時都無法擺脫毒癮。他的公派律師在審判前沒有做太多準備，幾乎沒有調查那名被害人受到的醫療照護有多差，而照護的情況才是造成他死亡的主要原因。公訴方向狄爾先生求刑二十年，但從未與他充分溝通，他走向審判庭，一認罪就被判處死刑。上訴法院也認可了他的定罪與量刑。他沒能找到願意擔任他定罪後上訴代表的志願律師，這導致大多法律請求的程序都因為錯過遞交期限而無法適用。

我們第一次看到狄爾先生的案件，是在排定死刑執行日的幾週之前，法院並未檢核此案的關鍵要點，例如定罪與量刑的可靠性。蓄意謀殺的成立要件需要包括殺人意圖，而在此案中，我們足以充分說明他沒有殺害他人的意圖，而造成被害人死亡的主要原因是醫療照護的匱乏。大多數槍擊被害人不會在槍傷九個月後死亡，因此公訴方在這起案件中求處死刑令人震驚。聯邦最高法院此前即停止對心智遲緩者執行死刑，因此有智能障礙的狄爾先生應可免除死刑，然而並沒有人進行調查或提出證據，以支持這項主張。

除了智能障礙，狄爾先生還有許多其他方面障礙，像是嚴重言語障礙造成的口吃，尤其在興奮或激動時，他口吃特別嚴重。之前從未有律師探訪過狄爾先生，他也沒有與律師交談的經驗，使得他將我們的介入視作奇蹟。我們介入後，我請我們最年輕的律師定期探訪狄爾先生，他也經常與我通電話。

我們試遍各種方法，想以我們揭露的新議題為由，請求法院批准暫緩執行，卻沒有成功。通常當死刑犯走完第一次的上訴流程後，若針對案件提出權利要求，法院往往抱持著非常抗拒的態度。就算是提出智能障礙的主張也一樣，因為沒有法院願意在案件進行到後期階段還同意舉行聽證會。儘管我知道眼前的阻礙重重，但狄爾先生的嚴重失能，使我私心希望或許能有個法官願意關心，或至少給我們機會提出其他證據，然而但每間法院都跟我們說「太遲了」。

預定執行死刑的那天，我發現自己再一次與即將被綑綁然後殺害的男子談話。我對狄爾先生說他一整天都可以隨時打電話給我，因為我們不會放棄等待最後向聯邦最高法院請求暫緩執行的結果。那天早上，他口氣焦慮得堅持認為還有機會，他表示不打算放棄希望。他向我們這幾週為他的死刑暫緩執行所做的一切表達感激，也感謝我定期派人來探訪他，以及替他找到家人，讓他們恢復聯繫。我們告訴他，我們相信他的定罪與量刑並不公正，儘管尚未說服法院暫緩執行死刑，但我們的努力似乎還是為面對死刑的他提供了些許幫助。但最高法院隨後否決了我們暫緩執行死刑的最後請求，我們已經束手無策。距離他的死刑執行時間不到一小時，不得不告訴他暫緩執行死刑的請求沒有獲得允許，我感到不知所措。

他被帶往行刑室前不久，我們通了電話。聽他講話很吃力，他的口吃狀況較以往更加嚴重，得非常費力才能吐出話來。迫在眉睫的處決嚇壞了他，可是他仍然努力地想要對我們的辛勞表達感激。在他奮力吐露話語時，我拿著話筒呆坐許久，就在那一刻，想起了一件已經完全遺忘的事。

我小時候會跟著母親上教堂。當時我約莫十歲，跟同伴在教堂外面玩耍，其中有人帶著造訪的親戚一起來。那個來玩的小男孩害羞且清瘦，和我差不多高，緊張地黏著他的表兄弟。我問他從哪裡來，然而他有嚴重的口吃，嘴巴無法正常運作，甚至連自己住的城鎮名字都說不出來。我以前從未見過有人結巴到這種程度，以為他在搞笑，或是故意裝的，因而哈哈大笑。我的朋友神色憂愁地看著我，但我還是笑個不停，接著我瞥見母親正用一種我從未見過的神情盯著我。她的表情混雜著嫌惡、憤怒與羞恥，目光對焦在我身上，我馬上止住笑。當時我總覺得自己的表現很討母親歡心，卻在她叫我過去時惴惴不安。

我走到她身邊後，她很憤怒地說：「你在幹什麼？」

「什麼？我沒有怎麼樣……」

「你絕對不准再嘲笑任何無法正常說話的人。絕對不准再這麼做！」

「對不起。」被母親如此嚴厲的訓斥，使我心情跌入谷底。「媽咪，我沒有任何惡意。」

「布萊恩，你應該要更懂事點。」

「對不起。我以為……」

「布萊恩，我不想聽。這沒有任何理由，我對你很失望。現在，我要你去跟那個小男孩說你很抱歉。」

「好。」

「然後我要你抱抱他。」

「嗯？」

「我要你跟他說，你愛他。」我抬頭看著她，驚恐地發現她是認真的。我已經盡可能表現出誠心悔改的樣子，但這實在太過分了。

「媽咪，我不能跟那個男生說我喜歡他，大家會——」她又露出剛才的表情，我只好落寞地回頭，朝我那群朋友走去。他們一定看到了母親責備我的畫面，因為他們全都看向這裡。我走向那個說話費力的小男孩。

「欸，我很抱歉。」

我誠心地為剛剛的嘲笑道歉，更加對自己現在的處境深感後悔。我看了看母親，她還盯著我看。我撲向那男孩，非常尷尬地擁抱他。我想我的舉動嚇到他了，但當他明白原來我是要抱他時，他放鬆下來回抱我。

當我說話時，朋友們都表情怪異地看著我。

「呃……還有，就是……我愛你！」我盡可能不帶誠意的說這句話，想盡快結束這項任務。我說話時還半帶笑意，但那時我還抱著那男孩，所以他看不到我稚嫩臉上不真誠的神情。

我覺得好像將這舉動當作笑話笑一笑，才不會覺得自己很奇怪。但這男孩隨後把我抱得更緊，然後在我耳邊絲毫不口吃、也毫不遲疑地悄聲說：

「我也愛你。」他的聲音非常溫柔且熱切，就這樣，我想我就開始哭了。

我與吉米・狄爾在他執行死刑的那晚通話時，坐在辦公室裡的我領悟到自己正想著近四十年前發生的往事，也發現自己正在哭泣。眼淚在我分心時不經意流下臉頰。狄爾先生正努力地把話說出來，竭盡心力地試著感謝我為了拯救他的生命而奔走，時間愈來愈逼近死刑執行時刻，他也愈來愈難把話說出來。獄警在他背後製造聲響，我知道他對於自己不能把話講出來而懊惱，但我並不想要打斷他，所以只是坐在那裡，任眼淚流過臉龐。

他愈用力地說話，我就愈想哭，字詞與字詞之間的長時間停頓讓我有很多時間思考。如果他有錢聘請像樣的律師，他就不會以蓄意謀殺的罪名定罪；如果有人調查他的過去，他就不會被判處死刑。這是樁悲劇。這麼努力著說出字詞又這麼堅持想表達感激之意的他，使我覺得他身上的人性之善如此鮮明，也使得他即將處決的事實更加令人難以承受。**他們為什麼沒能看到這一幕？**儘管最高法院禁止判處心智遲緩者死刑，但一些像是阿拉巴馬州這樣的州政府卻拒絕任何評估受刑人是否失能的方式。我們應該考量人們的生活環境後，再公正地對他們量刑，可是我們卻沒有這麼做，反而是剝削失能窮苦者無法獲取他們所需的法律協助，好在更少阻礙的狀況下殺掉他們。

與狄爾先生通話的過程中，我想著他遭遇的一切苦難與糟糕的事，想著他的失能狀態是如何毀壞他。無庸置疑地，他的確朝某個人開了槍，但這並不構成置他於死地的理由。我開始對此感到憤怒，為什麼我們會想要殺掉所有破碎的人？我們到底有什麼毛病，還以為這麼做是對的？

我努力不讓狄爾先生聽到我在哭，試著不讓他知道他使我心碎，而他也終於順利說出話來。

「布萊恩先生，我只是要感謝你為我挺身而出，謝謝你這麼關心我，我愛你們每個努力救我的人。」

那個夜晚，掛上電話時，我的臉是濕的，心是碎的。日復一日各種缺乏同理心的事，終於壓得我疲憊不已，我凝視著自己擁擠的辦公室，成堆的紀錄與文件，每一份都是一樁悲劇故事。突然間，我發現自己並不想要被這些痛苦與悲慘包圍。坐在那裡時，我想著自己竟然蠢到試圖修補已然毀壞到如此境地的狀況。**該停止了，我無法再做任何事了**。

這是我第一次明白到我的生活裡充滿了破損。我在一個破損的正義系統中工作；我的委託人因為精神疾病、貧窮及種族主義的襲擊而破損，他們因疾病、毒品和酒精，傲慢、恐懼與憤怒而四分五裂。我想到喬·蘇利文，想到翠娜、安東尼奧、伊恩以及其他數十名我們致力協助的孩童，他們全都萬分辛苦地在監獄中掙扎求生。我想到受戰爭摧殘而破損的赫柏·理查森、因貧窮而破損的瑪莎·柯畢、因失能而破損的艾弗利·詹金斯。他們都在破損的狀態下，被那些承諾會公正的人們論斷與責難，承諾已因嘲諷、絕望與偏見而破損。

我盯著電腦和牆上的行事曆，再看了一下辦公室成堆的文件。我看著近四十名成員的名冊，高聲喊著：「我可以就這樣一走了之，我為什麼還要這樣做？」

吉米・狄爾在霍曼監獄被處決之際，我坐在椅子上，花了一點時間梳理我所不明白的事。工作超過了二十五年之後，我才明白，我做這些事，既不是因為需要、必要或重要的原因，也不是因為我沒有別的選擇。

我做這些事，因為我也是破損之人。

在與不平等、權力濫用、貧窮、壓迫與不公正搏鬥多年後，這種種經驗終於也透露給我一些訊息。近身與磨難、死亡、處決與殘酷處罰接觸，並不只是讓我洞悉他者的破損；在痛苦且心碎的時刻，也同樣讓我自己的破損展露無遺。你不可能在有效打擊權力濫用、貧窮、不平等、疾病、壓迫或不公正的同時，自己還能完好無缺。

我們全都因為某些原因而破損；全都傷害了別人，也遭受傷害。儘管殘缺的程度並不總是一樣，但我們多多少少都有些殘缺。我極度渴望仁慈能降臨吉米・狄爾身上，我願意做任何事，以換取正義與他相遇的機會，但我也無法假裝他的苦苦拚搏與我己身無關。那些我受到傷害及傷害他者的方式，都與吉米・狄爾所承受著的，以及他讓別人承受的大不相同；但破損將我們連結在一起。

終身致力於治療全世界病情最重且最窮困病患的知名醫生保羅・法瑪爾（Paul Farmer），某次與我談話時，引用了作家多瑪斯・牟敦（Thomas Merton）的話：我們的身體是由破損的骨頭組成的[1]。我想我一直都知道，只是從未認真思考過，破損是我們之所以為人的理由。我們各有各的理由。有時候我們因為自己的決定而碎裂，有時候被自己絕不會選擇的事物擊垮。這些破損正是我們共通的人性，是我們得以尋求安慰、意義及療癒的共有基礎。我們共有的脆弱及不完整，才讓我們生出同理心並持續他人感同身受。

我們是有選擇的。我們可以擁抱人性，也就是擁抱這破損的天性與同理心，並對療癒抱持最大的希望。或者乾脆否定我們的殘缺，放棄同理心，最後讓我們連帶地否定身而為人的天性。

我想到在那處決的關鍵時刻，將吉米・狄爾綁上擔架床的獄警。我想到可能會將他的死視為某種勝利，因而自鳴得意的人，我明白他們也都是破損之人，儘管他們可能永遠不會承認。我們當中許多人漸漸變得害怕且憤怒，並因為過於恐懼，加上復仇心態作祟，拋棄孩童與身心障礙者，將罹病與孱弱者關進監牢，不是因為他們對於公眾安全造成危害，或是沒有復原的可能，而是因為我們認為這樣會讓我們更強韌與不易破損。我想到暴力犯罪的被害人和他們倖存的親人，以及我們是如何回收他們經歷過的痛苦與磨難，再還給我們起訴的被告人。我想到許多種我們讓報復性的、殘酷的處罰合法化的方法，我們是如何

1 原文為：We are bodies of broken bones。意指我們身體是由許多塊不完整的骨頭接續在一起。broken 有破損、破碎之意，也有不完整之意。

藉由讓其他人受害而實現原受害人的正義。我們放任自己的嚴厲本能，將我們當中破損程度最顯而易見的那些人摧毀。

然而，懲罰破損者的行為——遠離他們，或是對他們視而不見——只是讓他們的破損維持原狀，也讓我們的破損維持原狀罷了。在我們彼此互惠的人性之外不存在完整。

我有過許多傾聽飽受折磨、絕望的當事人暢談艱辛處境的經驗，聽他們談及那些過去的作為或遭受的對待而導致他們痛苦的經歷。他們處於最糟糕的處境中，經常質疑自己生命的價值。我提醒他們，我們每一個人，都不僅由自己所做過最壞的事來定義。我告訴他們，一個人說了謊，並不代表他**只是**個騙子；如果你拿了不屬於你的東西，也不代表你**只是**小偷；甚至如果你殺了人，你的身分也**不僅局限**於殺人犯。那天晚上，我將多年來向我的委託人說過的這些話，對自己說了一次，我不只是個破損的人而已。事實上，理解破損是一種力量，因為擁抱自己的破損，會創造出對於仁慈的需求與渴望，或許也因此有相對展現仁慈的需求。當你感受到仁慈，你會領悟到一些很難體會到的事物。你會看到無法透過其他方式看到的、聽到無法透過其他方式聽到的美好事物。你會開始體認到，存在於我們所有人身上的人性。

那一瞬間，我覺得自己變強壯了。我開始想，如果我們全都意識到自身的破損，承認自己的弱點、缺陷、偏誤與恐懼，那會發生什麼事？也許這麼一來，我們就不會想將那些曾殺害他者的破損之人置於死地。也許我們會更積極尋找照護失能者、受凌虐者、不被重視者及創傷者的方法。我想著，如果我們意識到自己的殘缺，我們就不會再對於大規模監禁、處決他人、對最脆弱之人漠不在乎的態度引以為傲。

我就讀大學時，曾在西費城一間貧民區的黑人教會裡演奏樂器。當合唱團演唱時，我要在某一刻吹奏樂器，那個時候，指揮會站起來，張開雙臂說：「讓我聽到喜悅與歡愉，讓你破損的骨頭感染到歡樂。」一直到吉米・狄爾執行死刑那個晚上，我才真正明白他的意思。

第一次搬到蒙哥馬利時，我有幸見到羅莎・帕克斯[2]（Rosa Parks）。那時她偶爾會從底特律的住處來蒙哥馬利拜訪朋友，莊妮・卡爾（Johnnie Carr）是她的朋友。而我之前就認識卡爾太太，我很快地就發現卡爾太太與生俱來的魅力、力量與啟發人的特質。從許多方面來看，她都是蒙哥馬利公車罷乘運動重要的成就者。在抵制期間，她組織群眾與交通，負擔許多重任，讓運動得以成為這現代民權運動第一起成功的重要行動，也讓馬丁・路德・

2 六〇年代的美國，種族歧視依然嚴重。一九五五年美國公車依然有白人與黑人分開坐的規定，羅莎・帕克斯搭乘公車時坐在黑人座位上，因白人座位已滿，司機要求她讓座給上車的白人乘客，羅莎・帕克斯因拒絕而遭逮捕，引發聯合抵制蒙哥馬利公車運動。她後來被稱為「現代民權運動之母」。

金恩博士成功當上蒙哥馬利權利促進協會（Montgomery Improvement Association）的主席。我第一次見到她時，她已將近八十歲了。「布萊恩，從現在起，我有時候會打給你，請你幫我做這做那的，請你幫我做事時，你可以說『是的，女士』嗎？」

我笑了，然後說「是的，女士」。有時候她打來只是要看看我在不在，偶爾帕克斯太太造訪時，她也會邀請我過去。

「布萊恩，羅莎．帕克斯來了，我們要去維吉尼亞．杜爾[3]（Virginia Durr）家裡，你要不要一起過來聽聽？」

卡爾太太打電話給我時，她要嘛就是希望我去某個地方「說話」，要嘛就是希望我去某個地方「聽聽」。每當帕克斯太太來到鎮上，我就會受邀去聽聽。

「噢，是的，女士。我很樂意去聽聽。」我總是會這樣說，向她確認我已經知道抵達的時候要做什麼。

帕克斯太太與卡爾太太會在維吉尼亞．杜爾家中碰面，杜爾太太也是響噹噹的人物，她先生克利弗．杜爾（Clifford Durr）是金恩博士待在蒙哥馬利那段時期的律師代表。早已進入九字頭高齡的杜爾太太，依然正面迎戰不公的決心。她時常請我陪她到各個地方，或是邀請我共進晚餐。她夏天不在這裡時，司法平等倡議會承租她的房子，供我們的法學生及成員使用。

我會到杜爾太太家裡聽這三位強大的女人聊天，羅莎・帕克斯總是非常慷慨盛情地招待我。多年後，偶爾在其他州的一些場合碰到她時，我們總會花一點時間聊聊近況。但大多時候，我只是享受著聽她和卡爾太太與杜爾太太談話，她們會一直一直一直說話。大笑、講故事，以及要在場的人猜猜當大家站著時是在做什麼（就帕克斯太太的狀況來說，則是落座）。她們總是那麼朝氣蓬勃，儘管一切活動已經落幕，她們也依然專心討論著想為公民權利規畫些什麼。

第一次見到帕克斯太太時，我正坐在杜爾太太家的前門門廊，她家在蒙哥馬利的住宅區。我坐在那裡聽這三位女士談了兩小時的話。最後，全程看我靜靜聆聽的帕克斯太太注視著我，溫柔地說：「布萊恩，現在跟我說說你是誰，還有你在做些什麼事吧。」我望向卡爾太太，想知道我現在發言是否得體，她笑了笑，對我點頭，我便為帕克斯太太念了一段饒舌台詞。

「好的，女士。我經營一個名為司法平等倡議會的法律專案計畫，專門幫助死牢裡的人。其實，我們做的事是努力阻止死刑。我們嘗試改進監禁狀況與過度的處罰，我們想幫忙救出錯誤定罪的人，我們想終結刑事案件中不公平的量刑，阻止在刑事司法中發生種族

3 美國公民權運動成員，因朋友尼克森（E. D. Nixon）認識羅莎・帕克斯，當羅莎・帕克斯被拘捕入獄時，是杜爾夫妻與尼克森保釋她出來。

偏見。我們試著幫助窮人，像是替請不起律師的貧困被告人辯護，或是為沒能獲得法律協助的人伸出援手之類的事。我們試圖幫助心智遲緩的人。我們試著阻止孩童被放到成人監所及監獄裡。我們試圖為受貧窮與絕望主宰的窮困社區做點事。我們想看到司法系統中，決策團隊的組成更多元。我們嘗試將種族歷史及種族正義的必要性教導給群眾。我們試著與警方及檢方的濫權對戰——」我意識到自己猛然說得太多而頓住。帕克斯太太、卡爾太太和杜爾太太正統統看著我。

帕克斯太太的身體往後靠，露出笑容。「噢，親愛的，這想必會讓你非常疲累，非常、非常、非常疲累。」我們都笑了。我低下頭，有些難為情。然後卡爾太太靠近我並將手指放在我的臉頰上，像我外婆以前對我說話的方式那般對我說：「這也是你之所以必須要非常、非常、非常勇敢的原因。」她們都點點頭，對這句話表示同意，在那短暫片刻，我以為自己是個年輕氣盛的王子。

我看了看時鐘，此刻是晚上六點半，狄爾先生現在已經死了。我非常疲累，該停止這一切關於離開的蠢念頭並振作起來了。我打開電腦，有一封邀請我去一個貧苦地區學校演講，題目是懷抱希望的電子郵件。寄信來的老師說，她聽過我演講，希望我能做為學生的榜樣，啟發他們為成就偉大的事情而努力。坐在辦公室裡，我擦乾眼淚，面對著自身的破損，覺得這想法真可笑。但我隨即想到那些孩子，也想到在這個國家裡有太多的孩子得要克服排山倒海的不公不義，於是我回覆說自己很榮幸能受邀前往。

開車回家的路上，我打開收音機，想找看看關於狄爾先生死刑執行的新聞。我轉到一個正在播放新聞的地方宗教頻道，但他們並沒有廣播這起處決案件的消息，我讓收音機開著，不久後，一名傳道士開始講道，她從《聖經》裡的篇章開始說。

我三度請求主把它拿走。每一次祂都說：「我的恩典足夠。我的力量在你的弱點中能以完滿。」所以現在我很高興可以張揚我的弱點，這樣基督的力量可能透過我得以作用。自從知道這都拜基督所賜後，我便能甘於接納己身的弱點，也甘於凌辱、艱辛、迫害和災難。我軟弱的時刻，也正是我剛強的時刻。

關上收音機，緩緩開車回家的路上，我理解到，儘管我們都難逃那張象徵著傷害與破損的網，我們卻也同樣身處於療癒與仁慈的網中。我想到當年那名在教堂外面和我擁抱的小男孩，他實現了和解與愛。那時候，我並不配獲得和解或愛，但這就是仁慈運作的道理。仁慈的力量，就在於它讓不配獲得者得以擁有。最不期望仁慈降臨時，就是它發揮最大效力的時候——它強大到足以打破加害與受害、報應與苦難的循環。它的力量足以治療心靈傷害，也得以治療造成侵略和暴力、濫權及大規模監禁的傷害。

吉米·狄爾讓開車回家的我破損與心碎，但我知道自己明天又會再次生龍活虎，因為還有更多任務等著我完成。

Just Mercy

CHAPTER

16

石頭捕手的悲傷曲

THE STONECATCHERS' SONG OF SORROW

二〇一〇年五月十七日，聯邦最高法院宣布決定時[1]，我正坐在辦公室焦急等候著。聯邦最高法院認為，判處非殺人罪的孩童終身監禁且不得假釋，是殘酷且不尋常的處罰，這是憲法所不能允許的。組織成員和我又蹦又跳地開心慶祝。不久後，來自媒體、委託人、家屬和倡議孩童權利單位的電話如洪水般湧進，幾乎將我們淹沒。這是最高法院第一次對於死刑之外的處罰方式做出明確的禁止。喬・蘇利文會因而獲得救濟。包括安東尼奧・努涅茲及伊恩・曼努在內的許多人也可以因此減刑，這讓他們有了「意義重大的獲釋機會」。

兩年後的二〇一二年六月，我們爭取到憲法明令禁止犯下殺人罪的孩童被判處終身監禁且不得假釋的結果[2]。最高法院同意重審伊凡・米勒與我們來自阿肯色州的當事人昆翠爾・傑克遜（Kuntrell Jackson）案件。那年三月提出這兩起案件後，我就焦急地等待著，直到贏得滿意的判決結果為止。最高法院決議的意義在於，往後犯下任何罪刑的孩童都不會被自動判處無期徒刑。而兩千多名因其青少年時期犯的罪，而遭判處終身監禁不得假釋的受刑人，現在有望取得救濟及減刑的資格。有些州改變法規，為這些未成年被告人創造更有希望的量刑結果。許多地方的檢察官拒絕依循法院在〈米勒訴阿拉巴馬州〉（Miller v. Alabama）一案中的結果溯及既往，但總之現在每個人都得以重燃希望，包括愛胥莉．瓊斯及翠娜．賈奈特。

藉由介入更多的案件，我們繼續努力這些孩童的議題。我認為應該要全面禁止將十八歲以下的未成年人關在與成人共處的監所或監獄，我們提出申請以尋求禁止這項作為。我同時也堅信，年紀太輕的孩子不應該在成人法院受審。他們太容易受到各種因素的影響，而導致增加錯誤定罪的風險。在成人刑事司法系統之下，十二、十三或十四歲的孩子沒有足夠能力捍衛自己，因此很常見到年輕的孩子被錯誤定罪與非法審判的情形。

幾年前，我們幫助密蘇里州十四歲的菲利普．蕭（Phillip Shaw）贏得訴訟，當時他遭受不當定罪，被判處終身監禁不得假釋。他的陪審團遴選方式並不正當[3]，非裔美國人都被排除在外。我一共向密西西比州最高法院提請上訴兩個案件，法院裁決這兩案被告的定罪與量刑都不合乎規範。十三歲的狄馬瑞斯．班雅德（Demarious Banyard）被迫參與一樁密西西比州傑克遜的搶案，造成他人中彈身亡，他的陪審團受到指示要他證明自己的清白超越合理懷疑（beyond a reasonable doubt）的程度，且在政府方採用不被允許的證據之後，他被判處無期徒刑[4]。改判後，他的刑期改為有限期的刑責，如今有望獲釋。

密西西比州格爾夫波特（Gulfport）的丹特・伊凡斯（Dante Evans）也只有十四歲，在卡崔納颶風之後，他和有暴力傾向的父親住在聯邦緊急災難管理署提供的拖車裡。丹特的父親曾兩度差點殺死他的母親，某天父親在椅子上睡著時，丹特開槍將他射殺。丹特先前曾多次向校方提及遭父親凌虐之事，卻從未有人介入處理。在密西西比州最高法院的口頭辯論之前，我先提出丹特曾因母親遭企圖殺害，而導致創傷後壓力症候群；最高法院強調初審法院拒絕採用這項證據[5]，而予以丹特重審的機會。

我們的死刑工作也有了轉機。我們在阿拉巴馬州贏得救濟而獲釋的死刑犯人數達到一百名。我們為這些曾因錯誤的定罪或量刑，而後獲得重新審判或舉行聽證會機會的死刑犯建立一個新的社群，大多數人都沒有重返死牢。從二〇一二年至今，阿拉巴馬州已長達十八個月未執行死刑。我們繼續針對注射死刑以及其他關於死刑執行手段的可靠性提起訴訟，戲劇性地減緩了阿拉巴馬州的死刑執行率。二〇一三年，阿拉巴馬州判處死刑的案件數達到一九七〇年代中期恢復死刑以來的最低點，未來的發展相當令人期待。

當然，挑戰仍然存在。我為了另一名阿拉巴馬州死牢裡的男子夜不能眠，他的案子顯然是樁冤獄。安東尼・雷・辛頓（Anthony Ray Hinton）在華特・麥可米利安入獄的一九八〇年代，就已經在死牢裡了。辛頓先生因為兩起發生在伯明罕附近的搶劫謀殺案被錯誤定罪，鑑識人員從他母親家中搜出一把槍後，便得出為犯案槍枝的結論。辛頓先生的公派律師僅從法院拿到五百美元聘請槍械專家調查此案，最後，他找來了一名一眼失明、幾乎不具備槍械鑑識專業的機械工程師。

公訴方提出的主要證據，是辛頓先生在第三起犯罪中的證人指認他是襲擊者。但我們發現有六個人以及保全紀錄都證實，當時辛頓先生被反鎖在一處牢固的超市倉庫裡上夜班，距離犯罪現場十五哩遠。我們找來州內最好的幾名專家檢視槍枝證據，他們得出辛頓的槍與謀殺案不符的結論。我希望法院能夠重啟這起案件，然而他們卻堅持要將案件朝死刑執行推進。媒體對這故事並不感興趣，據他們的說法是「無罪疲勞」(innocence fatigue)。「我們已經報導過類似的故事了」，我們一再聽到這樣的說法。上訴法院的決定相差不遠，一概否決我們的救濟，而辛頓先生仍在死牢裡承受著處決將臨的恐懼，他即將在裡面待滿三十年。探訪他的時候，他總是很樂觀地為我們打氣，我反而對於無法找到平反他案件的方法愈來愈心急。

全國大規模監禁狀況趨緩的事實讓我相當振奮。二〇一一年是美國的監禁人數近四十年來首次沒有增加的一年；二〇一二年則是美國的監禁人數幾十年來首次下降的一年。那年我花了很多時間在加州，倡議投票表決將該州的「三振法案」適用範圍排除非暴力的犯罪人，投票結果一面倒，而這項表決案在每個城市也獲得多數人的支持。加州的選民對於廢除死刑的態度非常拉鋸，表決結果只差了幾個百分點。幾年前，透過公民投票而差一點就能廢除死刑的情景，在美國幾乎是無法想像的事。

我們終於得以推動種族與貧窮的議題，這是我長久以來一直盼望能在司法平等倡議會啟動的項目。多年來，我一直想要啟動專案，來改變我們訴說種族歷史以及將當代種族議題情境化的方式。我們發行了二〇一三及二〇一四年種族史日曆，也開始協助南方位於黑帶諸縣的孩童與家庭。我們帶數百名高中生到我們辦公室，針對權利與正義進行補充教育與討論，此外，我們也戮力於撰寫能讓大家對於這個國家的蓄奴、私刑及種族不平等的歷史得以更深刻認識的報告與材料。

種族與貧窮這項新任務為我注入相當龐大的能量。它和我們在刑事司法的工作息息相關；我相信我們對於司法正義最惡劣的那些想法中，有太多是因為我們仍無法擺脫種族差異的迷思。我相信是美國歷史上曾有過的四種制度[6]形塑我們致力於種族與貧窮議題的決心，人們對這些制度知之甚少。第一種當然就是奴隸制度。重建時期崩塌後至二戰期間，有色人種過著腥風血雨的生活。我在南方演講時，偶爾會遇到有色人種的長者在演講結束後趨前向我抱怨，他們在九一一事件後初次聽聞新聞評論員談論我們要如何面對本國的恐怖主義問題時，感受到敵意。

一名非裔老先生曾經對我說：「你叫他們別再這麼說了！我們的成長過程中到處都是恐怖主義。警察、三K黨，隨便一個白種人都可以恐嚇你。我們還要擔心爆炸和私刑，以及各式各樣的種族暴力。」

動用私刑的種族恐怖主義在很多方面都可說是現代死刑的創造者。某種程度上來說，美國擁護死刑的快速執行，是讓私刑的暴力能量轉向的嘗試，也等同於向南方白人確保黑人最後還是會付出代價。

十九世紀末引進了罪犯出租制度，將曾為黑奴身分的人以荒謬的名義定罪，好讓企業得以「租賃」這些恢復自由身的男人、女人及孩童，有效地達成迫使他們回到奴工身分的目的。全國的私人企業仰賴這些自由身的有罪勞工賺取數百萬美元，同時也造成數千名非裔美國人因工作環境過於惡劣而死。這般二次奴役的情況在一些州別相當普遍，道格拉斯·布萊克曼（Douglas Blackmon）在他的普立茲獎得獎作品《改名換姓的奴隸制度》（*Slavery by Another Name*）中描繪得相當生動，只可惜大多數美國人並不熟知這段歷史。

在恐怖年代，有數百種方法可能使黑人違反社會規範或得罪他人，甚至付出生命代價。暴力及強加諸身的種族階級，創造了種族恐怖主義與不間斷的威脅，這些都對非裔美國人造成深刻的創傷。而這些社會心理層面的現實狀況致使的種種扭曲與困難，至今仍在許多方面展現在他們身上。

第三種制度是「種族隔離」，將種族隔離及剝奪基本權利合法化。這時期與我們所處的時代更靠近，也透過國家意識為眾人熟知，但大眾對它的理解依然不足夠。就我看來，我們太快慶祝民權運動的成就，卻太慢體認到那個年代所造成的毀壞。我們不願意致力於真相與和解的過程，好讓因為種族隔離、種族階級與邊緣化而陷入困境的人們有發聲的機會。因為我出生的時間點，恰是種族階級與種族隔離真正造成事端的時期，我的長輩們採取各種行動或反應表達憤慨，那些日常的羞辱與侮辱累積的方式，令我銘記在心。

種族身分也為我帶來同樣多的附加效果。我要為許多全國各地的未成年當事人服務，這意謂著我得經常前往之前從未到過的法院及社區。有一次我去中西部的一間初審法院出席聽證會，我在聽證會開始前便抵達了空無一人的法院，坐在律師席上，當時我身著深色西裝、白色襯衫，還打了領帶。法官和檢察官從法庭後方的門走進來，不知對著什麼笑。

法官看到我坐在辯護席時，嚴厲地對我說：「嘿，你不應該在沒有律師的陪同下坐在這裡。去外面大廳等你的律師來。」

我站起身，笑容可掬地說：「噢，庭上，我很抱歉。我們第一次見面，我叫布萊恩·史蒂文森，是今天上午舉行聽證會的本案律師。」

法官嘲笑了自己的失誤，檢察官跟著笑。我強迫自己陪笑，我不希望年輕的委託人，一名被視為成人起訴的白人孩子，因為聽證會前我與法官產生衝突而受影響。但這個經驗使我沮喪。當然，不帶歧視意味的純粹錯誤也可能發生，然而因為種族而預設身分導致的侮辱與憤慨，經年累月下來造成的傷害實在難以衡量。不斷地遭受懷疑、指責、監看、猜忌、不信任、預設有罪，甚至是恐懼，都是有色人種生來就得承受的負擔，而如果我們沒有對於種族不平等進行更深刻的對話，便無真正理解與面對的機會。

第四個制度是大規模監禁。如果些微理解美國的種族人口分布，那麼每走進一座監獄，都會使你深感困惑。若想充分理解有色人種的比例高得離奇的原因、受到判刑的人數為何不成比例、貧民區的毒品犯為何遭鎖定為起訴目標、新移民與幽靈人口的犯罪、選舉權受到剝奪的附帶後果以及重新回歸社會的障礙等，那麼唯有透過我們的種族歷史的鏡頭才得以達成。

令人欣慰的是，我們終於能夠透過新專案解決一些問題，種族歷史與結構性貧窮的挑戰也因此更加具體明確。我們的努力獲得了正面的迴響，使我滿懷希望，認為我們也許能將種族不平等的艱困歷史造成的壓迫反推回去。

我們工作團隊的新成員也同樣令人振奮。我們吸引了全國各地年輕、有才華且極專業的律師加入，也啟動了一項讓大學畢業生在司法平等倡議會當司法研究員的專案。優異人才的加入，使我們得以完成大量增加的案件所帶來的新挑戰。

組織成員、案件數與待審案件目錄的增加，同時也代表課題的增加。興奮與歡喜之際，最高法院對於青少年的裁量也為我們創造了各種新的挑戰。現在有數百人獲得重新量刑的機會，但多數人都身處沒有明確規定律師辯護權（right to counsel）的州別。像是路易斯安那州、阿拉巴馬州、密西西比州及阿肯色州，有數百人受到近期裁量的影響，卻沒有律師能協助這些遭判無期徒刑的青少年。於是，在法院禁止對非殺人罪的青少年判處終身監禁不得假釋之後，我們承接了將近一百起新案件。而在法院決定全面禁止判處青少年終身監禁不得假釋之後，我們又承接了另外一百起新案件。此外，手上原來正在處理的青少年待審案件也有數十件，我們很快地就不堪負荷了。

對於非殺人罪的孩童全面禁止判處終身監禁不得假釋，應該是最容易採納的判決，然而事實證明，最高法院裁決的執行遠比我想像中難上許多。我花在路易斯安那州、佛羅里達州及維吉尼亞州的時間愈來愈多，將近百分之九十的這類案件都集中在這幾州。初審法院通常比我們希望的更少思考與細究孩童與成人的差別，我們往往也得重申，將孩童視為成人對待從根本看來就是不公正的，而且最高法院也已意識到這項事實。

有些法官似乎是盡可能地將未成人罪犯的刑期延長至幾近終身監禁或自然死亡才釋放他們。加州橙郡的法官就將安東尼奧・努涅茲終身監禁不得假釋的刑期改為一百七十五年的有期徒刑；我得回到加州的上訴法院[7]，爭論刑期的更改應該要合理。同樣的刁難情況也出現在喬．蘇利文及伊恩．曼努的案子上，最終，我們為他們爭取到服刑幾年後就能出獄的刑期。

有些個案的當事人已經在監獄裡待上了數十年，當中因為接受輔導系統的幫助而重回社會的人，即使有也是極少數。我們決定設立一個重返社會的計畫來幫助這些人。司法平等倡議會的專案計畫即專門為這些從小就在監獄中關押了許多年的人設立。我們提供住房、職業訓練、生活技能、諮詢，以及任何更生人出獄後需要的服務。我們告訴法官和假釋委員會，我們會致力為這些更生人提供援助。

在路易斯安那州因非殺人罪遭判處終身監禁不得假釋的受刑人，所遇到的阻礙尤其多。我們承接了路易斯安那州全部共六十件符合救濟資格的個案，幾乎全部的人都關押在以惡劣環境聞名的安果拉監獄，在一九七〇及八〇年代，許多人剛關進來時，該監獄的環境特別險峻。多年來，安果拉監獄的暴力事端層出不窮，關押在那裡的人，幾乎都難免因為與獄友或獄警之間的衝突而被加重量刑。他們要求受刑人在險惡的工作環境中勞動，否則就得關禁閉或接受其他紀律處分。長時間在惡劣又危險的狀態下工作，導致受刑人失去手指或手臂這類嚴重傷害的狀況所在多有。

多年來，安果拉強迫囚犯去田裡撿拾棉花；在南北戰爭結束之前，安果拉是奴隸開墾地。拒絕的受刑人會收到「評價」，並記錄在他們的檔案內，還得面對數個月的關禁閉處罰。惡劣的監禁條件加上他們不斷被告知自己不論表現多好，都會老死在監獄裡，這使得我們當事人的懲處紀錄一籮筐。在量刑聽證會上，公訴方律師就用這些過往的懲處紀錄做為反對新量刑從輕的憑藉。

令人印象深刻的是，當中有數名在青少年時期遭判無期徒刑的受刑人，獄中表現紀錄相當優異，儘管沒有獲釋或重審的希望，他們的懲處紀錄卻非常少。當中有些人成為模範受刑人、導師及在獄友間宣揚反暴力的宣導員；也有些人成為圖書管理員、報導者及園丁。隨著時間演變，安果拉發展出一些優異的專案，讓那些不惹事的受刑人與許多我們的當事人得以受惠。

我們決定要優先為路易斯安那州裡的「老前輩」舉行重新量刑聽證會，他們從青少年時期被判無期徒刑，已經關押了數十年。約書亞・卡特（Joshua Carter）及羅伯特・卡斯頓（Robert Caston）是我們決定打官司的首兩例。一九六三年，十六歲的約書亞・卡特在紐奧良被控強暴，很快地便遭判處死刑，當時這名黑人男孩枯等著行刑日的到來，毫無救濟的希望。然考量到他是在警方暴力毆打下招供的[8]，於是路易斯安那州最高法院在一九六五年決定要將他的定罪翻案。重新量刑後，卡特先生獲判終身監禁不得假釋，隨後移送到安果拉。經歷多年的努力，他成為模範受刑人。一九九〇年代，他得了青光眼卻沒能接受治療，不久後便失明了。我們試圖說服紐奧良的檢察官，雙眼失明且已六十多歲的卡特先生已服刑了將近五十年，應該能獲釋了。

羅伯特・卡斯頓在安果拉待了四十五年。他在監獄工廠裡工作時失去了多根手指，在安果拉裡受迫工作，使他成為身障人士。

卡特與卡斯頓的案子，讓我得經常往返紐奧良教區的初審法院之間。紐奧良教區的法院是一座結構大器卻令人緊繃的建築。在氣派走廊上排列著多間法庭，天花板高聳，地板鋪著華麗的大理石。走廊上擠著數百名群眾，每天都有多個法庭開庭，相當喧鬧。在這座大型的法院裡，聽證會的安排從未值得信賴。通常，卡特與卡斯頓的重新量刑都會排好日期及時間，但這對任何人來說意義都不大。抵達法院時，我總會看到成堆的案件、當事人及其律師聚集在過度擁擠的法庭裡，等待著我們聽證會結束後輪到他們。工作量不堪負荷的法官試圖在法官會議中管理流程，同時數十名身著標準橙色囚服的年輕男子（大多是黑人）就銬著手銬，坐在法院前等待。律師諮詢當事人及其家人的景象，遍布在混亂法庭的各個角落。

在為量刑聽證會前往紐奧良奔波三趟後，我們還是沒能為卡特先生及卡斯頓先生贏得新的量刑機會。我們拜會了地區檢察官，遞交文件報告給法官，也聽取多名當地官員的意見，致力於獲取新的、合乎憲法的量刑結果。因為卡特先生及卡斯頓先生已在監獄裡服刑將近五十年，我們希望他們能夠立即獲釋。

耶誕節前幾個星期，我第四度回到法院試圖幫助這他們獲釋。雖然這次的法官與法庭都和先前的不同，但我們覺得如果可以使其中一人獲釋，就比較有機會贏得另一個人的獲釋機會。我們與路易斯安那州的青少年司法計畫合作，他們的律師卡蘿・柯林查克（Carol Kolinchak）同意為我們在路易斯安那州的案件擔任當地律師。第四次聽證會時，卡蘿和我由於忙於處理文件及解決無止盡的議案，所以得讓卡特先生與卡斯頓先生繼續留在監獄裡。

儘管多年時間流逝，卡特先生仍和他的大家族保持緊密的關係。在卡崔納颶風過後，他的許多家人都逃離紐奧良，現在住在數百哩。然而每一次聽證會仍有十來名家人盡責地出席，有些甚至是遠從加州之類的地方前來。卡特先生的母親高齡近百，她多年前曾對卡特發誓，在等到他從監獄返家之前不會離世。

我們終於走到離成功只差臨門一腳的地步。我們解決了一些問題，所以法院得接受我們的請求，並且對卡斯頓先生重新量刑，他馬上就能獲釋。一般而言，政府不會在聽證會時將受刑人從安果拉帶到紐奧良，但會讓他們在監獄裡同步觀看流程轉播。我在嘈雜、狂熱的法庭中陳述主張後，法官批准了我們的請求。她復述了卡斯頓先生定罪的日期，接下來發生了令人始料未及的事。當法官陳述卡斯頓先生在監牢裡待了數十年的事時，法庭內全部的人都安靜下來，這在我多次造訪的經驗以來從未有過。律師停止商議，為其他案件等候著的檢察官們聚精會神，出席的親友們停止喧嘩，甚至是等待受審、上了銬的受刑人也不再交頭接耳，全都全神貫注聆聽。那名法官宣讀了卡斯頓先生因非殺人罪從十六歲起就在安果拉監獄裡度過了四十五年。她附註，卡斯頓在一九六〇年代就被送到安果拉了。接著法官宣判了新的量刑結果，也就是說，卡斯頓先生立即就能獲釋。

我看著卡蘿，笑了笑。然後在這安靜法庭裡，人們做了一件我從未見過的舉動：如雷的掌聲爆發開來。辯護律師、檢察官、親友及副警長都在鼓掌，就連銬著手銬的受刑人也拍著手。

卡蘿擦拭淚水。甚至連通常無法容忍議程中斷的法官，現在似乎也很享受這個戲劇性時刻。法院中還有一些我以前教過、現在在紐奧良的公設辯護人辦公室工作的學生，他們臉上滿是愉悅。我致電卡斯頓先生，向他解釋發生了什麼事，因為他無法透過攝影機看到所有的畫面。喜出望外的他，成為第一個因為最高法院禁止對青少年判處終身監禁不得假釋而獲釋的人。

我們回到走廊上，進到卡特先生開庭的法庭，再一次成功獲得重新量刑的結果，他也可以立即獲釋。卡特先生的家人欣喜若狂，相互擁抱，並承諾要為我和司法平等倡議會的成員燒一桌好菜。

卡蘿與我開始著手安排卡斯頓先生和卡特先生的出獄事宜，他們當晚就能獲釋。依據安果拉的規定，受刑人的出獄時間是子夜，獄方會支付他們前往紐奧良或路易斯安那州任一城市的巴士費用。我們派成員花了幾小時車程前往安果拉，好在兩名男士出獄時，協助他們順利搭上車。

當時筋疲力盡的我，因為等候證明卡斯頓先生和卡特先生獲釋途徑的文件傳真，在法院的走廊上晃蕩。我看到一名黑人老婦坐在雄偉長廊的大理石台階上，她一臉倦容，戴著一頂我跟我妹妹稱之為「教堂帽」的帽子。她光滑黝黑的皮膚，讓我認出她在卡特先生審判時曾待在法庭裡。其實我好像每次來紐奧良開庭都會看到她，便認為她與我的當事人是親友關係，雖然我並不記得有哪位當事人的親屬曾經提過她。當時我想必一直盯著她瞧，她看到我時，對我揮了揮手，示意我過去。

我走到她身邊時，她對著我笑。「我好累，不想站起來。你可以靠近我一點，好讓我抱抱你嗎？」她的聲音清脆悅耳。

我也回以微笑。「是的，女士。我喜歡擁抱，謝謝你。」她的手臂環抱著我的脖子。

「坐，坐，我想跟你說說話。」她說。

我坐在她身旁的石階上。「我看到你好幾次了，你跟卡斯頓先生或者卡特先生有什麼關係嗎？」我問。

「不不不，我跟誰都沒有關聯。反正，你說的人，我都沒聽說過。」她很親切地笑著，然後激動地看著我。「我只是來這裡幫助別人。這個地方充滿痛苦，所以這裡的人需要幫忙。」

「原來是這樣，妳心地真好。」

「不，這是我應該做的。」她看向別處，再轉回來看著我。「十五年前，我當時十六歲的孫子被殺了，他對我比我自己的生命更重要。」她說。

我根本沒預期會聽到這樣的回應，瞬間清醒過來。這名女士抓住我的手。

「我非常、非常、非常傷心。我問天主，為什麼祂要讓別人帶走我的孫子，他被其他幾個男孩殺死了。我第一次來到這個法庭時，是為了參加他們的審判，我坐在那裡天天哭，持續了將近兩個星期。這一切毫無道理。這些殺死我孫子的男孩被判有罪，法官把他們永遠關進監獄裡。我以為這樣我會好過一點，但其實這讓我更難受。」

她繼續說，「他們被判刑後，我繼續坐在法庭裡一直哭，一直哭。一位小姐走到我身邊，抱了抱我，讓我靠在她身上。她問我那些被判刑的男孩是不是我的孩子，我告訴她不是。我跟她說，他們殺死的那個才是我孫子。」她猶豫了一下。「我想她大約在我旁邊坐了快兩小時，超過一個小時的時間裡，我們一句話都沒有說。在那次審判中，終於有人可以讓我靠一下，那感覺很好。我永遠不會忘記那位女士，我不知道她是誰，但她改變了我。」

「很遺憾聽到你孫子的事。」我輕聲說，這是我唯一想得到要說的話。

「你永遠不會完全痊癒，只能一直、一直往前走。審判結束後，我不知道自己可以做什麼，所以一年後我開始過來這裡。我也不真的知道原因，但我想我只是覺得也許自己可以當那個人。你知道的，就是讓受傷的人可以靠在身上的那個人。」她勾著我的手臂。

我對她笑了笑。「這真的很美好。」

「是啊，一直都很美好。你再說一次你叫什麼？」

「布萊恩。」

「布萊恩，一直都很美好。剛開始，我會找那些因為謀殺案或暴力事件而失去親人的人。在那時刻，最難受的人們之中有些是他們的孩子正在接受審判，所以我讓任何有需要的人都可以靠在我肩膀上。這些年輕的孩子被送進監獄一輩子，隨著悲傷與暴力一起進去。這些法官丟棄這些人，好像他們連人類都不算，人們互相殘殺，滿不在乎似地傷害彼此。我覺得好混亂，這裡有太多的痛苦。於是我決定要待在這裡，好在人們互相投擲石頭時，能接住一些。」

她說的時候，我一直笑。麥可米利安聽證會期間，當地一名牧師為這起案件舉辦了一場地區性的教會會議，邀請我過去演講。在非裔美國人社區裡，少數支持華特的聲音消失了，不是因為他們認為他有罪，而是他的婚外情，外加他在教會並不活躍。在教會會議裡，我大多時間都在講華特的案子，但也提醒大家，當通姦的婦女被帶到耶穌面前時，祂對想要拿石頭砸死她的指控者們說：「讓沒有罪的人扔第一塊石頭吧。」指控婦女的人們因此撤離，耶穌赦免了她，鼓勵她別再犯。然而今天，我們自以為的正義、我們的恐懼及我們的憤怒，導致基督徒對於墜落之人落井下石，甚至是在我們明明知道應該要寬恕或同情的時刻。我告訴教徒，我們不能只是眼睜睜地看著它發生。我告訴他們，我們要當那個接住石頭的人。

我聽著這老婦人引用的比喻，抿嘴笑著，她也呵呵笑。「我今天在法庭裡聽到你說話。我之前也在這裡看過你幾次，我知道你也是一個接石頭的人。」

我笑得更開懷了。「哈哈哈，我想我的確嘗試著當這樣的人。」

她拉住我的手，撫摸著我的手掌心。「不過，如果要接住人們投擲出來的全部石頭，可是會受傷的。」她繼續摩挲著我的手，我想不到任何話好說，卻意外地覺得很舒坦。處理完卡斯頓先生和卡特先生的事後，我還得花上將近五個小時開車回蒙哥馬利。我得走了，但和這位現在正認真按摩我手掌的女士坐在這裡感覺真好，這舉動很美好，雖然也很奇怪。

「妳是想讓我哭嗎？」開口問這句話時，我努力擠出微笑。

她伸出手臂來環抱我，也回以微笑。「不是的，你今天做的事情很棒。法官說那名男子可以回家的時候，我真的很高興，雞皮疙瘩都起來了。他在監獄裡待了五十年，眼睛都看不見了。我沒有要讓你哭的意思，只是我聽到這件事時很感激上帝，你沒有什麼好哭的。我只是想讓你靠著我一會兒，因為我知道一點點跟接住石頭有關的事。」

她把我的手握得更緊一些，然後說：「現在，你繼續堅持下去，最後就會跟我一樣，唱出一些悲傷的曲調。像我們這樣的人，是不可能學不會欣賞好的悲傷歌曲的。

「我一輩子都在唱傷心的歌，一旦你開始接石頭，就連開心的歌都能讓你悲傷。」她停頓了一下，安靜片刻，當她繼續說話之前，我聽到她咯咯的笑聲。「但你只管繼續唱，你的歌曲會使你強壯，甚至會讓你開心起來。」

在我們靜靜坐著的時候，群眾湧出法庭，走廊一片鬧哄哄。

「我覺得妳真的非常擅長做妳正在做的事情，我覺得好多了。」最後，我這麼說。

她開玩笑地打了一下我的手臂。「噢，你這年輕的男人，可別想用你的魅力誘惑我。看到我之前，你就已經很好啦。那些男士們可以回家，你在這裡走來走去時也一臉泰然，我只是做我該做的，就這樣而已。」

當我終於啟齒表明要離去時，我親吻了她的臉頰，告訴她自己得去簽署受刑人獲釋的相關文件，她叫住我。「噢，等一下。」她翻找自己的皮包，直到她找到一顆薄荷糖。「這個，拿著它。」那個姿態讓我說不上為什麼，卻感到很開心。

「謝謝你。」我微微笑，彎下腰再次親吻她。

她笑著向我揮揮手，「去吧，去吧。」

Just Mercy

尾聲
EPILOGUE

二〇一三年九月十一日，華特與世長辭。

儘管失智症惡化使得他神智愈來愈混亂，他還是維持著一貫的親切慈祥，直到生命的盡頭。後來他都和妹妹凱蒂同住，然離世前最後兩年，他已無法在沒有旁人協助之下外出或走動。某天早上，他跌了一跤，導致臀部的骨頭碎裂，醫生不建議開刀，因此他在沒什麼復原希望的情況下被送回家。醫院社工告訴我，他們會安排居家醫療及臨終關懷，雖然發生這件事令人悲傷，但還是比待在阿拉巴馬州死牢裡的恐懼好多了。他消瘦許多，從醫院返家後就愈來愈無法回應探訪者的問候，不久後的某天夜裡，他告別人世。

一個陰雨的週六早晨，我們在鄰近門羅維爾的Limestone Faulk A.M.E.錫安堂舉辦華特的喪禮；這與二十多年前，我站在講台上對著一群教徒講述投擲與接住石頭的地點是一樣的，如今重回舊地有一種生疏的感覺。數十個人塞滿了教堂，進不來的數十人只得站在教堂外面。我看著這些大多不富裕的黑人擠在一起，他們肢體上的折磨彷彿形成這悲傷空間的另一場喪禮，不合理的痛苦及不必要的折磨，都為這一切加添悲慘。在處理華特的案件時，我常常浮現這樣的感受，如果可以將門羅郡所有遭受威脅的，空間內這些緊繃、受壓迫者所承受的痛苦與煎熬用細心搭建的容器裝起來，一定可以產生非凡的能量，像是什麼驚人的替代能源那般，啟動先前從未能實行的行動。誰知道這會造成什麼結果呢？道德正義的中止還是補救措施的轉型？也許都會。

華特的家人在棺材旁擺了一個大型電視顯示器，輪播數十張華特生前的照片，幾乎都是在他出獄那天拍攝的。在好幾張照片裡，華特和我並肩站著，我為當時我們臉上的喜悅模樣所吸引。坐在教堂裡，盯著那些照片看，真不敢相信時間就這麼流逝了。

華特還在死牢裡時，有一次他告訴我，自己在其中一位獄友行刑前夕有多不舒服。「當他們啟動電椅，你可以聞到肉在燃燒的味道！我們全都敲著鐵欄杆抗議，以便讓自己好過一點，但我只覺得極度不舒服。我敲得愈用力，就愈無法忍受這裡發生的任何事。」

「你曾經想過死亡嗎？」他問我。對於華特這樣的人來說，提出這問題並不尋常。「以前我從未這樣想過，可是現在我總想著這件事。」表情煩惱的他繼續說：「這裡的情況截然不同。死牢裡的弟兄們都在講著死刑執行前要做些什麼事，他們要怎麼行動。我以前覺得這樣的談話內容很瘋狂，但我想我也會開始這麼做。」

這段對話讓我不太自在。「我覺得，你應該想想活著的事，像是你從這裡出去之後，要做些什麼事。」

「噢，我也會這麼想的，常常這麼想。可是當你看到人們輪流步出走廊赴死，就很難只是這麼想。聽從法院或是監獄的安排而死是不對的，人類應該聽從上帝的安排而死。」

儀式開始前，我將華特出獄之後，我們一起共度的時光從頭到尾回顧了一遍。合唱團唱起歌來，接著牧師講了一段激勵人心的話。他說華特在人生最輝煌的時期，就因為他人的謊言和偏執將他從家人身邊拉走。我告訴大家，華特和我親如兄弟，當時的我是那樣地青澀、欠缺經驗，他依然大膽地將自己的生命託付給那個年輕的我。我說我們全都虧欠華特些什麼，讓他遭受威脅與恐嚇，錯誤的指控與定罪，但他從未放棄。他挺過了審判及指控的羞辱，也挺過了有罪的判決、死刑以及全州人民對他的錯誤譴責。儘管承受這些無法不帶任何傷害，他還是帶著尊嚴走了出來。我告訴大家，華特克服了恐懼、忽視與他者的偏執，面對不公義，他昂然而立；而他罪名的洗刷，也讓我們其餘的人因此得以更安全一點，更不容易受到差點致其死地的權力濫用及錯誤指控的傷害。我對他的親友們說，華特的衝勁、奮戰精神和毅力是值得慶祝的勝利，是應當被牢記的成就。

我覺得有必要對大眾解釋，華特究竟教了我什麼。華特讓我明白，為何我們得改革這個對待有錢的犯罪者比窮困的無辜者更好的刑事司法系統。當系統將需要法律協助的窮人擋在門外，將財富與地位看得比罪責更重，那就應該改變這系統。華特的案子教會我，恐懼與憤怒會威脅正義；它們可能感染整個社區、整個州或國家，讓我們因此盲目、不理性且危險。我反覆思考著大規模監禁如何使象徵著輕率且過重懲罰的監獄建物污染我們國家的地景，又是如何藉由我們絕望的意願譴責、遺棄我們當中最脆弱的人，來糟蹋我們的社區。我告訴大家，華特的案子教會我，死刑的議題並不在於人應不應該因為自己犯下的罪而死。在這個國家，關於死刑真正重要的問題是，**我們應不應該殺人**？

最後，我告訴聚集在教堂裡的人，華特教會我的最重要一課是，仁慈是公正地深植於希望且俱足於每個人心中。在最不值得幫助的人面前，仁慈反而能展現其最強大、自由且能造成改變的面向。那些無法獲得或甚至根本沒有尋求仁慈的人，是當我們發揮同理心時，意義最重大的對象。華特真心誠意地寬恕了那些不公平地指控他的人、將他定罪的人，以及那些定奪他不值得憐憫的人。最後，是仁慈相待的態度，讓華特重拾一個值得慶賀的人生，一個重新找回全人類都渴望的愛與自由的人生，一個克服了死亡與罪責直到蒙主寵召的人生。

喪禮結束後，我並沒有停留太久。我走出門，看著路面，想到在華特獲釋後，沒有人因容達．莫里森的死而遭到起訴的事實，想到這必然會為她的父母帶來痛苦。

許多需要各種法律協助的人趨身靠近我，我沒有帶名片，便為每一個人寫下我的電話，鼓勵他們打電話到我的辦公室。我們不大可能為這麼多需要幫助的人做太多事情，但讓他們回家的路上少一點悲傷，多一些希望，這件事也許我們還做得到。

後記 POSTSCRIPT

在一個溫暖的耶穌受難日早晨，我和一名因為冤獄而在阿拉巴馬州死牢裡關了將近三十載的男子一起走出位於伯明罕的監所。安東尼・雷・辛頓三十年來，都被單獨監禁在五乘七呎大小的囚籠裡，在辛頓先生受囚期間，超過五十名死刑犯就在他囚籠的正上方遭到處決。在那些使用電椅的歲月裡，他抱怨自己老是在子夜行刑完後聞到肉燒灼的氣味。華特・麥可米利安抵達之前，辛頓先生就已經在阿拉巴馬州的死牢裡了。二〇〇〇年，我們提交了證明他清白的測試結果，我請求檢察官重新檢視證據，但十五年來他們始終拒絕。州政府繼續將他關押在死牢裡，直到二〇一五年，我們終於讓聯邦最高法院裁定要求檢察官必須重新檢測證據，證據證實了辛頓先生的清白，使他成為美國第一百五十二名因錯誤定罪遭判死刑、最終證明清白而獲釋的人。

二〇一〇年，最高法院裁決禁止將非殺人罪的未成年犯判處終身監禁不得假釋之後，數百名原本會老死監獄的孩童獲得了重新量刑的機會，其中的數十人已經獲釋。我們在路易斯安那州從青少年時期就被判處無期徒刑的當事人，當中起碼有十來名現在已經回到家中。伊恩・曼努與安東尼奧・努涅茲現在也有機會獲釋。喬・蘇利文本來應在二〇一四年六月獲釋，但佛羅里達州當局在他應當出獄的二十天前更改刑期，將他的刑期加長五年，他們宣稱錯算了他的「表現良好時間」。我們繼續為他積極爭取立即獲釋的權利。我們也繼續為在服無期徒刑的翠娜・賈奈特尋求寬宥，儘管最高法院裁決已定，但她所在的賓州卻不承認她擁有重新量刑的權利。她依然很堅強：二〇一四年，翠娜・賈奈特出現在一支鼓舞人心的音樂錄影帶中，她與曼西州立監獄的其他幾名也被判無期徒刑的女性合唱，歌曲名稱為〈這不是我的家〉(This Is Not My Home)，這句歌詞也在歌中不斷重複。

查理和瑪莎・柯畢如今已返回家中，過得還不錯；亨利已經離開喬治亞州的死牢了。

我繼續與接住石頭的人相遇，他們啟發我，讓我相信我們為被告、被定罪，以及那些因罪行與暴力而受害的人所做的一切，還有做得更好的空間，而我們每一個人也還能為彼此做更多事。這份工作一直持續著。

Just Mercy

致謝
ACKNOWLEDGMENTS

我想要感謝和我合作過的數百名被告、遭起訴及受刑的男人、女人及孩童，他們教會了我許多關於希望、正義與仁慈的道理，尤其想要對出現在這本書中的人、在暴力之下受害及倖存的人、刑事司法專家，以及曾經關押在小空間承受著難以想像的痛苦，如今展現無比勇氣與恩典的人表達感激之情。所有出現在書中的人名都是真實的，除了極少部分基於隱私及安全的理由而化名的人。

我極度感謝傑出的編輯克里斯．傑克森（Chris Jackson），他周到的指導與親切的協助，使我覺得非常、非常幸運能夠和如此有見識又慷慨的編輯合作。我也深深感謝辛蒂．史畢格（Cindy Spiegel）與茱莉．葛勞（Julie Grau），她們強大的支持與回饋，以我從未想過的方式真真實實地啟發了我。撰寫這本書為我帶來最大的樂趣之一，就是能夠與史畢格和葛勞公司及藍燈書屋的新朋友們一起工作，他們一起為我打氣，我也從他們身上學到許多。我還想感謝紐約大學法學院的雪倫・史坦納曼（Sharon Steinerman），她為本書的研究提供相當得力的協助。

所有這些工作，如果沒有司法平等倡議會的傑出成員相助就不可能完成，他們每一個人日復一日滿懷希望與謙卑，無懼地為正義而努力，使我相信我們可以為最弱勢的人完成這些必須做的事。我特別想對亞林・烏瑞爾（Aaryn Urell）和藍迪・蘇斯坎（Randy Susskind）給予的回饋及校訂協助致意。此外，我也很感激伊娃・安斯理（Eva Ansley）與伊凡・帕祖赫（Evan Parzych）在研究上的協力。最後，我可能無法完整表達出我對道格・亞伯拉罕（Doug Abrams）的謝意，他引介的能力非凡，說服我寫出這部作品的人就是他。若少了他無價的指引、鼓勵與友誼，這本書不可能存在。

作者附註 AUTHOR'S NOTE

在美國，現在還有超過兩百萬名受刑人，再加上六百萬的人緩刑或假釋中，據估計有過犯罪紀錄的人數高達六千八百萬人。如果你想為刑事司法政策做些什麼事，或幫助受刑人或更生人，機會數都數不盡。如果你希望能為受刑人服務、協助更生人或在全球各地尋求刑事司法政策改革的組織盡一份心力，想要成為志工或者捐獻，請聯繫在阿拉巴馬州蒙哥馬利的司法平等倡議會的我們。你可以上我們的網站看看：www.eji.org；也可以寫電子郵件與我們聯繫：contact_us@eji.org。

附註 NOTE

序章 往高處行

1 Thomas P. Bonczar, "Prevalence of Imprisonment in the U.S. Population, 1974-2001," Bureau of Justice Statistics (August 2003)，可在此取得資訊：www.bjs.gov/index.cfm?ty=pbdetail&iid=836，資訊取得時間：二〇一四年四月二十九日。

2 Bonczar, "Prevalence of Imprisonment"; "Report of The Sentencing Project to the United Nations Human Rights Committee Regarding Racial Disparities in the United States Criminal Justice System," The Sentencing Project (August 2013)，可在此取得資訊：http://sentencingproject.org/doc/publications/rd_ICCPR%20Race%20and%20Justice%20Shadow%20Report.pdf，資訊取得時間：二〇一四年四月二十九日。

3 在美國，有二十三個州於特定情況下可將孩童視為成年人起訴，且沒有最低年齡限制。Howard N. Snyder and Melissa Sickmund, "Juvenile Offenders and Victims: 2006 National Report," National Center for Juvenile Justice (March 2006)，可在此取得資訊：www.ojjdp.gov/ojstatbb/nr2006/downloads/NR2006.pdf，資訊取得時間：二〇一四年四月二十九日。

4 "Fact Sheet: Trends in U.S. Corrections," The Sentencing Project (May 2012)，可在此取得資訊：www.sentencing

project.org/doc/publications/inc_Trends_in_Corrections_Fact_sheet.pdf，資訊取得時間：二〇一四年四月二十九日；Marc Mauer and Ryan S. King, "A 25-Year Quagmire: The War on Drugs and Its Impact on American Society," *The Sentencing Project* (September 2007), 2,可在此取得資訊：www.sentencingproject.org/doc/publications/dp_25yearquagmire.pdf，資訊取得時間：二〇一四年四月二十九日。

5 聯邦法律禁止各州為毒品相關的重罪犯提供補充營養援助計畫（SNAP，過去稱之為糧食券〔food stamps〕）的福利，雖然各州亦保有選擇或修改此項禁令的權利。近來，有三十二個州以毒品前科為由拒絕提供此援助，當中有十個州永久禁止毒品前科者享有這項福利。而不論是透過住宅法第八節住宅援助計畫（Section 8 program）或者是公共住宅安置，只要是毒品犯，各州皆可驅逐或拒絕其向聯邦福利單位申請住房協助。Maggie McCarty, Randy Alison Aussenberg, Gene Falk, and David H. Carpenter, "Drug Testing and Crime-Related Restrictions in TANF, SNAP, and Housing Assistance," Congressional Research Service (September 17, 2013), 可在此取得資訊：www.fas.org/sgp/crs/misc/R42394.pdf，資訊取得時間：二〇一四年四月二十九日。

6 有十二個州永久性剝奪所有或部分重罪犯的公民選舉權。三十五個州禁止假釋犯投票，還有三十一個州禁止緩刑者投票。The Sentencing Project, "Felony Disenfranchisement Laws in the United States" (June 2013), 可在此取得資訊：www.sentencingproject.org/doc/publications/fd_Felony%20 Disenfranchisement%20Laws%20in%20the%20US.pdf，資訊取得時間：二〇一四年四月三十日。

7 在阿拉巴馬州、密西西比州及田納西州，有超過一成的非裔美國人無法投票。在佛羅里達州、肯塔基州及維吉尼亞州，每五個非裔美國人當中，就有一人無法投票。Christopher Uggen, Sarah Shannon, and Jeff Manza, "State-Level Estimates of Felon Disenfranchisement in the United States, 2010," The Sentencing Project (July 2012), 可在此取得資訊：http://sentencingproject.org/doc/publications/fd_State_Level_Estimates_of_Felon_Disen_2010.pdf，資訊取得時間：二〇一四年四月三十日。

8 根據死刑資訊中心的研究報告，一九七三年以來，有一百四十四位死刑犯最後無罪獲釋。"The Innocence List," Death Penalty Information Center, 可在此取得資訊：www.deathpenaltyinfo.org/innocence-list-those-freed-

death-row，資訊取得時間：二〇一四年四月二十五日。

9 根據冤獄平反組織「無辜計畫」（Innocence Project）的調查，美國有三百一十六名冤獄受刑人在定罪後，經DNA鑑定才獲得平反，其中有十八名獲釋者為死刑犯。"DNA Exonerations Nationwide," The Innocence Project，可在此取得資訊：www.innocenceproject.org/Content/DNA_Exonerations_Nationwide.php，資訊取得時間：二〇一四年四月二十五日。

10 John Lewis and Bryan Steven- son, "State of Equality and Justice in America: The Presumption of Guilt," *Washington Post* (May 17, 2013).

11 二〇一〇年的統計調查結果顯示，美國花費在監禁的金額高達八百億美元。Attorney General Eric Holder, American Bar Association Speech (August 12, 2013); Tracey Kyckelhahn and Tara Martin, Bureau of Justice Statistics, "Justice Expenditure and Employment Extracts, 2010–Preliminary" (July 2013)，可在此取得資訊：www.bjs.gov/index.cfm?ty=pbdetail&iid=4679，資訊取得時間：二〇一四年四月三十日。可與一九八〇年六十九億的監禁支出做比較。Bureau of Justice Statistics, "Justice Expenditure and Employment Extracts—1980 and 1981 Data from the Annual General Finance and Employment Surveys" (March 1985)，可在此取得資訊：www.bjs.gov/index.cfm?ty=pbdetail&iid=3527，資訊取得時間：二〇一四年四月三十日。

第一章　梅岡城的禱告者

1 Conner Bailey, Peter Sinclair, John Bliss, and Karni Perez, "Segmented Labor Markets in Alabama's Pulp and Paper Industry," *Rural Sociology* 61, no. 3 (1996): 475–96.

2 *Pace & Cox v. State*, 69 Ala. 231, 233 (1882).

3 U.S. Census Office, *Fourteenth Census of Population* (Washington, D.C.: Government Printing Office, 1920).

4 一九二四年，維吉尼亞州議會通過種族完整法，准許令帶有缺陷或危險的黑人女性強制絕育，並將黑人和白人通婚視為犯罪，加羅林郡（Caroline County）的居民相當重視這項宣言。數十年後，一名年輕的白人男性理查．樂凡（Richard Loving）與名為蜜爾瑞．基特（Mildred Jeter）的黑人女性相戀，這對年輕情侶在得知懷孕後，決定結婚。他們前往華盛頓特區「合法結婚」，因為這在維吉尼亞州是不可能辦到的。他們曾試圖遠離，然後來還是因為思鄉而搬回到加羅林郡，住在離家人不遠處。在這樁婚事傳開的幾個星期後，警長與數名武裝員警在半夜破門而入，以異族通婚的罪名逮捕理查與蜜爾瑞。受到監禁及羞辱的他們被迫認罪，還被勸戒該心懷感激，只要他們同意離開加羅郡，「至少二十五年內」不回來，便能獲釋。他們再一次逃離維吉尼亞州，不過這次他們決定要挺身而戰，在美國公民自由聯盟（American Civil Liberties Union）協助之下，向法院提起訴訟。經過多年在基層法院訴訟失敗後，終於在一九六七年，聯邦最高法院推翻異族通婚法，裁定違憲。

5 儘管在聯邦法律的規定下，阿拉巴馬州對於跨種族通婚的禁令不得強制執行，然而這項法令直到二十一世紀都還存在。到了二〇〇〇年，終於有全州進行投票改革的機會，多數投票者支持消除這項禁令，但仍有百分之四十一的民眾希望保留。二〇一一年，密西西比州共和黨的調查發現，有百分之四十六的人支持跨種族通婚的禁令，百分之四十的人反對，百分之十四的人則不置可否。

6 承受私刑之苦的名單如下：October 13, 1892: Burrell Jones, Moses Jones/Johnson, Jim Packard, and one unknown (brother of Jim Packard). Tuskegee University, "Record of Lynchings in Alabama from 1871 to 1920," 由塔斯積吉師範及工業學院（Tuskegee Normal and Industrial Institute）為阿拉巴馬州歷史檔案部（Alabama Department of Archives and History）彙整，Alabama Dept. of Archives and History Digital Collections, 可在此取得資訊：http://digital.archives.alabama.gov/cdm/singleitem/collection/ voices/id/2516，資訊取得時間：二〇〇九年九月十八日；以及"Four Negroes Lynched," *New York Times* (October 14, 1892); Stewart Tolnay, compiler, "NAACP Lynching Records," Historical American Lynching Data Collection Project, 可在此取得資訊：http://people.uncw.edu/hinese/HAL/HAL%20Web%20Page.htm#Project%20 HAL，資訊取得時間：二〇一四年四月三十日。

October 30, 1892: Allen Parker. Tuskegee University Archives; Tolnay, "NAACP Lynching Records."

August 30, 1897: Jack Pharr. Tuskegee University Archives; Tolnay, "NAACP Lynching Records."

September 2, 1897: Unknown. Tuskegee University Archives.
August 23, 1905: Oliver Latt. Tuskegee University Archives.
February 7, 1909: Will Parker. Tuskegee University Archives.
August 9, 1915: James Fox. Tuskegee University Archives; "Negro Lynched for Attacking Officer," *Montgomery Advertiser* (August 10, 1915). Tuskegee University Archives; Tolnay, "NAACP Lynching Records."
August 9, 1943: Willie Lee Cooper. "NAACP Describes Alabama's Willie
Lee Case as Lynching," *Journal and Guide* (September 8, 1943); "NAACP Claims Man Lynched in Alabama," *Bee* (September 26, 1943); "Ala. Workman 'Lynched' After Quitting Job," *Afro-American* (September 18, 1943). Tuskegee University Archives.
May 7, 1954: Russell Charley. "Violence Flares in Dixie," *Pittsburgh* Courier (June 5, 1954); "Suspect Lynching in Ala. Town," *Chicago Defender* (June 12, 1954); "Hint Love Rivalry Led to Lynching," *Chicago Defender* (June 19, 1954); "NAACP Probes 'Bama Lynching," *Pittsburgh Courier* (June 26, 1954). Tuskegee University Archives.

第一章　挺身而出

1 美國司法統計局的研究報告指出，在整個八〇年代，每年有數百名受刑人死於自殺、他殺和其他「未知」因素。Christopher J. Mumola, "Suicide and Homicide in State Prisons and Local Jails," Bureau of Justice Statistics (August 2005), 可在此取得資訊：www.bjs.gov/index.cfm?ty=pbdetail &iid=1126，資訊取得時間：二〇一四年四月三十日; Lawrence A. Greenfield, "Prisons and Prisoners in the United States," Bureau of Justice Statistics (April 1992), 可在此取得資訊：www.bjs.gov/index.cfm?ty=pbdetail&iid=1392.

2 一九七八年，黑人遭到警方殺害的比例為白人的八倍之多。Jodi M. Brown and Patrick A. Langan, "Policing and Homicide, 1976-1998: Justifiable Homicide by Police, Police Officers Murdered by Felons," Bureau of Justice Sta-

tistics (March 2001), 可在此取得資訊：www.bjs.gov/index.cfm?ty=pbdetail&iid=829，資訊取得時間：二〇一四年四月三十日。

3 一九九八年，黑人遭警方殺害的比例仍高達白人的四倍之多。Brown and Langan, "Policing and Homicide, 1976–1998."

4 在那些採納《不退讓法》的州別，因「法律認可」而遇害的黑人人數，在二〇〇五年至二〇一一年間翻了一倍，多半是在各州通過該法令的期間。同樣情況，白人的遇害人數增加幅度有限，而且原本因此喪命的白人就不多。"Shoot First: 'Stand Your Ground' Laws and Their Effect on Violent Crime and the Criminal Justice System," 由全國城市聯盟（National Urban League）、反對非法槍枝市長聯合會（Mayors Against Illegal Guns）及退伍軍人投票組織（VoteVets.org）聯合發表的媒體聲明（September 2013），可在此取得資訊：http://nul.iamempowered.com/ content/mayors-against-illegal-guns-national-urban-league-votevets-release-report-showing-stand-your，資訊取得時間：二〇一四年四月三十日。

第三章　審判與苦難

1 *McMillian v. Johnson*, Case No. 93-A-699-N, P. Exh. 12, Plaintiff's Memorandum in Opposition to Defendant's Motion for Summary Judgment (1994).

2 *Glass v. Louisiana*, 471 U.S. 1080 (1985), denying cert. to 455 So.2d 659 (La. 1984) (J. Brennan, dissenting).

3 Ruth E. Friedman, "Statistics and Death: The Conspicu- ous Role of Race Bias in the Administration of Death Penalty," *Berkeley Journal of African-American Law and Policy* 4 (1999): 75. 也可參考 Danielle L. McGuire and John Dittmer, *Freedom Rights: New Perspectives on the Civil Rights Movement* (Lexington: University of Kentucky, 2011).

4 *Akins v. Texas*, 325 U.S. 398 (1945).

5 David Cole, "Judgment and Discrimination," in *No Equal Justice: Race and Class in the American Criminal Justice*

System (New York: New Press, 1999), 101–31.

6 *Duren v. Missouri*, 439 U.S. 357 (1979); *Taylor v. Louisiana*, 419 U.S. 522 (1975).

7 *Swain v. Alabama*, 380 U.S. 202 (1965).

8 “Illegal Racial Discrimination in Jury Selection: A Continuing Legacy,” Equal Justice Initiative (2009), 可在此取得資訊：www.eji.org/files/EJI%20Race%20and%20Jury%20Report.pdf，資訊取得時間：二〇一四年四月三十日。

第四章　古舊十架

1 “The Death Penalty in Alabama: Judge Override,” Equal Justice Initiative (2011), 4, 可在此取得資訊：http://eji.org/eji/files/ Override_Report.pdf，資訊取得時間：二〇一四年四月三十日。

2 Billy Corriher, “Partisan Judicial Elections and the Distorting Influence of Campaign Cash,” Center for American Progress (October 25, 2012), 可在此取得資訊：www.americanprogress.org/issues/civil-liberties/report/2012/10/25/42895/partisan-judicial-elections-and-the-distorting-influence-of-campaign-cash/，資訊取得時間：二〇一三年七月八日。

3 二〇一三年十一月，聯邦最高法院大法官索妮雅．索托馬約爾（Sonia Sotomayor）撰文批評阿拉巴馬州法院繼續使用這項司法優先權的行為，他們藉此於判決出現異議時，不經審查便做出死刑判決。布雷耶大法官（Justice Breyer）也指出，大法官們發現此做法存在著嚴重的憲法瑕疵，無論是法官優先權周圍的政治因素，或是其削弱陪審團影響力的方式。*Woodward v. Alabama* (2013).

4 “The Death Penalty in Alabama,” 5.

5 *Harris v. Alabama*, 513 U.S. 504 (1995); *Spaziano v. Florida*, 468 U.S. 447 (1984).

6 請參照 *Penry v. Lynaugh*, 492 U.S. 302 (1989).

7 *Atkins v. Virginia*, 536 U.S. 304 (2002), *Penry* 一案後，該州的立法機關決定對於死刑的適用對象加以限制，隨後

全國也達成了不對心智遲緩者執行死刑的共識。

8 Peter Applebome, "2 Electric Jolts in Alabama Execution," *New York Times* (July 15, 1989), 可在此取得資訊：www.nytimes.com/1989/07/15/us/2-electric-jolts-in-alabama-execution.html，資訊取得時間：二〇一四年四月三十日; see also "Two Attempts at Execution Kill Dunkins," *Gadsden Times* (July 14, 1989), 可在此取得資訊：http://news.google.com/newspapers?id=02cfAAAAIBAJ&sjid =3NQEAAAAIBAJ&pg=3122%2C1675665，資訊取得時間：二〇一四年四月三十日。

9 *Rose v. Lundy*, 455 U.S. 509 (1982).

10 *Stanford v. Kentucky*, 492 U.S. 361 (1989); *Penry*, 492 U.S. at 305; *McCleskey v. Kemp*, 481 U.S. 279 (1987).

11 Bryan Stevenson, "The Hanging Judges," *The Nation* (October 14, 1996), 12.

12 *Richardson v. Thigpen*, 492 U.S. 934 (1989).

13 Applebome, "2 Electric Jolts in Alabama Execution."

第五章　約翰的歸來

1 實際上，門羅郡目前已經成為「潮濕」等級。門羅維爾與弗里斯科（Frisco）兩座城市已允許販售一些酒精飲料。

第六章　注定失敗

1 Victor L. Streib, *Death Penalty for Juveniles* (Bloomington: Indiana University Press, 1987).

2 *Stanford v. Kentucky*, 492 U.S. 361 (1989); *Thompson v. Oklahoma*, 487 U.S. 815 (1988); *Wilkins v. Missouri* 案與 *Stanford* 案一同裁決。

第七章　被剝奪的正義

1 *Giglio v. United States*, 405 U.S. 150 (1972); *Mooney v. Holohan*, 294 U.S. 103 (1935).

2 Peggy M. Tobolowsky, "Victim Participation in the Criminal Justice Process: Fifteen Years after the President's Task Force on Victims of Crime," *New England Journal on Criminal and Civil Confinement 25* (1999): 21, 可在此取得資訊：http://heinonline.org/HOL/Page?handle=hein.journals/nejccc25&div=7&g_sent=1&collection=journals，資訊取得時間：二〇一四年四月三十日。

3 *Booth v. Maryland*, 482 U.S. 496, 509n12 (1987).

4 *Booth v. Maryland*, 482 U.S. 496, 506n8（「我們遭遇了困難，當受害者較受其所屬社群重視時，相較於受害者較不受重視的情況，會促使被告獲判較重的罪。」）

5 *Payne v. Tennessee*, 501 U.S. 808, 827 (1991)（「我們可以合理地得出結論，陪審團覺得是否應該判處死刑的決定，與受害者身分及謀殺對於受害者家屬造成的影響程度相關。」）

6 Tobolowsky, "Victim Participation," 48–95.

7 Michael Lawrence Goodwin, "An Eyeful for an Eye—An Argument Against Allowing the Families of Murder Victims to View Executions," *Brandeis Journal of Family Law* 36 (1997): 585, 可在此取得資訊：http://heinonline.org/HOL/Page?handle=hein.journals/branlaj36&div=38&g_sent=1&collection=journals，資訊取得時間：二〇一四年四月三十日。

8 Scott Matson and Roxanne Lieb, "Megan's Law: A Review of State and Federal Legislation," Washington State Institute for Public Policy (October 1997), 可在此取得資訊：www.wsipp.wa.gov/rptfiles/meganslaw.pdf，資訊取得時間：二〇一三年六月十三日。

9 Chris Greer and Robert Reiner, "Mediated Mayhem: Media, Crime, Criminal Justice," in *The Oxford Handbook of Criminology*, ed. Mike Maguire, Rodney Morgan, and Robert Reiner (New York: Oxford University Press, 2002),

245–78.

10 *McCleskey v. Kemp,* 481 U.S. 279, 286 (1987), citing David C. Baldus et al., "Comparative Review of Death Sentences: An Empirical Study of the Georgia Experience," *Journal of Criminal Law and Criminology* 74 (1983): 661.

11 American Bar Association, "Evaluating Fairness and Accuracy in State Death Penalty Systems: The Alabama Death Penalty Assessment Report" (June 2006), 可在此取得資訊：www.americanbar.org/content/dam/aba/migrated/moratorium/assessmentproject/alabama/report.authcheckdam.pdf，資訊取得時間：二〇一三年六月十四日。

12 *McCleskey v. Kemp,* 481 U.S. 286–87, citing Baldus et al., "Comparative Review"; U.S. General Accounting Office, *Death Penalty Sentencing: Research Indicates Pattern of Racial Disparities,* 1990, GAO/GGD-90-57（「百分之八十二的研究指出，被害人的種族會影響遭控謀殺罪或獲判死刑的機率，亦即，殺害白人的被告相較於殺害黑人的被告有更高的機率遭判處死刑。」）

第八章　上帝的孩子們

1 過去二十年間，切斯特高地（The Chester Upland）學區常登上賓州倒數第一的學區。James T. Harris III, "Success amid Crisis in Chester," Philly.com (February 16, 2012), 可在此取得資訊：http://articles.philly.com/2012-02-16/news/31067474_1_school-district-curriculum-parents-and-guardians，資訊取得時間：二〇一四年四月三十日。

2 二〇一二年，根據人口調查局（Census Bureau）統計，有百分之四十五點六未成年的切斯特居民生活在聯邦貧窮水準之下。U.S. Census Bureau, 2008–2012 American Community Survey, Chester city, Pennsylvania.

3 50 Pennsylvania Consolidated Statutes § 7402.

4 直到二〇一二年，任何被定罪為一級謀殺或二級謀殺的犯罪人，都遭判終身監禁不得假釋。18 Pennsylvania Consolidated Statutes § 1102; 61 Pennsylvania Consolidated Statutes § 6137. 對於犯下一級謀殺或二級謀殺罪的青少年罪犯，可以判處終身監禁不得假釋，但並非強制。18 Pennsylvania Consolidated Statutes § 1102.1.

5 Liliana Segura, "Throwaway People: Teens Sent to Die in Prison Will Get a Second Chance," *The Nation* (May 28, 2012).

6 Segura, "Throwaway People"; *Commonwealth v. Garnett*, 485 A.2d 821 (Pa. Super. Ct. 1984).

7 聯邦監獄局（The Federal Bureau of Prisons）於二〇〇八年通過一項對懷孕受刑人的鐐銬限制政策。Federal Bureau of Prisons, "Program Statement: Escorted Trips, No. 5538.05" (October 6, 2008), 可在此取得資訊：www.bop.gov/policy/progstat/5538_005.pdf，資訊取得時間：二〇一四年四月三十日。

8 *Garnett v. Kepner*, 541 F. Supp. 241 (M.D. Pa. 1982).

9 Paula Reed Ward, "Pa. Top Court Retains Terms for Juvenile Lifers," *Pittsburgh Post-Gazette* (October 30, 2013); "Juvenile Life Without Parole (JLWOP) in Pennsylvania," Juvenile Law Center, 可在此取得資訊：http://jlc.org/current-initiatives/promoting-fairness-courts/juvenile-life-without-parole/jlwop-pennsylvania，資訊取得時間：二〇一四年四月二十六日。

10 Meg Laughlin, "Does Separation Equal Suffering?" *Tampa Bay Times* (December 17, 2006).

11 《消除監獄強姦法案》（*Prison Elimination Act*）於二〇〇三年生效時，國會發現青少年關押在成人監獄裡遭受性侵害的機率高了五倍。42 U.S.C. § 15601(4).

12 Laughlin, "Does Separation Equal Suffering?"

13 在佛羅里達州，共有七十七名青少年因非殺人罪而遭判處終身監禁不得假釋。Brief of Petitioner, *Graham v. Florida*, U.S. Supreme Court (2009); Paolo G. Annino, David W. Rasmussen, and Chelsea B. Rice, *Juvenile Life without Parole for Non-Homicide Offenses: Florida Compared to the Nation* (2009), 2, table A.

14 在佛羅里達州，包括喬・蘇利文在內，有兩名十三歲孩童因非殺人罪遭判處終身監禁不得假釋。Annino, Rasmussen, and Rice, *Juvenile Life without Parole for Non-Homicide Offenses*, chart E (2009).

15 "Cruel and Unusual: Sentencing 13- and 14-Year-Old Children to Die in Prison," Equal Justice Initiative (2008), 可

在此取得資訊：http://eji.org/eji/files/Cruel%20and%20Unusual%202008_0.pdf，資訊取得時間：二〇一四年四月三十日。

16 美國是世界上唯一會將犯下非殺人罪行的青少年判處終身監禁不得假釋的國家，而佛羅里達州的判例又遠高於其他州。Annino, Rasmussen, and Rice, *Juvenile Life without Parole for Non-Homicide Offenses*, chart E.

17 *In re Nunez*, 173 Cal.App. 4th 709, 720 (2009).

18 *In re Nunez*, 173 Cal.App. 4th 709, 720-21 (2009).

19 "Violent Crimes," Florida Department of Corrections, 可在此取得資訊：www.dc.state.fl.us/pub/timeserv/ annual/section2.html，資訊取得時間：二〇一四年一月九日; Matthew R. Durose and Patrick A. Langan, "Felony Sentences in State Courts, 2004," Bureau of Justice Statistics (July 2007), 可在此取得資訊：www.bjs.gov/content/pub/pdf/fssc04.pdf; "State Court Sentencing of Convicted Felons 2004—Statistical Tables," Bureau of Justice Statistics (2007), 可在此取得資訊：www.bjs.gov/content/pub/html/scscf04/ scscf04mt.cfm，資訊取得時間：二〇一三年一月十日。

20 James Goodman, *Stories of Scottsboro* (New York: Pantheon Books, 1994), 8.

21 David I. Bruck, "Executing Teen Killers Again: The 14-Year-Old Who, in Many Ways, Was Too Small for the Chair," *Washington Post* (September 15, 1985).

22 Bruck, "Executing Teen Killers Again."

23 Bruck, "Executing Teen Killers Again."

24 喬治・史汀尼（George Stinney）的家人目前正透過法律途徑為他尋求重啟審判或免罪的機會。聽證會於二〇一四年一月在南卡羅來納州舉行。Alan Blinder, "Family of South Carolina Boy Put to Death Seeks Exoneration 70 Years Later," *New York Times* (January 22, 2014); Eliott C. McLaughlin, "New Trial Sought for George Stinney, Executed at 14," CNN.com (January 23, 2014).

25「超級掠食者」一詞經常用來形容青少年暴力犯罪率攀升的事實正在發生，或即將發生的驚人預測。請見 Office of Juvenile Justice and Delinquency Prevention, U.S. Department of Justice, "Juvenile Justice: A Century of Change" (1999), 4–5, 可在此取得資訊：www.ncjrs.gov/pdffiles1/ojjdp/178993.pdf，資訊取得時間：二〇一四年四月三十日。也可參考以下的例子：Sacha Coupet, "What to Do with the Sheep in Wolf's Clothing: The Role of Rhetoric and Reality About Youth Offenders in the Constructive Dismantling of the Juvenile Justice System," *University of Pennsylvania Law Review* 148 (2000): 1303, 1307; Laura A. Bazelon, "Exploding the Superpredator Myth: Why Infancy Is the Preadolescent's Best Defense in Juvenile Court," *New York University Law Review* 75 (2000): 159. 許多可怕的意象都帶有種族性的指涉，像是：John J. DiIulio, "My Black Crime Problem, and Ours," City Journal (Spring 1996), 可在此取得資訊：www.city-journal.org/html/6_2_my_black.html，資訊取得時間：二〇一四年四月三十日。（「比起一九九〇年，大街上的年輕掠食者多了二十七萬人，他們會在接下來的二十年間如潮水般湧向我們……這些未成年的超級掠食者中，可能有半數是年輕的黑人男性。」）; William J. Bennett, John J. DiIulio Jr., and John P. Walters, *Body Count: Moral Poverty—And How to Win America's War Against Crime and Drugs* (New York: Simon and Schuster, 1996), 27–28.

26 John J. DiIulio Jr., "The Coming of the Super-Predators," *Weekly Standard* (November 27, 1995), 23.

27 Bennett, DiIulio, and Walters, *Body Count*, 27. 也可參考 Office of Juvenile Justice and Delinquency Prevention, "Juvenile Justice."

28 可參考案例如 Elizabeth Becker, "As Ex-Theorist on Young 'Superpredators,' Bush Aide Has Regrets," *New York Times* (February 9, 2001), A19.

29 U.S. Surgeon General, *Youth Violence: A Report of the Surgeon General* (2001), ch. 1, 可在此取得資訊：www.ncbi.nlm.nih.gov/books/NBK44297/#A12312，資訊取得時間：二〇一四年四月三十日；也可參考 U.S. Department of Justice, Office of Juvenile Justice and Delinquency Prevention, "Challenging the Myths" (2001), 5, 可在此取得資訊：www.ncjrs.gov/pdffiles1/ojjdp/178995.pdf，資訊取得時間：二〇一四年四月三十日。（「對於犯下殺人罪的青少年歸案分析，同時也導向超級掠食者較現實狀況更加神祕的結論。」）

30 "Cruel and Unusual."

第九章　我在這裡

1 *McMillian v. Alabama*, CC-87-682.60, Testimony of Ralph Myers During Rule 32 Hearing, April 16, 1992.

第十章　減緩刑罰

1 幾十年來，立法與司法的改革已使個人強制住院治療的程序受到限縮。Stanley S. Herr, Stephen Arons, and Richard E. Wallace Jr., *Legal Rights and Mental Health Care* (Lexington, MA: Lexington Books, 1983). 一九七八年，美國聯邦最高法院將認定標準從「證據優勢」（preponderance of the evidence）提高至「證據明確」（clear and convincing evidence），州政府更不容易將個案認證為應接受精神方面的強制住院治療。*Addington v. Texas*, 441 U.S. 418 (1978).

2 Doris J. James and Lauren E. Glaze, "Mental Health Problems of Prison and Jail Inmates," Special Report, Bureau of Justice Statistics (September 2006), 可在此取得資訊：http://bjs.gov/content/pub/pdf/mhppji.pdf，資訊取得時間：二〇一三年七月二日。這個數據可以拆分為百分之五十六關押在州立監獄的受刑人、百分之四十五在聯邦監獄的受刑人，以及百分之六十四在地方監所的受刑人，估計共有一百二十六萬四千三百名受刑人承受著精神疾病之苦。此份研究是近期研究報告中最為全面的。由於是二〇〇五年的報告，數字可能在更近幾年有所變動，然近期研究（二〇一二至一三年）仍援用此份資料。所以我認為，這篇報告應該仍是此主題之下最為全面且新進的。

3 「重度精神疾病」的種類包括思覺失調症、思覺失調症類群疾病、情感型思覺失調症、躁鬱症、短暫性精神失常、妄想症及其他不歸屬特定類型的精神失常。這是自一般的「精神疾病」類別中特定畫分出來的；一般指稱的精神疾病，除了重度精神疾病之外，還囊括了其他種類的精神疾病。E. Fuller Torrey, Aaron D. Kennard, Don Eslinger, Richard Lamb, and James Pavle, "More Mentally Ill Persons Are in Jails and Prisons Than Hospitals: A Survey of the States," Treatment Advocacy Center (May 2010), 可在此取得資訊：www.treatmentadvocacycenter.org/storage/documents/final_jails_v_hospitals_study.pdf，資訊取得時間：二〇一三年七月二日。

4 Torrey et al., "More Mentally Ill Persons," 1.

5 該爭端隨後於喬治的訴訟中被提出討論。*Daniel v. State*, 459 So. 2d 944 (Ala. Crim. App. 1984); *Daniel v. Thigpen*, 742 F. Supp. 1535 (M.D. Ala. 1990).

6 *Daniel v. State*, 459 So. 2d 944 (Ala. Crim. App. 1984).

7 *Daniel v. Thigpen*, 742 F. Supp. 1535 (M.D. Ala. 1990).

8 南方聯盟國殤日首次慶祝是在一九〇一年的阿拉巴馬州。請見 *The World Almanac and Encyclopedia 1901* (New York: Press Publishing Co., 1901), 29; "Confederate Memorial Day," Encyclopedia of Alabama, 可在此取得資訊：www.encyclopediaofalabama.org/face/Article.jsp?id=h-1663，資訊取得時間：二〇一四年四月二十八日。此紀念日至今仍為該州的法定假日。Ala. Code § 1-3-8.

9 一九四八年南方民主黨（Dixiecrat party）的宣言節錄：「我們主張種族隔離及保有每個種族的純正完整、選擇我們往來對象的基本權利、接受任何不受政府干預的私部門雇聘方式，並以任何合法途徑謀生。我們反對消除種族隔離、反對跨種族通婚禁令的廢除，以及反對聯邦政府官僚誤命名為『民權計畫』，對私部門聘雇方式的掌控。」"Platform of the States Rights Democratic Party, August 14, 1948," The American Presidency Project, 可在此取得資訊：www.presidency.ucsb.edu/ws/index.php?pid=25851#axzz1iGn93BZz，資訊取得時間：二〇一四年四月二十八日。

10 阿拉巴馬州、喬治亞州及南卡羅來納州都掛起聯盟旗，象徵反對布朗（Brown）案的決議。James Forman Jr., "Driving Dixie Down: Removing the Confederate Flag from Southern State Capitols," *Yale Law Journal* 101 (1991): 505.

第十一章　準備起飛

1 *New York Times Co. v. Sullivan*, 376 U.S. 254 (1964).

2 數家地方媒體都強調反自然性行為的罪名。Mary Lett, "McMillian Is Charged with Sodomy," *Monroe Journal* (June 18, 1987); "Myers Files Sodomy Charges Against McMillan [sic]," *Evergreen Courant* (June 18, 1987); Bob Forbish, "Accused Murderer Files Sodomy Charges Against His Accomplice," *Brewton Standard* (June 13–14, 1987).

3 Dianne Shaw, "McMillian Sentenced to Death," *Monroe Journal* (September 22, 1988).

4 《莫比爾新聞紀錄報》在麥可米利安聽證會舉行當天發表了一篇文章報導聽證會，同時也發表另一篇文章提醒讀者他曾因彼特曼謀殺案遭到逮捕、起訴。Connie Baggett, "Ronda Wasn't Only Girl Killed," *Mobile Press Register* (July 5, 1992). 一篇《門羅日報》的文章也提及華特．麥可米利安在彼特曼謀殺案遭起訴一事。Marilyn Handley, "Tape About Murder Played at Hearing for the First Time," *Monroe Journal* (April 23, 1992).

5 *Brewton Standard* (August 22, 1988).

6 Connie Baggett, "Infamous Murder Leaves Questions," *Mobile Press Register* (July 5, 1992).

7 Editorial, " '60 Minutes' Comes to Town," *Monroe Journal* (June 25, 1992).

8 Marilyn Handley, "CBS Examines Murder Case," *Monroe Journal* (July 8, 1992).

9 Connie Baggett, "DA: TV Account of McMillian's Conviction a 'Disgrace,' " *Mobile Press Register* (November 24, 1992).

10 Motion from State to Hold Case in Abeyance, *McMillian v. State*, 616 So. 2d 933 (Ala. Crim. App. 1993)，一九九三年二月三日提交。

11 Václav Havel, "Never Hope Against Hope," *Esquire* (October 1993), 68.

第十二章　母親啊母親

1 *State v. Colbey*, 2007 WL 7268919 (Ala. Cir. Ct. 2007) (No. 2005-538), 824.

2 *State v. Colbey*, 2007, 1576.

3 *State v. Colbey*, 2007, 1511-21.

4 *State v. Colbey*, 2007, 1584.

5 "Case Summaries for Current Female Death Row Inmates." Death Penalty Information Center, 可在此取得資訊：www.deathpenaltyinfo.org/case-summaries-current-female-death-row-inmates，資訊取得時間：二〇一三年八月十三日。

6 *State v. Colbey*, 2007, 1585.

7 *State v. Colbey*, 2007, 1129, 1133.

8 *State v. Colbey*, 2007, 1607.

9 *State v. Colbey*, 2007, 1210, 1271, 1367.

10 *State v. Colbey*, 2007, 1040, 1060.

11 *State v. Colbey*, 155 的補充紀錄。

12 John Cloud, "How the Casey Anthony Murder Case Became the Social-Media Trial of the Century," *Time* (June 16, 2011).

13 起訴那些誕下死胎或僅短暫存活的嬰兒的婦女（尤其是貧窮及有色人種的婦女），對於不特別關注此議題的人來說儼然已司空見慣。Michelle Oberman, "The Control of Pregnancy and the Criminalization of Femaleness," *Berkeley Journal of Gender, Law, and Justice* 7 (2013): 1; Ada Calhoun, "The Criminalization of Bad Mothers," *New York Times* (April 25, 2012).

14 Stephanie Taylor, "Murder Charge Dismissed in 2006 Newborn Death," *Tuscaloosa News* (April 9, 2009).

15 Carla Crowder, "1,077 Days Later, Legal Tangle Ends; Woman Free," *Birmingham News* (July 18, 2002).

16 Ex parte Ankrom, 2013 WL 135748 (Ala. January 11, 2013); Ex parte Hicks, No. 1110620 (Ala. April 18, 2014).

17 *State v. Colbey*, 2007, 516–17, 519–20, 552 的補充紀錄。

18 *State v. Colbey*, 2007, 426–27, 649 的補充紀錄。

19 *State v. Colbey*, 2007, 674 的補充紀錄。

20 Angela Hattery and Earl Smith, *Prisoner Reentry and Social Capital: The Long Road to Reintegration* (Lanham, MD: Lexington, 2010).

第十四章　殘忍與不尋常

1 辯護律師：跟著說這句話——如果你無法辨認出我，我可能不會殺了你。

被告：如果你無法辨認出我，我可能不會殺了你。

證人：語調有點像，**只是當時他對我說的時候很大聲**，極為挑釁。

檢察官：我不想爭論這個。你能確定是這個人的聲音嗎？

證人：從聲音的語調，我知道就是這個人。

檢察官：你是說，方才跟你說話的人就是那天這麼對你說的人嗎？

證人：**聲音聽起來很像**。

檢察官：好的。

證人：那已經是六個月前的事了。**這很難確定，但聽起來很像**。不過說話的方式不太一樣。那個對我說話的人語帶挑釁，非常大聲。

Tr. I 86–88（粗體為另外強調的語句。）

2 請見 *Anders v. California*, 386 U.S. 738, 744 (1967). 這份摘要斷言，律師認為不存在值得考慮上訴的理由。

3 Brief of Petitioner, *Sullivan v. Florida,* U.S. Supreme Court (2009). Charles Geier and Beatriz Luna, "The Maturation of Incentive Processing and Cognitive Control," *Pharmacology, Biochemistry, and Behavior* 93 (2009): 212; 也可參考 L. P. Spear, "The Adolescent Brain and Age-Related Behavioral Manifestations," *Neuroscience and Biobehavioral Reviews* 24 (2000): 417（「青春期的本質，與其說是發展到某種水平的時刻，更像是一段轉變的過渡時期。」）；也可參考 434（討論賀爾蒙在青春期的劇烈變化）。Laurence Steinberg et al., "Age Differences in Sensation Seeking and Impulsivity as Indexed by Behavior and Self-Report," *Developmental Psychology* 44 (2008): 1764; Laurence Steinberg, "Adolescent Development and Juvenile Justice," *Annual Review of Clinical Psychology* 5 (2009): 459, 466.

4 請見 B. Luna, "The Maturation of Cognitive Control and the Adolescent Brain," in *From Attention to Goal-Directed Behavior,* ed. F. Aboitiz and D. Cosmelli (New York: Springer, 2009), 249, 252–56（青春期早期，左右決策能力的認知系統尚未開發，包括處理速度、反應抑制〔response inhibition〕及短期記憶的能力，這些直到約莫十五歲才會發展成熟）; Elizabeth Cauffman and Laurence Steinberg, "(Im)maturity of Judgment in Adolescence: Why Adolescents May Be Less Culpable than Adults," *Behavioral Science and Law* 18 (2000): 741, 756（社會心理成熟直至十六歲後才會顯著展現）; Leon Mann et al., "Adolescent Decision-Making," *Journal of Adolescence* 12 (1989): 265, 267–70（比起十五歲的青少年，十三歲的孩子相對所知較少，較無自信成為決策者，能做出的抉擇選項也較少，行事也較不會考量到後果）; Jari-Erik Nurmi, "How Do Adolescents See Their Future? A Review of the Development of Future Orientation and Planning," *Developmental Review* 11 (1991): 1, 12（基於先備知識、定義問題及策略選擇而制定計畫的現象，較常在年紀稍長的青春期孩子身上看到）。

5 *Sullivan v. Florida,* Brief of Petitioner，二〇〇九年七月十六日提交。

6 Brief of Former Juvenile Offenders Charles S. Dutton, Former Sen. Alan K. Simpson, R. Dwayne Betts, Luis Rodriguez, Terry K. Ray, T. J. Parsell, and Ishmael Beah as Amici Curiae in Support of Petitioners, *Graham v. Florida/Sullivan v. Florida,* U.S. Supreme Court (2009).

第十五章　破損

1 *Cochran v. Herring*, 43 F.3d 1404 (11th Cir. 1995).

2 "Facts About the Death Penalty." Death Penalty Information Center (May 2, 2013), 可在此取得資訊：www.deathpenaltyinfo.org/FactSheet.pdf，資訊取得時間：二〇一三年八月三十一日。

3 相較於一九九九年共執行九十八起死刑，二〇一〇年的死刑執行數為四十六起。"Executions by Year Since 1976," Death Penalty Information Center, 可在此取得資訊：www.deathpenaltyinfo.org/executions-year，資訊取得時間：二〇一四年四月二十九日。

4 Act of May 2, 2013, ch. 156, 2013 Maryland laws; Act of April 25, 2012, Pub. Act No. 12-5, 2012 Connecticut Acts (Reg. Sess.); 725 Illinois Comp. Stat. 5/119-1 (2011); Act of March 18, 2009, ch. 11, 2009 New Mexico laws; Act of December 17, 2007, ch. 204, 2007 New Jersey laws.

5 二〇一〇年，德州判處死刑的案件數為八件；近年來該州每年判處死刑的案件數為八至十四起。然而，在一九九〇年代，德州每年判處死刑的案件數為二十四至四十件。"Death Sentences in the United States from 1977 by State and by Year," Death Penalty Information Center, 可在此取得資訊：www.deathpenaltyinfo.org/death-sentences-united-states--1977-2008，資訊取得時間：二〇一三年八月三十一日。

6 "Alabama's Death Sentencing and Execution Rates Continue to Be Highest in the Country," Equal Justice Initiative (February 3, 2011), 可在此取得資訊：www.eji.org/node/503，資訊取得時間：二〇一三年八月三十一日。

7 *Nelson v. Campbell*, 541 U.S. 637 (2004).

8 Ty Alper, "Anesthetizing the Public Conscience: Lethal Injection and Animal Euthanasia," *Fordham Urban Law Journal* 35 (2008): 817.

9 二〇一一年年初，美國唯一一家製造硫噴妥鈉（sodium thiopental）的公司赫士睿（Hospira），因其被用於死刑注射的顧忌而停止生產。Nathan Koppel, "Drug Halt Hinders Executions in the U.S.," *Wall Street Journal* (Janu-

ary 22, 2011). 丹麥Lundbeck製藥公司亦停止販售死刑用藥戊烷巴比妥（pentobarbital）予美國執行死刑的監獄。Jeanne Whalen and Nathan Koppel, "Lundbeck Seeks to Curb Use of Drug in Executions," *Wall Street Journal* (July 1, 2011).

10 Kathy Lohr, "Georgia May Have Broken Law by Importing Drug," NPR (March 17, 2011), 可在此取得資訊：www.npr.org/2011/03/17/134604308/dea-georgia-may-have-broken-law-by-importing-lethal-injection-drug，資訊取得時間：二〇一三年八月三十一日; Nathan Koppel, "Two States Turn Over Execution Drug to U.S.," *Wall Street Journal* (April 2, 2011), 可在此取得資訊：http://online.wsj.com/article/SB100014240527487038063045762369318028894 92.html，資訊取得時間：二〇一三年八月三十一日。

11 *Baze v. Rees*, 553 U.S. 35 (2008).

第十六章　石頭捕手的悲傷曲

1 *Graham v. Florida*, 560 U.S. 48 (2010).

2 *Miller v. Alabama*, 132 S. Ct. 2455 (2012).

3 *Shaw v. Dwyer*, 555 F. Supp. 2d 1000 (E.D.Mo. 2008).

4 *Banyard v. State*, 47 So. 3d 676 (Miss. 2010).

5 *Evans v. State*, 109 So. 3d 1044 (Miss. 2013).

6 Alex Carp, "Walking with the Wind: Alex Carp Interviews Bryan Stevenson," *Guernica* (March 17, 2014), 可在此取得資訊：www.guernicamag.com/interviews/walking-with-the-wind/，資訊取得時間：二〇一四年四月三十日。

7 *People v. Nunez*, 195 Cal.App. 4th 404 (2011).

8 *State v. Carter*, 181 So. 2d 763 (La. 1965).

不完美的正義
司法審判中的苦難與救贖
（暢銷新版）

不完美的正義：司法審判中的苦難與救贖／
布萊恩．史蒂文森（Bryan Stevenson）著；
王秋月譯.
－三版. －臺北市：麥田出版：
家庭傳媒城邦分公司發行，2022.12
面；公分
譯自：Just Mercy:
A Story of Justice and Redemption
ISBN 978-626-310-337-5（平裝）
1.CST: 司法行政 2.CST: 社會正義 3.CST: 美國
589.952　　　　111016577

封面設計　許晉維
印　　刷　漾格科技股份有限公司
初版一刷　2016年6月
二版一刷　2020年1月
三版一刷　2022年12月

定　　價　新台幣460元

I S B N　978-986-344-710-8
Printed in Taiwan.
本書若有缺頁、破損、裝訂錯誤，請寄回更換。

作　　者　布萊恩．史蒂文森（Bryan Stevenson）
譯　　者　王秋月
特約編輯　曹子儀　謝濱安　林毓瑜
責任編輯　林如峰
國際版權　吳玲緯
行　　銷　闕志勳　吳宇軒　陳欣岑
業　　務　李再星　陳紫晴　陳美燕　葉晉源
副總編輯　何維民
編輯總監　劉麗真
總 經 理　陳逸瑛
發 行 人　凃玉雲

出　　版
麥田出版
台北市中山區104民生東路二段141號5樓
電話：(02) 2-2500-7696　傳真：(02) 2500-1966
網站：http://www.ryefield.com.tw

發　　行
英屬蓋曼群島商家庭傳媒股份有限公司城邦分公司
地址：10483台北市民生東路二段141號11樓
網址：http://www.cite.com.tw
客服專線：(02)2500-7718; 2500-7719
24小時傳真專線：(02)2500-1990; 2500-1991
服務時間：週一至週五09:30-12:00; 13:30-17:00
劃撥帳號：19863813　戶名：書虫股份有限公司
讀者服務信箱：service@readingclub.com.tw

香港發行所
城邦（香港）出版集團有限公司
地址：香港灣仔駱克道193號東超商業中心1樓
電話：+852-2508-6231　傳真：+852-2578-9337
電郵：hkcite@biznetvigator.com

馬新發行所
城邦（馬新）出版集團【Cite(M) Sdn. Bhd. (458372U)】
地址：41-3, Jalan Radin Anum, Bandar Baru Sri Petaling, 57000 Kuala Lumpur, Malaysia.
電話：+603-9056-3833　傳真：+603-9057-6622
電郵：services@cite.my